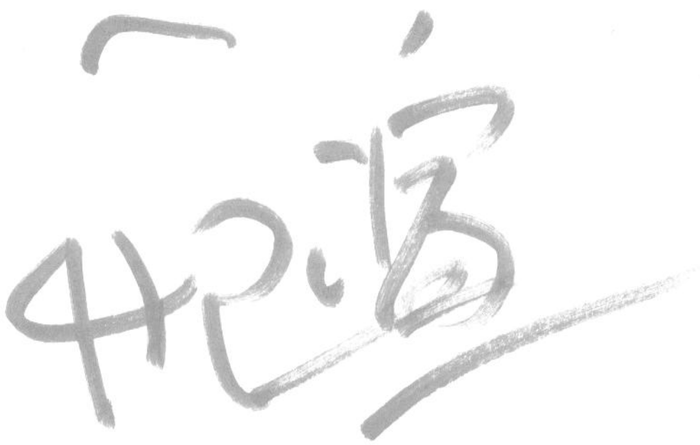

陰穿前世今生

十週年典藏紀念版

SEE THROUGH YOUR PAST LIFE

跨越陰陽、預言占卜　　盡己所能、苦海明燈

自小便因看得見旁人看不見的「形體」，而遭受欺凌、異樣眼光，長大後師傅入夢傳授，學會預言人生。

數十年來，看盡人生百態，見過無數人在慾海中浮沉，她決心面對天賦使命，發揮所能，為迷途之人指點迷津。

看盡眾多前世今生後，她選擇告白一切……

【推薦序】

心存善念、用心良苦

洪村騫（有富國際集團總裁）

邢老師是我敬愛、疼惜的好妹子，認識她時只知道她是位天賦異稟、對宗教非常虔誠、曾出版「望穿前世今生」等系列暢銷著作的占卜師及陰陽溝通者。一段時日後，我才瞭解原來她不只在台灣有名，甚至還紅到大陸、馬來西亞、新加坡、菲律賓、印度等地，擁有眾多粉絲。

相處熟了，我更瞭解到她對宗教付出的用心良苦，她每年光是將大把收入拿去護持佛學院，幫助當地那些生活困苦的學子，前後逾二十年就令人敬佩。

她到我辦公室，經常是來去匆匆，一會兒是誰家的風水地理要處理、一會兒又是那位孤苦無依的人往生了，她要趕去幫亡者頌禱安魂；可能早上才出現在我辦公室，下午人已在國外，這種體力與忙碌，那像是一位雙肺都得肺腺癌，因遭切除而只剩下三分之一的「病人」！

人為什麼要算命、占卜？事實上在生活上每個人的時空、環境、際遇皆有所不同，無論對現在、未來都期盼有更佳的生活和美好憧憬，希望能掌握制勝先機，或是既已發生之人事物，藉以尋求更好的解決之道。

只是，天有天理、人有人道，如果您是個對父母不孝、是位不守人倫道德、是位人神共憤者，相信任何方術都無解，縱使有短暫好運、好際遇，肯定也無法久留；根本之道還是回歸到改過向善、重新做人！

做人要孝順父母、敬老尊賢，守倫理道德、行善積德！人在做、天在看！有人不信善因善果、惡因惡果，老是怪命不好、怨天尤人，事實上善惡皆由己為、而非天定，如俗語有云：行善如脊園之草，不見其長、卻日有所增；為惡如田中之鑠，不見其短、卻日有所減。

五術是良知與道德的行業，從事五術者必須具有相當之品德素養，否則，免不了淪為江湖術士。我相信邢老師就符合這樣的條件，而從她的著作中您們也將有更多的驚奇。

【推薦序】

負有使命的再來人

釋恆泉（出家人）

朋友借我一本《望穿前世今生》的書，看過後，深覺邢老師是一位負有使命的再來人。就如佛經所說：「應以何身得度者，即以何身而為說法。」

邢老師用她的天賦及種種善巧因緣，來為眾生解難，又從中讓對方了解因果反應。凡事不是怪別人，怨命運而自暴自棄，而是反求諸己，從心念轉變而付諸實行，能如是必可逢凶化吉轉厄為安。所謂：「欲知前世因，今生受者是，欲知來世果，今生做者是。」就像那天朋友的兄弟向邢老師問病，邢老師馬上說：「你的鼻咽癌會跑得快，因為你前世跟著人家搶劫放火，有的來不及跑，還有媽媽與嬰兒就那樣被嗆死了。幸好你不是帶頭的，只是跟著人家後面。」我因常聽患者的兄弟說，他這位哥哥很孝順，天天回家陪媽媽吃飯，所以就插嘴說：「還好他不是主謀，而且對母親很有孝心。」邢老師即說他不是一般孝，是超孝的。因此沒關係，給個寶物你帶不離身，時時不離六字大明咒，並且多放生，尊重別人的生命，雖然牠們有牠們的業，但我們還是要有憐憫的心懷，在牠們臨厄之時，致力救援。用這種慈悲心念轉業，並且常向前世的錯失懺悔，能如此做，活到七十幾沒問題。

我以前也因朋友的關係因緣，認識很多位會看什麼什麼的老師。看的說的全準，但緊要關頭就是解決不了。近年我有一件難以完成的事，始終得不到圓滿解決，都是不了了之，正在心灰意冷，乾脆放下不管，專心儲備西方資糧，算了之際，幸遇邢老師承擔相助，真是絕處逢生，也相信每位碰到邢老師的人也都有柳暗花明又一村之喜！

今聞邢老師第二本書又要問世了，希望更多有福的人，能有緣閱讀並多傳閱，使更多人從中了解人生哲理，使人人能識因達果。亦如虛雲老和尚所開示：「莫造來世業，回頭種福田。」一切事都有因由，如佛經云：「一飲一觸，莫非前定，而慎言慎行。」人人能如此，社會必能趨向安寧祥和，家庭更常歡樂，人人少欲少惱而安貧樂道，是為幸！

【推薦序】

踏出改變的那一步，謝謝您給予勇氣

張菡耘（新加坡教育工作者）

我還記得自己是在二〇一二年的新加坡晚間報紙——《新明日報》上認識邢老師的，那天晚上，我隨意瀏覽了一下報紙，目光無意間落在《望穿前世今生》的專欄。專欄轉載的正是邢老師的故事。專欄上寫到了生活中困惑的人們向邢老師傾訴，老師通過卦象為他們解惑。不知為何，這個專欄成了每晚我必讀的一欄，那是真實的，豐富閱歷的生活故事，帶出許多的人生道理。也因為這樣，我也有了第一本邢老師的《望穿前世今生》系列的書。

恰好當時自己的生活並不順遂，我想著如果可以和老師結緣，聽她開示，或許能夠有所啟迪。因此我找到了邢老師的網頁，得知她要來新加坡，馬上寫信預約。

記得第一次和老師見面的時候，我哭了，因為很激動，因為很感動。眼前的老師是如此充滿正能量，這樣的感染力是強大的，再故作堅強的人也能毫無保留地將脆弱的一面赤裸裸地釋放出來。

我記得向老師傾訴了自己工作上的掙扎，老師一語道破，解開我心中的結。於是我聽從老師的建議，在個性上、生活上甚至是思想上做出改變，至今，我對於這樣的改變是快樂的，感恩的。改變生活方式，調整步調，有時需要踏出第一步的勇氣，我慶幸自己做到了。

很高興邢老師要修訂《望穿前世今生》系列的故事。

老師一直以來用她被賦予的特殊能力，看盡人生百態、透視因果迴圈，叮嚀世人以發善心為動力，種福田，這許許多多的真實經歷，絕不是什麼怪力亂神之說。

宋代禪宗大師青原行思的「參禪三重境界」，提出「參禪之初，看山是山，看水是水；禪有悟時，看山不是山，看水不是水；禪中徹悟，看山仍然山，看水仍然是水。

你如果執著於怪力亂神，你看的就是怪力亂神！

你如果執著於導人向善，你會著力於導人向善！

祝福！

【作者序】

秉持正信正念，持續做對的事，成就好的因果循環是我畢生所願

猶記得十年前《望穿前世今生》甫出版時，我拿到剛出版的新書的剎那，我緊握書本用力壓在胸口，心情激動地跑進房間，倒在床上大哭，嘴裡還不斷地喊著：「阿爸，你看，我出書了！阿爸，我終於把自己的故事寫成書了！」激動的情緒久久無法平復……

我接著跟阿爸說：「阿爸，我把我們的『朋友』介紹給大家，讓大家都能更認識這些『朋友』，『朋友』們也很開心，藉由我的表達，不再被誤會是可怕的東西！」

其實十年來我始終沒有忘記出書初衷，應該說我始終朝著同一個目標前進——幫助更多人、幫助更多「灰灰的」，讓他及祂們解開心中的結、放下心中的困惑、怨念，重新過新的、幸福的生活。

過了十年，我能做的事情更大、更廣，可以解救的眾生更多，而支持我成就這些事情的，並不是我自己，而是絡繹不絕來找我卜卦算命的客人們，他們都是我的「功德主」，我真心誠意地感謝大家支

持，來找我問事，讓我有收入，也因為有了這些收入，我才得以投注更多資金和心力來圓滿更多人，將這樣的善心、愛心傳得更廣、更遠，甚至不分國界。

這次出版社提議《望穿前世今生》、《望穿前世今生之情結百年月》、《望穿前世今生之家有千千結》等三本著作，出版已逾十年，鑑於當今社會氣氛低迷，時局、經濟、政治動盪，為了讓這系列書籍的正面的影響力再次傳達出去，因此建議可以改版、重新推出。

我很樂意，也很高興可以聽到這個消息，不是為了版稅，而是真心希望可以讓更多人，不只台灣乃至所有華人世界都有機會看到這套書，讓大家藉由閱讀書中的真實故事，獲得某些啟示。透過書中這些前世今生、因果的故事，我希望可以讓大家更加瞭解因果輪迴的關係，造什麼因得什麼果，如果有人正走在不對的路上，希望讀完這套書後，有機會將這些人導回正途。

不瞞各位說，我的內心有個願望，希望退休後我能在廟口說故事，而在說故事前，我還要先讓大家吃一桌的好菜，肚子吃飽了，再來好好聽我說故事，這所有的活動完全免費！我的目的還是回到初衷，透過我親眼所見、親耳所聽、親身經歷的事情，用說故事的方式傳播出去，藉由故事中的因果輪迴，警惕世人別做壞事。

我衷心希望這個社會，大家能秉持著正信正念，每個人都真實一點、愛多一點，保有赤子之心，也就是讓心更純真、純淨，只要每個人都多那麼「一點」，這個世界就會漸漸地更美好。

邢渲口述、春光編輯室　撰文

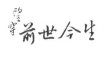

【前言】

尋找生命的意義與解答

周飛芃　撰文

邢老師這個人，我認識她將近十年，剛開始，我的朋友並未告訴我她所擁有的「特異功能」，也就是她天生同時可以看到陰陽兩界，和擁有預知未來的天賦。我只是愛算命，並且多年來一直想要從命理中，去尋找生命的意義與答案。

當然，會去找她，就是跟所有去找她的人一樣，帶著個人的煩惱去，希望透過銅板卜卦，很簡短直接地告訴我卦象的解答與指引，我並沒有覺得她與其他命理老師不同，只是感受到她的眼神，既威嚴犀利又充滿著溫柔與愛，這樣的眼神令我印象深刻。

接著下來的幾年，我也陸陸續續地聽到我的朋友跟我轉述她的「神奇」事件，當我聽到這些神奇事件時，都會有種不可思議的驚歎感，由於我一直是一個文字工作者，每每我聽到一次她的「神奇事件」，我就會在心裡想：老天啊！即使是最佳的文字創作者，都難以創作出這樣的作品。從她的神奇事件中，我體驗到難以用言詞形容的真實人生，與觸動心靈深處悲喜交集的生命。

久久一段時間，我都會因為自己的煩惱去找她，她總是會在我要離開時，用她那雙巧手做一樣東西要我隨身帶在身上，那些東西的作用，有的是增強我的自信心，有的是讓我人際溝通順暢……說也奇怪，不知是否是藉由這樣東西的媒介，達成一種心理上自我催眠的作用與力量，漸漸地我的自信心增強了，人際溝通也變得較為順暢了。

我知道她認識非常非常多的人，但我和她總有種君子之交的情誼，三年多前，不知為何她問我，要不要幫她寫書，我也沒多問，就說好，然而進行了一小段時間，就不了了之，沒下文了，我也沒積極主動問，為何停下來了，心裡隱隱約約覺得或許時機未到吧。

事實上，我從旁得知這三年多來，好多人主動要幫她寫書，也有很多出版社希望幫她出書，她都一一拒絕了，就算有些出版社還動用社會有力人士來說服她，她依然不為所動。

去年年底，她又再度地跟我提出書的事，我就問她：「妳自己要不要卜個卦，看我合不合適幫妳寫？」結果，這次她比我預想中還要積極，卜了卦就說，我合適幫她寫，我聽了之後，我就問她經過這三年多，為何她下定決心，要把自己的故事寫出來呢？

她告訴我這一次她下定決心，**只因為幾十年來到她面前的人與鬼，上演一個又一個真實版本的前世今生的故事。但近年來她卻發現，人遇到事情，那種怪別人的恨心愈來愈重，她想透過文字，讓更多的人有機會瞭解人內在的心念，是充滿能量與創造力，自我的心念是因與果的主人，花時間怪命與運的不平與不公，還不如在自我的心念上下紮實的生命功夫。**

當我聽她這樣告訴我時，我瞭解她是一個很質樸，很有愛的人，她根本不知道在西方治療有所謂的「轉世治療」，轉世治療簡單地說，目的就是認識自己，而非改變別人與要求別人。

當我們開始錄音採訪工作後，我發現她的人生，從小到現在，她就是走在一條說起來簡單，但實行起來一點都不簡單的道路。而在過程中除了認識自己，更運用自我的天賦去幫助她能幫助的人。

然而她能夠看到陰陽兩界的「特異天賦」，卻是她生命苦難的開始。

母親覺得她是瘋子，哥哥姐姐覺得她很會編鬼故事，從小到大沒有任何的朋友，因為只要她們一知道她的「特異功能」，就覺得她是不正常的異類，不願和她做朋友。除了她的父親，不斷地跟她說，她是天生好福氣，才會看到別人看不到的世界，甚至，她的父親，有時還會跟她說：「要不要請『他們坐』，要不要請他們『喝水，吃東西』？」也由於她父親對她的相信，她才不會在困苦的生活中、飽受不瞭解的歧視環境中崩潰，而真的成了別人眼中的「瘋子」。

她從小到大，有兩位重要的老師，一位是白髮老先生，另一位就是關公，這二位老師都會出現在夢中教她有關命理與風水的事，這樣在夢中學習的過程，讓她覺得她擁有的時間比一般人多出一倍，同時她的夢讓她進入另一個時空，是跟醒來的世界一樣真實。她在夢中不僅是學習，她的夢也常帶有預言的作用，有些夢，在隔天，或是隔幾天就真的在真實的生活中發生。

即使她飽受窮苦、成長之苦、受歧視之苦、生死之苦、心念之苦……在這些一般人難以同時承受的苦中，也都因為這兩位生命智者的教導，讓她一路行走過來，得以淬鍊出她性格中特有的質樸又圓融的情理溝通能力，同時最重要的是生命的苦，滋養她擁有一顆好心腸。

在錄音的過程中，我最常問她一句話：「妳都不怕嗎？」她總是以肯定的眼神看著我，搖搖頭，她告訴我，另外一個世界的「灰灰的」（她都是這樣稱陰界的魂），曾經也是人，她還打個比喻，撞到人，人還會開口罵人，或是給難看的臉色，但是撞到「灰灰的」，卻不會罵我們，或是打我們，哪有什麼好怕的？

而且，她常跟我說，「灰灰的」滿好溝通的，我聽她這樣講，我就說，那是她的特異天賦，讓她知道如何跟他們溝通。她所具有的人情練達溝通能力，我常是佩服不已，各色各樣，各種階層背景的人來找她，她都有本事，以對方可以接受的方式，跟對方說話；她這種溝通能力，還包括跟自然界，有時候去開棺撿骨，陽光都快隱到雲層裡去了，她卻會仰頭對著陽光溝通：「陽光再等一下，請再等一下，快弄好了，拜託拜託。」當她這樣溝通時，天空的陽光，就只照耀在她正在處理的棺木上方，而天空的其他部分卻早已佈滿灰暗的雲層，不見陽光的蹤影。

從小到大，她對於自己的特異天賦，也充滿著實驗的精神，她總是會問自己，這是幻覺？還是真的？而**她的特異天賦還隨著她的年齡的增長，能力同時增強，從只是可以看到另一個世界的魂，到可以聽得到未來要發生事情的聲音，或是看到過去曾發生的事情，以及未來要發生事情的畫面，甚至一個人的前世**。

然而，這樣看到過去、預知未來的能力，在成長的過程，曾讓她痛苦過，就像她曾說，提早知道，只是提早恐懼，知道了之後，每天的日子還是要過下去，而她也曾想把自己的一生會如何，預先都搞清楚，然而經歷過成長的許多苦痛之後，她卻覺得堅強與毅力，以及瞭解自己擁有什麼天賦才是最重要的。

就像她最常跟我分享的，因為家裡窮，小學畢業後，母親就要她去工作，不准她繼續升學，但是她卻堅信，自己是可以念國中的，於是她的姐姐幫她說服了母親，再加上舅舅在學費上的支持，她如願地念了國中；當國中畢業後，母親依然以家中的經濟狀況，而不准她繼續升學，然而她還是堅持，一定要完成基本的學業，於是她又如願半工半讀地完成高中的學業。

從小她飽受天賦帶來的各種苦，尤其是被歧視誤解之苦，我問她，她都不恨嗎？她也依然用很肯定的眼神看著我，搖搖頭，她告訴我，並非她有多偉大的情操，不恨只是很自然的事，同時也是因為自己受過的這些苦，讓她更瞭解屬於人性的、屬於鬼魂的種種掙扎與苦痛，因此不論是鬼與人，來到她面前，不論訴什麼苦，有任何煩惱，她都能感同身受。

由於能感同身受，她總是想要大力地解決人與鬼的痛苦，那種無論如何的拚勁與猛勁，讓她常不顧她的老師「關公」對她的叮嚀：「能幫就幫，不要為難自己。」，但她常幫得太拚命，又讓自己受苦生病，令身旁愛她的先生、好友們，看得既心疼又生氣，因為她總是會說：「既然幫了，就要幫到底，哪有幫忙幫一半的？」

當然，也因為她熱心幫助他人，即使有人會因為非出於善意地想要利用她的好心，造成她的許多困擾，可是因為這麼多年來，她幫助過的人實在多，而且各行各業各種層面的人都有，有時她不見得會在意，也不想麻煩他人之助，但是受她之助，受她之恩的人，都會主動地出面幫她主持公道。

不過，這種人性上的陰暗面，也會讓她感到挫折與痛苦，就像她自己所說，她也只是擁有一個平凡的肉身，她也有失去平衡的時候，然而每當遇到這樣的狀況，她也只是落落淚痛哭一番，事情一過，當又有人來找她幫忙，或是老是在同樣的苦中重覆又重覆的人，她依然還是不忍，也沒辦法說：「你自找的，我不管你了。」在又罵又氣又勸之後，最終，她還是會想盡辦法幫忙。倒是她的老師「關公」，常會跟她說：「我跟妳講，要妳不要管，妳都不聽。」

她常說：「**既然受苦，就要從受苦中學會教訓，換得『樂果』，而非依然創造另一個『苦果』，那才會讓自己陷入苦不堪言的苦苦循環的輪迴裡。**」然而她的這番心意，卻常被人的各種無明的欲望，自己招惹來的麻煩，令她感到沮喪與氣餒，當她處在這樣的低潮時，她就會開始碎碎唸：「要是有個先進的攝影機，能將我看到的世界拍攝下來，人都不敢做壞事了。」

不過，她甚少跟人說上述這些嚴肅的話，不論鬼或人來找她幫忙，她總是又說笑，又搞怪，讓眼角、嘴角下垂，一把鼻涕一把眼淚的苦瓜臉，變成破涕為笑的開心臉；而即使她罵人，被罵的人常是被她罵到一直笑，笑到眼淚流出來，才逐漸明白，原來這一切都是「自討苦吃與自尋煩惱」。

受到幫助的人，上自達官貴人，下自販夫走卒，對她總是有說不完的感謝，然而她只覺得，對所有人的幫助都只是舉手之勞，就像她常說的：「別客氣，你過得好最重要。」

在幫她寫這本書的過程，雖然膽子小的我，常被她所說的情節嚇到，還得故作鎮靜地聽完她所說的每一個真實的事件，然而在一個又一個的真實故事裡，卻也顛覆我對鬼的看法與感受，原來鬼是不可怕，有時反而很簡單，雖然很固執，但卻講理，鬼找上你，是有因有果，最終，只是要請你幫忙，讓他飄盪的魂，有個歸處。

同樣也顛覆命與運的看法與感受，原來人所具有的力量與創造力，是很可怕的，可以讓自己既處在天堂，又處在地獄，但人很固執，常吃足了苦頭，仍不相信自己的力量，在一個又一個真實的故事裡，即使不是發生在你我身上，然而就好像一面又一面的鏡子，或許有機會照亮你我的心，看清自己內在的寶藏與力量。

從我有記憶以來，我並不知道，我看到的世界是和一般人不同的。我的媽媽不明白我爲何如此，我的姐姐哥哥只是覺得我愛編故事，只有我的爸爸相信我說的，說我是好福氣，才看得到跟別人不同的世界。

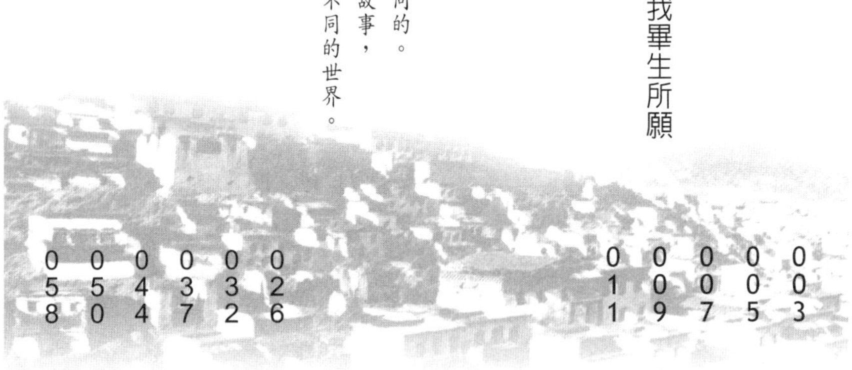

CHAPTER 2 慈悲巨手　阻擋跌落死亡之河

白髮蒼蒼的老人跟我揮手，當時我看到他的手，愣了一下，心想:好大的手，整個手掌幾乎比他的臉大，嗯，還有六根手指頭。六根手指頭，不是像一般人是因爲畸型才有六根手指，他的六根手指都是正常的一般長短。當時，我覺得他是神仙，他一定不是人。

CHAPTER 3 夢中師傅　預言未來人生

老先生說：「不要難過，不需要掉眼淚，眼淚是在需要的時候掉。」
我問老先生：「你爲什都知道很多事情？」
他說：「因爲我可以先看到，我可以預知，妳未來也會預知。」

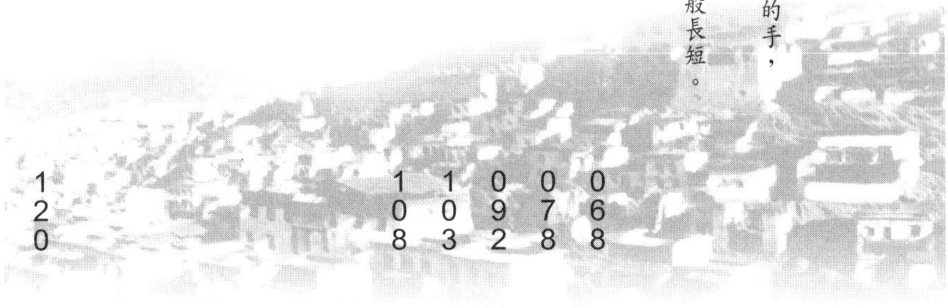

CHAPTER 4 不如歸去　終究面對天賦使命

每個來到我面前的人，都有屬於他們的生命故事，他們雖稱我爲老師，但我也從他們的煩惱、恐懼、喜悅……學會尊重當下，學會尊重每一個生命他該經歷的旅程。

CHAPTER 5 售屋占卜　看遍人生百態

從找我卜卦的許多人中，我發現人常被自己的恐懼所操控，怕這怕那，怕環境的困難，怕別人的評斷，怕一堆怕不完的事情……因此就自己在頭上戴一頂帽子，再加撐一枝木棍在肩上，於是就成了一個「呆」字。

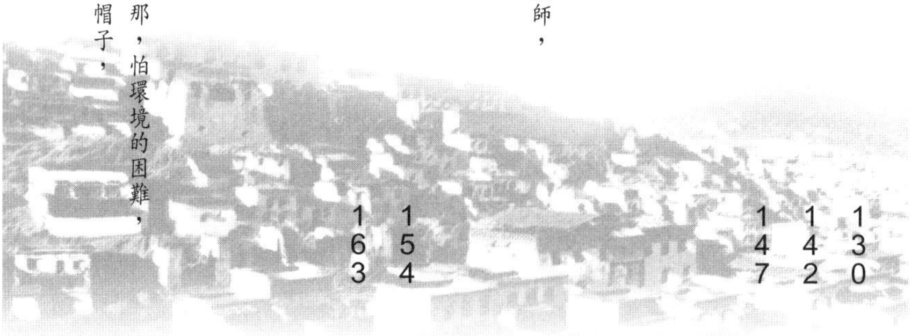

CHAPTER 6

奔波南北　掙扎人性慾望間

我就像一個提著皮箱出外看診的醫生，只不過皮箱裡放的是命理的通書，以及羅盤，找我看診的，包括陰陽兩界，他們帶著煩惱的因來，但我卻希望他們能帶著快樂的果離去……

CHAPTER 7 困坐天賦　建佛學院　慧眼漸開

這麼多年，有時候，即使我講得準，看得準，明明已預告會發生哪些狀況，
然而人卻無法控制自我的欲念，那種感覺就如飛蛾撲火，
我常看了又氣，又惱，又心疼，同時也對自己的特異功能，有種無力的挫敗感……

CHAPTER 8 望穿前世　遇苦樂　見真心

如今，我卻常想，如果有最、最、最先進的攝影技術，能將我眼中所看到的景象，
拍攝下來讓人們可以看到，那麼是不是就沒有人會選擇做壞事了呢？

我第一次看到所謂「非人」的世界，是在農曆七月半的拜拜。

那一次，在我家大門外的院子廣場上，看到一群人穿著古裝的衣飾。

有些「人」穿得破破爛爛；有的帽子上串掛著珠珠，十分好看；而有的則穿著就像是武將關公；還有的臉擦得黑黑的；更有「人」的臉上塗著一半黑一半白，戴著高高的帽子，有很長的舌頭（第一眼我還以為是這個人咬了一張紙，後來我在廟裡看到才知道原來這二個人是七爺與八爺）。

看來就像是歌仔戲團在院子廣場上演著戲。還是小小孩的我，大約年僅四歲吧，很興奮地跑進家門跟母親說，院子有戲團正在演戲，有好多人來哦。

母親聽完我的話後，就走出大門，看向廣場，然後對我說：「哪有人！」接著便罵我亂說。

對於母親的責罵，我不敢再多說些什麼，但是我心裡想，那些「歌仔戲團的人」真的是在院子啊！

Chapter 1 童稚之眼 同看陽界與陰界

從我有記憶以來，我並不知道，
我看到的世界是和一般人不同的。
我的媽媽不明白我為何如此，
我的姐姐哥哥只是覺得我愛編故事，
只有我的爸爸相信我說的，
說我是好福氣，
才看得到跟別人不同的世界。

1 外省郎娶台灣美女　一個家誕生了

從我有記憶以來，我家就很窮，父母都是在為生活中最基本的吃與住打拚，我父母婚姻的組合就是芋頭與蕃薯的組合，也就是那個時代許多男男女女的婚姻故事。

我父親來自大陸，因為我的祖母給父親一筆費用，要父親拿著這筆錢，外出闖闖，不要留在家鄉種田，因此我父親就從河北老家到上海，又從上海到福州、廈門，在廈門遇到三個台灣人，告訴我父親台灣是個投資的好地方，因此我父親就搭船來到台南，那三個人雖一直說要帶我父親去看投資的紡織廠，但在落腳台南的一星期中，他們只找我父親賭牌九，一星期過後，我父親輸到只剩下一百元，我父親獨自在無親無故的南台灣寶島傷心落淚，覺得對不起我祖母，然而想回去，又遇到大陸淪陷，只能先找份工作安定下來。

後來，我父親買獎券中了兩百元，就以兩百元買下不識字的母親。我父母的組合，就是男的書讀得還不少，女的則是不識字；男的三十九歲，早已由少年白髮，變成頭尖尖光亮亮的禿頭外省男人；女的卻是十九歲的窈窕女子；男的只會說濃厚河北鄉音的國語，女的卻只會說閩南語。

貧困家中屋中雨　多喝水肚子飽

當我的大哥一歲時，父親因為被工作的單位裁員，就從台南來到台北，在裕隆汽車廠當技術人員，住在當時的景美橋頭附近。

當時我家是位在大水溝旁的違章建築，一天二十四小時，包括用餐的時間，都可以隨時看到大水溝上「川流不息」大條、小條的大便，那種氣味只能用「臭氣沖天」來形容。而我的家，只有一張床腳架高的床，床旁就是用餐的飯桌，飯桌上鋪著民國五〇年代，貧困家中都會鋪的塑膠桌巾。

下雨的時候，在飯桌上喝湯，我們幾個小孩，就會說，湯越喝越多。不過在我們家，喝湯的機會是很少的，因為我們家當時窮到連吃都吃不飽。每當我們五個孩子喊餓的時候，父親就叫我們喝水，喝得飽飽脹脹的，再趕我們上床睡覺。我們家的小孩到小學二、三年級還會尿床，長大後回想才明白，並非我們家的孩子膀胱特別無力，而是因為上床睡覺前，用喝水驅走飢餓感所造成的吧。

我是從四歲開始，對身邊的事開始有記憶，也是從那時候起，我就會以一條很長的布條，把還在襁褓中的弟弟揹在我的背上。但以我很瘦的四歲小個子，揹一個胖嬰孩，經常會因為重心不穩，就整個人仰天往後跌倒，弟弟的頭也因為撞地腫了起來，或是頭破而有了皮肉之傷，母親就會因此狠狠地打我一頓。

揹著弟弟軍營站　得到饅頭全家分

住家附近有一個軍營，每到吃飯時間，我就會揹著弟弟到軍營的門口，有一個老兵伯伯，都會以便當盒裝著饅頭或是飯菜，拿到軍營門口給我，我就很高興地把這些食物拿回家，跟全家人一起分享。

軍營的旁邊是一個墓地，有很多的墳墓，每當我聽到墳場那邊發出送葬的嗩吶與銅鑼的吹奏與敲打聲音，我就會揹著弟弟到墳場去。看到抬棺木的家人在哭，我也會傷心地跟著掉淚，這是因為我小小的心靈，不禁聯想萬一棺木裡躺著是我阿爸該怎麼辦？

到了晚上，我阿爸回來，我就會跟阿爸說：「阿爸，今天我有看到抬棺材的，好多人喔，阿爸，我好害怕你死掉，如果你死掉，我也要跟你一起死，我也要跟你一起躺在棺材裡。」

我阿爸就跟我說：「香蕉啊！妳好乖喔，阿爸不會那麼快死掉，阿爸會把你們一個個養大，讓你們讀很多書。」（香蕉是我小時候我父親叫我的小名，因為我小時候非常地瘦小。）

我最記得，在下葬的時候，那些幫忙的人都會灑一毛或是五毛銅錢，邊灑還會邊喊：「添丁發財、子孫讀書，中狀元。」當時我都會去撿這些錢，而且在心裡想說：如果明天我幫忙跟著喊，那些送葬的人應該會給我錢。

所以我從小就很會跟著這些幫忙下葬的人喊叫，除了會撿到錢，有些人看我很可愛地揹著弟弟時，也會主動給我錢，或者給我糕餅類的東西，我都很高興，因為有了這些東西後，家人的這一頓飯又可以吃得較好了。

我看奶奶走進墳墓　得到阿姨給五元

當我第三次去墳場幫忙喊時，看到一個老太太，穿著紫色旗袍領的衣衫，唇形塗得很小，最特別的是，下嘴唇上還黏著一個銅板，這位老太太跟我招手後，就走向墳墓裡。

我心裡覺得怪怪的，就問旁邊哭得很傷心的阿姨：「死掉的人是妳的媽媽嗎？」

阿姨就回答我說：「是。」

我心裡就想，走進墳墓裡的那位老太太，應該就是這位阿姨的媽媽吧。

我還記得我問阿姨：「阿姨，妳的媽媽嘴巴上為什麼要黏著錢啊？」

阿姨神情有些驚訝地問我：「妳怎麼知道，妳剛才有看到嗎？」

我就跟阿姨說：「奶奶穿得好漂亮喔！」

阿姨又問我：「後來呢？」

我就跟阿姨說：「奶奶就走進墳墓裡。」

接著阿姨就向著墳墓的方向跪下，很傷心地哭泣，並且還一邊喊著：「媽啊！媽啊！」那時我看到阿姨哭得那麼傷心，我就在心裡想：好像不應該跟阿姨講我看到的事情，害她哭得更傷心了。

這是我第二次看到另外一個世界的人（用人間的說法應是鬼魂）。

在記憶中，這家人還搭了一個很大的塑膠篷子辦喪葬事宜，我依然像過往一般，幫忙在一旁喊叫。結束後，阿姨還拿水果，以及包著花生的紅龜粿給我，並且給了我五塊錢。這是我第一次拿到五塊錢，以前都只是撿到一毛錢，或是幾毛錢而已。

阿爸晚上回家後，我就跟阿爸說：「那家人好像很有錢喔，他們的塑膠布很大。」我阿爸就告訴我說：「塑膠布很大，就是墳很大，那就是有錢人。」

接著我就掏出五塊錢，剛好我媽媽也工作回來，（那時我媽媽在北新戲院旁邊餐廳做洗碗的工作，我還記得那個餐廳的老闆姓程，我都叫他「程爺爺」）她卻拿皮帶把我打了一頓，打我的原因，是因為她覺得每次都拿死人的錢回來很不吉利。

爸爸說老四就是懂事　以後會事事如意

雖然我媽媽在餐廳做洗碗的工作，都會從餐廳打包剩的菜與飯回家，但是仍然不夠吃，我二哥是最常喊吃不飽的。那天墳場阿姨給了我三個包花生的紅龜粿，我爸爸就用燒煤球的爐子，和全家唯一的鍋子煎紅龜粿，但卻忘了翻面，一邊雖然煎焦黑了，可是我卻覺得很香。因此我到現在都還很愛買糯米做的紅龜粿，再把兩邊煎到快焦了，吃起來不僅覺得很香，還能因為這種快煎焦的紅龜粿味道，回憶起許多對父親的印象。

那天晚上，爸爸還說：「我們香蕉好棒，你看，帶這麼多東西回來，我們今天加菜。」

那時候，關於我看到另外一個世界的景象，只有我爸聽得懂、相信我，我都會問我爸：「為什麼我都會看到？」我爸都會跟我說：「因為妳好福氣啊，妳是我們家最有福氣的，妳看，妳是第四個，老四，就是『懂事』。妳看妳會撿破爛、撿垃圾去換錢，妳懂得去拿飯撿饅頭回來，第四個就是懂事，妳好福氣。」

我還記得，我曾經問過我阿爸：「我們家為什麼這麼窮？」我阿爸就跟我說：「不會的，現在窮，以後不會窮，以後我們會事事如意。」因為我爸對我說過的話，所以一直到現在，我最喜歡的號碼還是「4」號。

我一直好感謝在我家附近的軍隊，也好感謝那些墳墓。那段日子，我都會注意聽有沒有吹笛子、敲擊銅鑼等的送葬樂隊聲，當我聽到時，我就知道又可以去拿吃的東西，又可以去撿錢了。

後來又在我家附近，發現一個精神異常的流浪漢常在垃圾堆燒東西，觀察一段時間，發現他把丟棄的電池打爛，然後燒了之後，電池裡的銅就可以裹成一塊拿去換錢，他還會撿鐵片、報紙、玻璃瓶與紙板，然後我就會跟在他後面，看他把這些東西拿到一個地方，我才發現原來這些東西，是有地方可以賣錢的。

2 撿垃圾賣錢　小命差點葬送垃圾場

看到流浪漢撿垃圾賣錢後，我也開始用草繩拉著簍子，再把弟弟揹在背上，將要賣的東西放在簍子內。有時候弟弟沒有睡覺，我就會用揹弟弟的布帶子拉簍子。我每天也跟那個流浪漢一樣去撿可以換錢的垃圾，而且會觀察那個流浪漢翻垃圾時，大多會翻撿哪些垃圾。

後來我很快地發現並懂得分辨，紙類換的錢少，玻璃瓶子可以換比較多的錢，之後，每天我都可以很平均的換到幾毛錢，最多換到三塊錢。可是我發現換錢的老闆會欺騙我，有時候明明拖了很多紙去賣，他卻給我兩毛錢，我還會問老闆：「這麼多，為什麼這麼少錢？」

他還會趕我：「去，去，去，去，去……」我只能自認倒楣的走了。而這種撿垃圾賣錢的工作，我一直做到小學四年級。

剛開始沒有多少人知道，但是沒多久附近的小朋友也發現撿瓶子可以換錢。大約在五歲的時候，為了和一個小孩搶一個玻璃瓶，那個小孩推我，害我跌到垃圾堆裡，碎玻璃就扎到我左耳下的脖子，流了很多血，那時候我想：慘了、糟糕了，我絕對不能死掉。

那天我穿的是紅色衣服，我就用垃圾堆撿來的布與報紙，盡量壓著我被碎玻璃扎破的傷口，回家的時候，我也不敢講我受傷，是一直到了晚上，我爸發現我的脖子破了一個好大的洞，還發著高燒，才知道我的狀況有多嚴重。

當時，我爸爸抱著我坐在他的大腿上，一邊搖我一邊哭，雖然幫我擦了消炎粉，但是第二天，我依然高燒不退。我爸就跟我媽說，要帶我去醫院看病，但我媽卻說：「還欠人家米錢，怎麼去醫院？」

我爸就叫我媽去借，我媽就罵我爸：「死老頭，窩囊廢，還欠人家錢，到哪裡去借？」我爸聽我媽這樣講，就抱著我一直哭，我還記得我跟爸說：「我不要死，我死的時候要跟你放在一起。」

我爸就說：「老四啊，香蕉啊，妳不會死，若妳真的死了，阿爸也跟妳一起死，那就可以放在一起。」

到了第三天我爸出門的時候，我發現我不行了，同時我也「覺得」我會被我媽丟掉，我就問我爸說：「阿爸，你今天要加班嗎？」我阿爸邊摸我的頭，邊跟我說：「阿爸看看，不加班，盡量早點回來，香蕉，妳要好喔！」但，我心裡很清楚，我會被丟掉，從此再也看不到我爸。

當時我媽媽拿著鍋子，去跟鄰居借米，熬稀飯米湯餵我。可那時候我已經吞不下去，米湯一直從嘴角流出來，我媽看我這樣子就說：「這是妳的命，沒有辦法，妳沒有命繼續活下去了。」

我媽就把我撿垃圾在用的簍子拿出來，鋪了兩張紙，然後把我放在那個簍子裡，再把我拉到後面的墳墓場丟掉。

告訴自己不能睡　睡著就到墳墓裡了

我就在簍子裡，一直叫著：「阿爸，阿爸……」

看著天，漸漸變黑，可是我一點也不害怕，只是心裡想著我爸今天會加班，所以會很晚才會找到我。**那天夜空的星星，特別的亮，後來我聽到狗的聲音，那是一隻大狗，牠的體積比我的簍子還大；牠的頭比我阿爸的頭還大，牠來到我的簍子旁邊，這隻狗的身體像個電燈泡，發出透明的白光，我聽到牠發出的聲音，似乎是在同情我。**

我在心裡不斷地跟這隻狗說：你不要走，好不好？你在這邊，我阿爸才會看得到我。但那隻狗依然發出「嗯啊，嗯啊」同情的聲音，然後我似乎看到那隻狗流淚，我就問狗狗：「狗狗你也哭了嗎？你能不能不要走，陪我等阿爸來？」可是轉眼間，牠就不見了。

狗狗不見後，我發現自己好想睡覺，便在心中跟自己說：不能睡喔，睡了就會死掉喔，睡了就會到墳墓裡面去。

可是我全身已沒有力氣，我就把頭轉到另一個方向，發現很遠很遠的一個墓碑上，坐了一個很小很小的老伯伯，那個老伯伯的雙腳還不斷地晃動，我看到這幕景象，就自言自語地說：「那個老頭子不是已經死掉了？我不會是快要死了吧？」因為每次我看到另一個世界的人時，我媽就會用台語對著我爸說：「你女兒要死了，要死了，才會看到鬼，那表示鬼要帶她走，你女兒快死了。」我爸當時聽了，還罵我媽：「亂講，胡說八道，我們家老四是最乖、最孝順、最可愛、最好福氣了，怎麼可能會死？」

小老頭坐在墓碑 唱著兒歌陪伴我

當我心裡想起父母親以前的這段對話時，我依然注視著這個像小人偶的老頭，他好像要我一直看著他，那樣我就不會想睡覺，可是一邊看著這個老頭，我的心裡還是不斷地想著：阿爸，怎麼辦？我覺得我會死掉。

我還在心裡想，那個小老頭的嘴巴沒有咬錢。我雖然害怕，可是卻哭不出來，只是在心中自言自語地說：阿爸，阿爸，他嘴巴沒有咬錢，狗又不見了，星星好亮喔……

當我覺得快要睡著時，就聽到爸爸叫我：「香蕉啊，香蕉啊，好福氣啊，好福氣啊，妳在那裡啊？我的好福氣啊……」

等我爸爸快走到我身邊時，那個唱歌的聲音就停止了，那個小老頭對著我點頭微笑，慢慢地變小，但依然還是坐在墓碑上，做出拍手的動作，我就在心裡感謝他，心想：一定是他帶我爸找到我的。

可是因為晚上很暗，我爸爸似乎走錯了路，因為叫我的聲音，愈來愈遠，我心想：我爸是不是走錯方向了？我聽到我爸的聲音，開始有哽咽的感覺，而在這個時候，我爸看到一個好大的亮光，似乎像個垃圾筒差不多大小的燈泡，我爸以為自己「活見鬼了」，然後就把眼睛揉一揉，想看清楚晚上的墳場到底是誰打著燈籠，並循著發亮的地方走，走近的時候就看到我了。

我的女兒快死了　求求你借我錢

我爸趕緊將我從簍子裡抱出來，騎腳踏車載著我，趕到我媽打工的餐廳——程爺爺家敲門，跪在程爺爺的家門口借錢：「我的女兒快死了，求求你借我錢，讓我帶我女兒去看病。」

程爺爺拿出了五十元借給我爸，我爸就拿著這五十元，帶我到景美橋頭的一家醫院就醫。我還記得我被我父親夾在懷裡，一直搖晃著我邊跟我說：「香蕉啊，阿爸已經跟程爺爺拿錢，快到醫院了，馬上就可以把妳救活了。」我仰躺在我阿爸的懷裡，看著我阿爸的臉。

看完醫生回家後，對於我的「再生」，我媽並不高興，反而很生氣，我媽很生氣地說：「那麼多小孩，死一個有什麼關係？」他們倆因為我發生的這個狀況而吵得很嚴重，我媽認為我爸不應該去跟程爺爺借錢，因為借錢很丟臉，同時也擔心會因此沒有工作。我看著父母爭吵，然後對我媽說：「媽，我會去撿很多瓶子、廢紙，換很多錢。妳別生氣。」

但是在氣頭上的母親，不斷地摔東西，邊摔還邊說：「為什麼我生了一個不正常的小孩？人家是遇到死人嚇得不敢去，我的小孩卻是一天到晚往死人堆裡鑽。」

那時候我五歲，我不明白我媽為何那麼不喜歡我。

3 媽媽覺得我帶煞 天生一張破嘴

從我開始告訴我家人，我看到「非人」的另一個世界的狀態，或是我的「第六感」後，我的母親一直覺得我是個帶煞的小孩子。

記得有一次，程奶奶在賣雞飼料，所以我媽買了許多的小雞，等到雞養到比較大的時候，雞籠就放在靠近房子旁一條大水溝的地方，而雞籠的旁邊就是我爸的腳踏車，腳踏車旁邊就是我家的飯桌。

有一天，我跟我阿爸說，小偷要來了。結果，當天晚上，小偷真的來把一整籠的雞，以及我阿爸的腳踏車偷走。早上起來我媽發現真的遭小偷，就把我打了一頓，一邊打一邊罵我是「破嘴」，講什麼什麼都會應驗。

可是在當時，年紀小的我，內心不自覺地產生極大的壓力。因為，每當我說出我所感受到或我所看到的景象時，母親常為了讓我以後不要再「亂說」而狠狠地打我一頓，但是對一個還未懂人間世俗之事的我來說，我只是單純地說出我看到的、我感受到的「真實景象」。

一直到長大後，我才知道，母親和一般人對於這種事情，在心裡所產生的反應是種恐懼，而為了掩飾這種害怕，只能用打我來證明，其實這一切都是我亂說的而非事實。

刺鼻的黑煙　看到屍體正燃燒

五歲時我搬家了，但只是從這個墳墓區，搬到另一個墳墓區。而新家是現在景美的愛買賣場附近的仙跡岩，當時那裡有一個廟，廟的後面就是一個有階梯的斜坡。搬到那裡對我來說，最大的樂趣是可以順著斜坡爬到仙跡岩去玩。

當時住屋的窗戶一打開看到的景象，就是很多草，而鐵製的大門外，不到一枝掃把的距離，就是墳頭。

房子依然很小，牆是五十年代還看得到的那種土牆，沒有塗上油漆。床也依然是那種高腳床，睡法也是五個小孩睡在架高的床底下打地舖，而這裡是我從五歲住到七歲的家。

搬到那裡後，有一天的白天，父母已外出工作，而弟弟在睡覺，我看到斜坡上方圍了滿多人，我因為好奇就順著階梯爬上去，想要看清楚這些人到底在做什麼。

可是因為這些人都是用台語在交談，而當時我聽不太懂台語，但看了半天後，我有些明白，這些人在商量要不要將這座墳墓打開？

過了一段時間，這群人又回來了，還帶來一群工人，就開始挖墳。那天我弟弟特別吵，我怎麼揹著搖晃他，他還是一直哭，不肯睡，我就學我阿爸用熱水泡地瓜粉，餵我弟弟，他才終於睡著。他一睡著，我就爬上階梯，看著這群人從早上有太陽做到沒太陽，才把整個棺木打開。這是我第一次看到一個完整的屍骸，雖然距離有點遠，但還是可以看到那個屍體，黑黑的、破破爛爛的，被一條藍色小碎花的絲綢被單包著。

之後，就看到燒屍骸的黑煙，當時我心裡想：他們為何要將屍體燒掉？燒了很久之後，我就看到這群人開始撿骨頭，我一直蹲在附近看，一點也不覺得害怕，心裡面還想：這個人很可憐，為何還要被燒掉？

當時我並不知道，人死是可以火葬的，因為在以前舊家附近的墳場，看到的都是埋在土裡，這是我第一次看到有人用火燒屍體。燒屍骸冒的煙，是黑灰色的，味道很難形容，就好像垃圾場的流浪漢在燒廢棄的電池的味道，很刺鼻，很不好聞。

爸爸說我是好福氣　打是好福氣

快天黑的時候，這群人就離開了，我回家揹著睡醒的弟弟，再度地爬上斜坡的階梯，走近已挖開的墳墓附近去看，一看發現地上有一根骨頭，那時我就知道是膝蓋以下的小腿骨，我也不知為何知道，但就是知道這是小腿骨。我就把小腿骨帶回家，心想：明天他們一定會回來找這根骨頭，還有不能跟媽說，讓媽知道我一定會被打死，因為媽最討厭死人的東西。

到了晚上，我也不敢跟阿爸講，但是睡覺時，我就跟我二哥與姐姐說：「我撿到一個東西。」我姐就問我：「你撿到錢嗎？拿出來，我們明天去買糖果。」我說：「我撿到一根骨頭，你們要不要看？」

二哥和姐姐一聽，就大叫一聲，跑去躲在被窩裡，我就趕緊說：「嚇你們的啦！」

晚上，有一個老奶奶，來到我身邊，我躺著看老奶奶，她左邊的眉毛，有一顆很大的痣，大約是一塊錢銅板的大小，還微微地突起來，老奶奶站在我身邊跟我說：「明天我的兩個兒子，和我的小孫子，會來找回我的骨頭。妳好乖喔！妳都不怕嗎？」我說：「不會啊！」老奶奶就點著頭跟我說：「謝謝，謝謝！以後妳會很有福氣的。」

隔天早上，我爸牽著腳踏車，正要出門時，我終於忍不住跟我爸說，我撿到一根骨頭，「那個老奶奶」昨天晚上還來跟我說，她的家人今天會來找回這根骨頭，我爸就說：「喔，那妳今天就看人家來了沒，把骨頭還給人家。」我接著就問我爸：「你要不要看那根骨頭？」我爸就看了手上的手錶一眼，然後說：「來不及了，我上班要來不及了。」接著就看到我爸騎著腳踏車離去，可是我覺得那天爸爸腳踏車騎得特別快。

在他們後面喊　「ㄟ，骨頭在這裡！」

我弟每天早上醒來，我就把他放在紙箱，或是竹簍子，拉著他在房子裡玩，弟弟玩一陣子，他就會睡著，當我的弟弟睡著時，我就在門口看有沒有人來。

不知過了多久，一群人來了，其中包括老奶奶說的她的兩個兒子與小孫子，這群人動作很快地爬上斜坡的階梯，我一看到他們來了，我就轉身去將藏在棉被裡的骨頭拿出來，在他們後面喊：「ㄟ，骨頭在這裡！」

這群人回頭看我的眼神，都很驚訝，其中一個穿著彩色袍子的道士，走過來問我：「妹妹，這根骨頭妳在那裡撿的？」

我說：「就在你們昨天燒東西的旁邊，你們一走，我就撿到這根骨頭了。」那個道士就拿出兩個紅色半月型的「筊」，這也是我第一次看到這種東西，道士就叫其中一位先生過來，拿著筊跪在墳前擲筊，丟了好幾次，都是一正與一反。

接著，另一位先生就走過來問我：「妹妹妳都不怕啊？」

我說：「不怕，昨天晚上老奶奶有來找我說過話。」

那位道士又露出很驚訝的表情，以台語問我：「是，阿婆嗎？」

當時我還不瞭解阿婆就是老奶奶的意思，我就只好回答：「是一個女生。」然後跟我說話的那位先生就蹲下來，看著我說：「真的喔！」

我回答他說：「奶奶這邊有一顆很大的黑黑的痣，奶奶還跟我說，今天會有兩個兒子與一個小孫子來找回這根骨頭。」我一邊說，還一邊比著自己左邊的眉毛。當我講到這裡，我感受到我面前的這位先生，已完全相信我講的話了，而且還給了我五塊錢，我拿了錢好高興地，邊走邊跳回家。

他們下山的時候，那位跪著的先生還到我家給我一張紙鈔，叮嚀我要收好，當時我看了那張紙鈔，我並不知道是多少錢，一直到晚上，我爸回來，我才拿出來給我爸，我爸看了好高興說：「我要做一個月的工才能賺到這些錢。」我看我爸這麼高興，我就跟我爸說：「我以後也可以去撿死人骨頭，好好賺喔！」我爸就摸著我的頭說：「傻ㄚ頭，還有更好的工作，要多讀書，知不知道？沒有女人做這樣的工作的。」我就跟我爸說：「有什麼關係，很多錢耶！」

那天晚上，我爸因為太高興了，還把我架在他的肩膀上，邊跳邊唱歌，音調就像是平劇或是黃梅調的音律節奏。

我伸出舌頭　對著大蟒蛇做鬼臉

在還未上小學之前，大多數的白天時間，我都是一個人在家照顧弟弟，爸爸都會留一碗飯放在家中唯一的鍋子裡（也就是炒菜鍋），然後把鍋蓋蓋好，有一天我在門口站了半天，也望了半天，並沒有看到任何送葬的隊伍，就轉身回家，卻發現炒菜鍋上盤踞著一條大蟒蛇，仔細地看還發現牠的肚子凸出一顆一顆的，我就在想是不是「牠的蛋」？當時，我並沒有害怕的感覺，只是擔心牠會不會把我的飯吃掉，然後我就看著蟒蛇的眼睛，對牠說：「我開窗子讓你出去好了，還是你要走門？」

然後我又想一想說：「還是從窗戶出去好了，窗戶一出去，就是後山，我家門檻太高了，你可能不方便爬出去。」（當時我爸為了怕我弟爬出大門，所以又在原來的門檻往上加釘了一塊木板）然後我就靠過去把窗戶打開，這條大蟒蛇看著我，我還伸出舌頭對牠做鬼臉，過不久，大蟒蛇就慢慢地爬出去，牠在爬的過程中，我才發現牠好長。

等我爸回來，我一邊指著鍋蓋上因為蟒蛇盤踞的重量而凹陷下去的痕跡，一邊跟他說，今天有一隻大蟒蛇盤踞在鍋蓋上，我爸看著凹陷的鍋蓋說：「哎呀，我的天啊！」我還跟我爸說：「牠聽得懂我的話，牠肚子裡有很多的蛋，牠要生小孩了喔！」我阿爸就問我：「後來呢？」我就問牠：「要走門，還是要走窗戶？」當我爸聽到蟒蛇從窗戶離開時，以略帶驚呼的口吻說：「好厲害哦！」

隔天早上，我就看到我阿爸嘴上銜著幾根釘子，正在把破掉的紗窗修好，我就問我爸：「你在做什麼？」我爸說：「牠太大了，不要再來我們家，牠是會吃小孩的。」到現在我都認為牠是「山王」，很有靈性的。

4 不怕真實的鬼　卻害怕鬼故事

雖然小時候我不怕看蛇，與看到另一個世界種種的景象，或是看人燒屍骸或是撿骨頭，但是我卻常會被我姐姐講的鬼故事嚇到。

當時，在我家附近有一個男的，每天晚上都會吹簫，我姐姐就告訴我，晚上若聽到簫聲，那不是人在吹簫，而是鬼在吹。所以如果晚上持續不間斷地聽到簫聲，就會沒命，而且死的時候，眼睛會流血，舌頭還會吐出來。我聽了覺得很可怕，因此我姐就告訴我，若是晚上聽到簫聲，就要把耳朵摀住。所以每到夜晚，我們幾個小孩就會躲在棉被裡，摀住耳朵，姐姐就會問：「有沒有聽到？」我就以發抖的聲音說：「沒……沒……聽到。」邊說還邊用手一直拍自己的耳朵，這樣就不會持續不間斷地聽到簫聲。

在那段期間，還聽近鄰的阿姨來跟我媽聊天時說，附近的墳墓被挖開，骨頭都被鬼吃掉了，我聽到她們聊天的內容，快被嚇死了，我姐卻還會一直跟我說：「一定是那個吹簫的，吹簫吹到肚子餓了，夢遊就去吃死人骨頭，聽說有人看到他從墳墓那裡走回來，嘴巴還血淋淋地。」我聽了怕得要命，跟我姐說：「姐，妳不要再說了，好可怕。」

那時我大姐還提議，派代表去看清楚那個男的是人？還是鬼？我大哥還跟我說：「ㄚ頭，妳膽子最大，妳都敢常到墳墓去看人挖墳，妳去，去看清楚那個男的到底是人，還是鬼？」

但我說：「不要去。」因為我真的很怕吹簫的是鬼，不是人。

我就問我阿爸：「大姐說那個吹簫的是鬼。」我阿爸說：「亂說，那是一個考大學沒有考上的男生。」

一直到我上小學一年級時，我才從我阿爸那裡得知，那個吹簫的男生，因為考了好多次都考不上大學，後來得了肺病吐血過世了。

棺木釘釘子時　原來是不能看

我上小學一年級的時候，有一天我站在住家旁邊的階梯上，又聽到遠遠的地方有出殯的吹奏樂，我當時心想，今天一定要很認真地喊，才有可能拿到多一點的錢。當我看到一群人扛著棺木走上階梯時，走著走著，那群人因為抬不動，棺木就跌落在階梯上沿著階梯滑了下去，當時我看到這幕景象，心裡想：喔，棺木裡的人，是不是還沒死，所以想要逃跑？就好像狗身上的狗蝨子，將蝨子放在地上，蝨子就從硬殼伸出腳，動著腳快速逃跑的景象。

後來，要釘釘子時，喊著要大家轉過頭去，所有的人都轉頭，只有我仍然面對著棺木，那些大人們看到我，都露出驚訝的表情，以台語問著：「這是誰家的小孩？」同時也叫我轉頭不要看，我雖然轉過身體，但仍聽得到棺木釘釘子的聲音。

回家後，我就問我爸為何釘棺木時不能看？

我爸就跟我解釋：「蓋棺的時候，不能看，因為福氣會蓋光光。」（長大後，參加過幾次的出殯，才瞭解在一般民俗的說法是，若是看到蓋棺釘釘子，是會讓自己沒有財富與福氣，這是一種習俗。台語有一句俗話說：「四根釘子，釘下去，你就穩死了。」意思就是很不好的事情要降臨。）

那天，我有拿到水果與糯米糕，家屬在灑錢的時候，我還撿到八毛錢。

因為太好奇　整個人掉進棺木裡

我念小學時並不快樂，因為家裡窮，身上穿的制服是姐姐的，有些破舊，再加上我睡前還喝很多水，偶爾會尿床，所以身上常會存留尿騷味，因此同學都不喜歡與我接近。

後來同學慢慢地知道我能夠看到「另外一個世界的人」，就開始覺得我是異類，對我的態度常十分排斥，所以我的小學生活，是沒有什麼朋友的。

等到我上小學二年級時，有了我第一個同伴——一個兔唇的女生，長得很瘦，頭髮被她的母親削得很短，讓她看起來很醜。因為兔唇，她講話常講不清楚，同學都會常欺負她，我就常保護她，每天都會跟她一起走路回家，她是客家人，我的客家話也是跟她和她母親學的。

二年級下學期時，我們又搬了一次家，住家附近有一戶鄰居是做魚丸的，我就在他們那邊打一些零工——切洋蔥，並且幫這家人照顧一個小小孩，只要我揹一天，就可以得到五毛錢，我常揹著他們家的小孩，同時照顧弟弟，還邊切洋蔥。我的食指現在留著一個切痕，就是當時切洋蔥留下來的。

住家附近，有一家人是養豬的，有一天我看到養豬的阿公經過我家門口，可是他走路是用飄的，腳並沒有踏在地上。我媽當時正在煮飯，我就跟我媽說：「養豬的阿公應該死掉了，因為我剛看到他走路，腳沒有在地上。」我媽就說：「妳再講，我就拿皮帶打死妳。」她邊說，手就往腰上要抽出皮帶，我嚇得躲在被窩裡。

那天我只讀半天，下午兩三點就回到家了，結果天還未黑，就聽到送棺材的吹奏聲響起，這次我「預言」養豬的阿公生死後，我發現我媽更不喜歡我了，我媽還跟鄰居石媽媽說：「這個死ㄚ頭嘴巴很爛，說誰死誰就會死。」

石媽媽因而也很不喜歡我，覺得我是一個很「毒」的小孩，還會用台語罵我「瘋鬼子」，並且不准她的孩子跟我一起玩。

養豬的阿公過世後，棺材就放在他們家前面，我因為好奇，所以就搬了一張矮凳站上去，想要看阿公放在棺木裡是什麼樣子，結果看到阿公躺著，他穿著黑色的衣服，身上蓋著一條被子，周圍還塞著紙錢。我在心裡想：人死為何還要塞這些東西？我還用手去摸摸紙錢，還摸到黑黑的木炭。而這個阿公因為有暴牙的關係，嘴還開開的，雙眼則是用紗布包起來。我因為太好奇了，想要看阿公的眼睛是張著還是閉著，我就用手去摸，想把紗布打開，當時我的身高根本不夠讓我把手伸到裡面去，所以當我想用手摸紗布時，我就整個人掉進棺木裡，摔到阿公身上，結果被鄰居看到，就用台語大叫：「死孩子，怎麼會爬到那裡？」大人將我從棺木裡弄出來，還問我：「妳都不怕嗎？」我說：「不會啊！」（一直到高中補校，問同學才知道死後用紗布將眼睛遮起來，表示安息。）

六個人分吃　一片大西瓜

念小學時，我們家五個小孩的娛樂之一，就是去景美戲院看電影，我們姐弟都會在戲院門口拜託願意帶我們進去的大人，也常因此看到一些免費的電影。

還記得有一次，我耳朵聽到砍殺的聲音，心裡卻覺得奇怪，因為住家附近並沒有任何砍殺的事情發生。結果隔幾天，和二哥、姐姐帶著弟弟去看電影，看到一半時，就看到流氓拿著武士刀殺進正在放映電影的黑暗戲院裡，看電影的人包括我哥哥和姐姐，全嚇得紛紛逃離現場，而我則帶著弟弟躲在椅子下面，躲著躲著就睡著了，一直到我爸爸加班回家，發現我跟我弟不見了，才到戲院找我們。

小時候家住在景美夜市附近，白天大家都很忙，到了晚上，父母就帶著小孩去逛夜市，這是生活中的另一種娛樂。

我阿爸偶爾也會帶著我們去逛夜市，雖然只有在發薪水的日子，但我阿爸一定會帶著我們去景美夜市的廟口，買一片大西瓜，然後一個大人，帶五個小孩，一起坐在景美郵局的路口上，六個人輪流，你一口，我一口，分享著這一片大西瓜，吃最多的還是我爸爸。我爸很喜歡吃鳳梨（菠蘿），還有西瓜。

我媽覺得我爸很自私，只想到自己，要買也不多買幾塊，吃最多的還是他。然而，當時我卻覺得爸爸很辛苦，當然應該吃最多，每次我都會阻止哥哥、姐姐、弟弟，希望他們少吃一點，多留給父親，父親在那一刻總是發出吃得很享受的聲音，吃完後，爸爸還會將西瓜皮分一小塊給我們，然而大家就啃著西瓜皮。我阿爸每一次都會跟我們說：「你們乖一點，阿爸多加一點班，下個月就可以一人一片西瓜。」然而到長大，這個願望都沒有實現過。

景美郵局對面，有四層樓的樓房，有一層是做電子焊接，四年級暑假時，我就假裝我已經是六年級，要畢業不用讀書，到這間電子工廠上班，領了錢，我就請我阿爸吃西瓜，兩個人共吃一片西瓜，而且不是在郵局旁的馬路邊吃，是在賣的攤子前吃完，因為我阿爸說：「在這邊吃就好了。」

5 預言要打架　二哥覺得疑神疑鬼

有一天，我跟我二哥帶著我弟弟去景美夜市，走到一半，我就跟我哥說，不要再往後面走了，我二哥就問我：「後面有鬼喔？」

我說：「後面要打架了！我聽到打架聲。」

我二哥說：「沒有啊！」

我說：「真的啦！」

我二哥就嘆口氣說：「一天到晚疑神疑鬼，怪不得媽要打妳。」

結果我們經過豬肉攤、賣米粉豆腐攤以及賣米腸攤子的附近時，其中兩個攤子的老闆突然就打了起來，用木頭的椅子互丟，還丟到一位老奶奶的臉，血馬上就從臉上噴湧而出，很嚇人，我二哥驚得跑得比誰都快，把我跟我弟弟丟在後頭，我就揹著我弟弟自己跑回家。我二哥回到家就描述剛剛的景象給我姐姐聽，我就跟我二哥說：「你很沒意思，你都先跑了，也不叫我跑。」

還有一次，是在我三年級的時候，我揹著我弟弟在家附近的路口玩，在玩的時候，我心裡就覺得：不能再繼續玩了，要快點回家，待會兒，弟弟的頭會流血、會受傷。

雖然不知為何自己會有這樣的感覺，可是當我正想揹著我弟弟回家時，已經來不及了，因為路口二樓的小孩從陽台的花台上，拿了一個石頭往樓下丟，一砸就砸到我弟弟的頭，血從我弟弟的頭上流到我的身上，我趕快將弟弟揹回家找我媽，結果我弟弟除了被砸個大洞，還腦震盪，我爸媽趕緊抱著我弟弟到醫院去急救。

家中有瘋小孩　好運才不上門

那一次的結果，就是我被我媽用皮帶與木屐打，打到半條命都快沒了，全身上下都是青一塊、紫一塊，鼻子附近的皮膚，因為被打到流鼻血，而腫了起來，連房東都來跟勸我媽，跟我媽說：「那是妳自己生的女兒，幹嘛要這樣打她？」

到了晚上，我就躲在被窩裡偷哭，我爸跑來安慰我，我就問我爸：「媽媽為什麼這麼不喜歡我，我不是媽媽生的嗎？」

我爸就說：「是啊，妳是媽媽生的。」

接著我又問：「媽媽為什麼要這樣打我？」

爸爸就跟我解釋：「因為媽媽生氣弟弟破很大的洞，流很多的血。」

我媽每次打我的時候，都會說：「我們家就是因為有妳這個瘋小孩，所以才會這麼窮，好運都不會來。」

因此我就問我爸：「真的是因為我，所以我們家才會這麼窮嗎？」
我爸就回答我：「不是啦！」
我就跟我爸解釋：「那時我揹弟弟就要跑回來，但來不及了，石頭已經去下來了，雖然我在之前就覺得弟弟要受傷，但是我已經盡量跑快點了。」
我爸就問我：「妳會害怕嗎？」
我說：「我只怕被媽媽打、爸爸會死掉。」

看到的都是真的　不是編出來的故事

小學三年級的時候，我大哥被送到軍校去念書，那一天，我看到一個沒有雙手的老先生，穿的衣服就像是中山裝，還戴一個帽子，站在我家門口。
那時我還問他：「你為何沒有兩隻手？」
他還用僅有的短臂，對我做一些看起來很好笑的動作，有的看起來還像是軍人的敬禮姿勢。
我還問他：「你不是人對不對？」
他就點點頭，我又問他：「你要帶我哥哥走嗎？」
他搖搖頭，我又問他：「我哥會死掉嗎？」
他又搖頭。

我還問他：「你是我阿爸的朋友嗎？」

他又搖頭。

我還去叫我姐姐，問我姐姐有沒有看到站在門口的老先生，我姐姐就做了一個「我又來了」的表情，那個表情的意思，就是指我又在編鬼故事。我們家除了我爸之外，家人都是以這種態度對待我的。

大哥在夏天去了軍校，快到冬天時，衣服換成長袖，有一天，我看到一個女的，站在我家門口，頭髮是學生頭的樣子，並且在額頭瀏海的部分夾了兩個夾子，穿得是有斜襟的衣服，腳很小（裹小腳），年齡比我媽大，她比著我家紅色的木門框，我跟她不論講什麼，她似乎都聽不懂，只是不斷地比著木門框，一直到吃晚飯時，她還是沒有走，我終於忍不住跟我二哥說：「有一個女的站在門口都不走，你有沒有看到？」

我二哥也露出那個「我又要編故事」的表情對著我大姐說：「大姐、大姐，香蕉又要講鬼故事了。」

結果，那天我爸晚上加班回來，個子很高的他，頭就撞到木門的框，我爸的頭因而流了很多的血。

然後我就跟我爸說，我今天看到一個女的站在家門口，同時形容那個女的髮型以及穿著的樣子，我爸就問我：「是胖還是瘦？」我就說：「比媽媽還胖。」我爸就有些難過地告訴我：「那應該是妳姥姥（祖母），她的腳有綁起來，腳很小。」

聽到車子壓死人的聲音　很害怕不敢講

三十幾年前，景美郵局前面的空地很寬敞，賣魚丸的工人都喜歡到郵局的廣場前去溜冰，我也會和當時有溜冰鞋的鄰居小孩一起去溜冰。在那個廣場，也是我第一次可以預先聽到很遠很遠的地方車子輾死人的聲音，那時我好害怕，都不敢講，當我爸晚上回到家，我才聽我媽跟我爸說，發生車子壓死人的事。到了睡覺時，我爸才悄悄地問我：「晚上你們去哪裡了？妳是不是看到了什麼？」我才告訴我爸，我在郵局廣場溜冰的時候，在車子未壓到人之前，我已事先感受到將會有人被壓死的事，同時還聽到車子輾過人所發出的聲音，我阿爸就告訴我，不要告訴別人，尤其不要跟我媽說，免得我又被打了。

三年級下學期的時候，我爸因為找同事來家裡打牌輸錢，就跟我媽吵了起來，我爸因為輸錢心情不好，就對我媽不耐煩地說：「妳再吵，我就拿菜刀砍妳。」

結果是我媽拿著掃把的柄，一直打我爸，我爸就用手去擋，結果我媽就把我爸手上戴的姥姥送給他的錶打爛了，然後我媽氣到跑回台南阿姨家。

後來，我阿姨就從台南打電話來找我爸，當時，我們住的地方，電話是公用的，就是用廣播的方式，告知是誰家的電話，聽到廣播的那家人，再從自己的家中，走到放電話的地方接電話。

我阿姨在電話中，要我爸去接我媽回來，但是我爸要出發前，我就覺得我爸不是要去接我媽，而是要去吵架的，我心裡很清楚，但是我也不知為什麼那麼清楚，也不敢講出來，在當時我的年紀，我並不知道這就稱之為「預感」。

我爸要走前，交代我姐要把門鎖好，他兩天後就回來。後來，我聽我阿姨說，我爸包著爛掉的錶去找我媽，我爸一見到我媽，就要我媽把錶修好，我媽聽了，生氣地不斷地罵我爸「死老頭」。我爸理論完之後，就自己獨自回台北，幾天後，是我阿姨跟我姨丈送我媽回家。

我也因為這幾次發生的事情，而開始發現自己有這種「預感」的能力。

聖經倒背如流　依然看到鬼魂

我住在三重的表姐是個基督教徒，常向我傳福音，並且幫我找到我家附近的一家教會（地方教會十三家），在我三年級下學期時我開始會去教會，並在四年級時受洗成為基督徒。

假日有主日學，星期六則有青年會，我會帶我弟弟到那邊玩，唱詩歌、背聖經，只要得到十個獎勵的小條子，就可以換東西，例如：換鉛筆、麵粉、奶粉、手帕等。我都會把換到的鉛筆，分給我的大哥與二哥。

後來我跟牧師及教會兄弟姐妹講，我所看到的「非人世界」，他們認為那是撒旦的世界，要我很認真的背聖經，就不會看到，然而我很認真地背，甚至都可以將聖經倒背如流，我還是依然看到另一個世界的人。

到了五年級，我因為質疑他們在傳教的時候，都會以穿得體面，生活環境好的人為主，而不會向窮人家傳福音，開始與教會的人產生爭執。

小學六年級上學期，我爸在家打牌，要我到樓下幫他去買菸時，我在我家樓下電線桿附近看到一個酒鬼，拿著一瓶酒，喝一喝後，就會打破喝的那瓶酒，再拿一瓶酒喝，然後又打破，就這樣一直重覆，他當然不是人，因為他喝的酒，全都從脖子喉嚨流洩出來，這也是我第一次看到鬼會喝東西。

而我看到這個酒鬼的隔天，從事蓋房子工作的程伯伯，就因為喝酒過多而致死。

我就把我看到的這幕景象告訴在教會裡對我還不錯、屬於爸爸級的人物，他聽完之後，就要我不要再來教會，要我去另一家教會，而這家教會離我家走路大概要花半個小時。雖然我去新的教會很快樂，但是當他們知道我可以看到另外一個世界的事情後，他們就又不喜歡我，因為他們認為我看到的世界是撒旦的世界，那我也應該是撒旦。

每天上學，我都會走路經過景美溪，有一次，我看到有一個像椰子殼的東西浮在景美溪上，我仔細地看著它，發現它似乎是一個老人的頭，因此我就跟我小學的范老師說：「溪裡有一個人淹死了。」有些人跑去看，都說那只是椰子殼，但又隔了好幾天，身體終於浮出水面，才被打撈上來，後來老師就問我：「妳怎麼知道？」我也不敢說實話，只好說：「我經過的時候，有看到浮上來的身體。」

關於我會看到另外一個世界的能力，除了我爸之外沒有人會相信我，我哥、我姐常把我告訴他們的事，當做是我在說謊話，說我很愛編故事，我二哥甚至還會恐嚇我：「妳再講，我去告訴媽媽，叫媽媽

打死妳。」

我聽到我二哥這樣講，都會害怕得直發抖。

6 天生「異樣」能力　沒有人做朋友

然而，我擁有的這種天生能力，除了常被母親打之外，在我求學的過程中，也因為如此的「異樣」，而很難交到朋友。

我可以交到的朋友，真是寥寥無幾，通常都是跟我家一樣窮的同學。

小學同學淑芳和我一樣家裡很窮，同學們都會支使她和我到福利社幫忙同學買東西，她都會很認真幫忙去買，同學也會分她吃，剛開始我覺得很奇怪，為何沒有人找我去買東西，後來我才發現原來我身上會有股尿騷味，同學們不喜歡。而淑芳分到東西，也會分我，那時候很流行的零食之一，就是五毛錢一包的辣蘿蔔乾。

有一天上課的時候，我看到淑芳的爸爸，從教室的窗戶飛進來，到淑芳的座位旁邊看著她，我就傳紙條給淑芳，跟她說我看到的景象，她就回我字條，罵我神經病。

下課時我問她，她爸爸是不是矮矮胖胖肚子又很大，臉型四四方方的，臉的側邊還有疤，她聽到後嚇壞了，然後我跟她說：「妳爸爸可能快死了。」她聽到後，就追著我想要打我，我就一邊跑，一邊說：「我沒有亂說啦。」她就回到座位趴在桌上哭了起來。

第三天，她沒來學校上課，老師說，她爸爸過世了。

我去看淑芳時，她爸爸還躺在拆下來的門板上，一直到下午，棺材送來，我才和淑芳、她媽媽，還有一個伯伯，一起將她爸爸抬放進棺木裡，我還爬進棺木，將淑芳的爸爸的身體放正，邊弄的時候，我還邊說：「伯伯，你真的好重喔！」（很多年後，我才搞清楚，肝硬化的人過世時肚子會變得好大，而且還會發出惡臭。）

我的同學淑芳的父親是拉垃圾車的，而這也是我第一次幫人家辦喪事。

鬼跟在我後面　是否表示我會早死

上了國中一年級，有一段時間放學時，我都會跟一個轉學生一起走路回家，她家比較有錢，每天她都會去吃五塊錢一碗的鹹豆花，然後分我兩口吃。在那段放學吃豆花的日子裡，常發生鬼跟著我的事件，而且都是發生在上體育課穿布鞋的日子。

每次被鬼跟時，我心裡就會想：若是我停下來綁鞋帶，跟著我的鬼會不會撞到我？然後我就停下來綁鞋帶，並且邊綁還偷偷往後瞄，看鬼會不會跟上來，結果卻發現「他」就停在我的後面，也才發現原來他是沒有穿鞋的。

然後我又想起曾聽過同學說，她媽媽告訴她，走夜路要發出「啃，嗯嗯……」的聲音，鬼就會不見了，我就從喉嚨發出這樣的聲音，我的同學看我莫名其妙地停下來，還從喉嚨發出怪怪的聲音，就問我：「妳在幹什麼？」

我只好說：「沒有，我在綁鞋帶。」

綁完鞋帶站起來，往前走，結果這個鬼，還是繼續跟著我，到了轉彎的地方，又多出一個拿拐杖的鬼加入跟在我後面的行列。

那天回到家，我非常不快樂，就跟我爸說：「我可能會像媽媽說的，會很早死，因為鬼都會來找我，而我同學都沒有看到。」

後來我還是忍不住把我看到鬼的事，告訴每天放學跟我一起回家的同學，從此以後，她就不再跟我一起走路回家了。

預測未來提前恐懼　活著真是不快樂

國中時，有一次上課，我看到一位老先生站在男導師的身旁，神情是很哀傷的，我看著那個畫面發起呆，老師叫了我很多聲，我才回神過來，因此被老師叫到教室後面罰站。

被罰的時候，我心裡覺得很委屈，心裡也很掙扎要不要告訴男導師「我看到的景象」。然而我知道這個男導師很孝順，每天中午都會回家陪爸爸一起吃飯，若我說了，老師一定會很傷心，因此我決定不說了；隔了幾天之後，男導師的課被另一位老師暫代，原來那位男導師的父親因為在家釘東西，釘到手，手的傷口因為沒有處理好，得到破傷風而造成身亡。

從我家到國中的學校，走路大概要半個小時，當時我就能預感公車多久會來，因此放學的時候，同學們都會問我：「公車還要多久才來？」

如果很久才來，我們就一起走路回家；如果很快來，我們就等公車。有一次有個同學不太相信我說：「公車要很久才會來。」我就說：「好，那我跟妳一起等。」結果等了半小時，我就跟同學說：「妳看，妳不相信我，妳要是相信我，我們早就走到家了。」同學問我為何可以預測，我也不敢跟她們說我有跟一般人不一樣的能力，我只是說：「喔，我有千里眼。」同學聽了，也沒當真，只是反開我玩笑說：「妳不是有近視眼嗎？」我國中的時候，近視已達約六百度了，鏡片厚到戴著都把鼻梁壓出一個印痕。

事實上，從國中開始，我就不想要「預測」自己的未來，因為那會很不快樂，非常令人害怕，當我預知自己會被打，我就會感到害怕，而且會一直心懷恐懼，直到真實的事情發生才會結束這種恐懼。

記得有一次，我跟我爸說：「我明天會被媽媽打得很慘。」

我爸聽了，就跟我說：「如果妳都知道，妳媽要打妳前，妳就趕快跑啊！」

但是第二天，當我在用煤球煮飯時，利用中間的空檔，去做紙娃娃，結果做到忘了我正在煮飯，因此整鍋飯都煮焦了，連煤球都冒出黃色的煙，那次我被打得很慘。而且也不能像我爸告訴我的，先跑，因為要趕快處理被燒到焦黃的飯，否則會被我媽打得更慘。

有一次，我坐車要到學校的途中，聽到出殯的奏樂聲，當我往車外看時，並沒有任何出殯的隊伍，我心裡就想：應該是明天早上我經過這條路時，才會「真的」發生。結果真如我所料，第二天早上再經過同一個地方，就看到抬棺木的景象。

那天晚上我就做惡夢，嚇到尿床。

夢中我看到有人抬棺木，並沒有蓋上棺木蓋，我就跑去看，結果卻發現是我爸躺在裡面，我看了既驚嚇又傷心，在夢中一直哭，而會從夢中醒來，是聽到我姐不斷地叫我：「起來，起來，上課了！」，那天上課我差點遲到了。從小到大，常會很擔心我阿爸會死掉，因此常會不定期地夢到我阿爸躺在棺木裡，一直到有一次我夢到我爬進棺木，把我阿爸叫起來，我阿爸也跟我一起爬出這棺木，我從此才不再做這個夢。

鬼會搖頭或點頭　所以是可以溝通的

國一下，我轉到另外一個學校，班上的同學認為轉學生就是壞學生，因此同學都會想各種整我的方法，例如：用剪刀亂剪我的頭髮、要我在頭髮上夾十根夾子，或是要我書包揹得長長的，並且要我到福利社幫她們買東西……等等，如果不照她們所說的做，她們就會踢我的屁股。但等第一次考完試後，因為我的成績很好，其中一個原本整我的叫作小魚的同學，她發現我的成績不錯，不像是壞學生，就阻止其他的同學再整我，可是從此以後只要考試時，她們就會抄我的考卷。

小魚因為媽媽是東南亞人，算是混血兒，長得很漂亮，裙子穿得很短，國二、國三就和男生發生關係，當我知道時，我覺得好可怕。而她父親經商失敗，為了躲債並沒有和小孩一起住。

我還去她家做蔥油餅給她和她弟弟、妹妹吃，她們家有一個算管家的老伯伯還問我：「為什麼會做蔥油餅？」我說：「我爸教我做的。」

有一次我到小魚家做蔥油餅時，我就問小魚：「妳相不相信有鬼？」

她的臉是嚇一大跳的表情，我看著她繼續說：「因為我都看得到。」

她就說：「不要講，不要講，我也看得到。」小魚不是隨時都看得到，然而只要一看到，就會生病。

但她不能從看到不是人的陰魂，而預知到未來會發生什麼事，她說她會害怕，因為她只要一看到，她都會跟著倒楣，我就跟她說：「妳不用怕，妳可以試著跟『他們』溝通。」她卻告訴我，她沒有辦法。她還反問我：「妳為什麼可以跟『他們』溝通？」我說：「因為『他們』會搖頭、點頭啊！」（我還知道「他們」談話的內容，不過「他們」說話的聲音，是一種不規律的音調，很高，嘰嘰朱朱的，很像是小孩子玩的一種童玩，事實上我很怕聽到這樣的聲音，或是音調類似蟬叫的聲音，雖然我聽到的是這樣的聲音，但是心裡卻很清楚「他們在說些什麼」。）

我跟小魚的情感最好的時候，是在國二，但到了國三，她有時候有來學校，有時候沒來，她因為逃課，還有參加舞會，而被記曠課以及好幾個小過。

後來小魚就沒有再來學校了，聽說是因為她的父親生意失敗，欠了很多錢，全家人為了躲債，搬離了原先住的地方。

第一次翻看萬年曆　耳朵卻聽到很多人的哭聲

我在國中的時候很不快樂，我媽常讓一些人來家裡打牌，因為可以抽頭，我媽說，如果不這樣做，貸款會繳不完，所以我們家通常都會有兩桌人在打牌，有時甚至開到三桌，一打牌家裡都烏煙瘴氣，而我只要一下課回來，就要不斷地做飯給打牌的叔叔伯伯吃，並且還要不斷地整理清潔菸灰缸、泡茶、倒茶水。

我爸下了班，也會幫忙，打牌的叔叔伯伯有時還會取笑我爸：「窩囊廢，一朵鮮花插在你這牛糞上。」我爸卻依然笑笑地幫打牌的人倒茶水，當我聽到這樣的話時，都會為我爸抱不平，還曾問我爸會不會恨媽媽，並覺得自己很可憐，我爸卻說：「不會啊，現在有飯吃，你們沒飯吃只能喝水的時候，才可憐，而且你媽年輕又美，阿爸老了。」

用這樣的方式賺錢，我媽總共做了五年，有一次還被二樓的鄰居告，而被抓到警局關了一夜。

國中一年級時，我拿著我舅舅給我的錢，坐車去中華路的書局買參考書，在找參考書時，在書架上看到萬年曆，我好奇地拿下來看，在翻看萬年曆的時候，看到一個畫面：那是一間矮房子，而我是一個六十幾歲的老先生，在那個矮房子裡，我穿著古代的衣服，頭髮還梳了一個髮髻在頭頂上。

後來是因為書掉在地上，我才回過神來，我又繼續翻其他的命理書，還是再度看到我是一個老先生的畫面，心裡就想：難道我以前是看這種書的人嗎？

我還記得我看了很久的《周公解夢》，還查到掉牙齒那一條，書上陳述：「掉牙齒，是父母凶。」我看了就覺得很準，因為我夢到掉牙齒那次，就是我媽被檢舉在家打麻將，被抓到警察局關了一夜。

而在翻這些書時，我覺得很難過，總覺得有大事要發生，但是以我當時的年紀，我並不太瞭解會發生什麼，回到家後，我跟我父親說，我翻這些命理書時，心裡有種很難過的感受，我爸還跟我說，我想太多了。

結果那一年，制服要從長袖換短袖時，有天半夜一直下大雨，我家矮房子的遮雨篷都歪掉了，第二天就發佈總統蔣公逝世的消息。

當這件事發生之後，我爸還問我，是不是有看到什麼畫面，要不然怎麼會知道要發生大事？我就跟我爸說：「我並沒有看到什麼畫面，只是在翻萬年曆通書的時候，看到通書描述今年流年的一些狀況，耳朵就聽到很多人的哭聲，所以才會覺得有很大的事情要發生。」

Chapter 2

慈悲巨手 阻擋跌落死亡之河

白髮蒼蒼的老人跟我揮手，當時我看到他的手，愣了一下，心想：好大的手，整個手掌幾乎比他的臉大，嗯，還有六根手指頭。

六根手指頭，不是像一般人是因為畸型才有六根手指，他的六根手指都是正常的一般長短。

當時，我覺得他是神仙，他一定不是人。

7 穿牆而出的老先生

我能繼續上國中，是因為我外婆收養的乾兒子。我都叫他舅舅，因為他很喜歡我，希望我能過繼給他當女兒。他住在南機場公寓。

從國小三年級開始，每到假日，我就要到我舅舅家去陪我舅舅，因為他一個人獨居，事實上我十分不願意，但那是我媽媽的命令，再加上，也是因為他願意幫我付學費，我才能順利讀國中，所以我不能不去。國中的時候，我常要去南機場公寓向他拿學費，他一直希望我當他的女兒，有一次他還威脅我，如果不改姓翁當他的女兒，他就要跳樓，但當我往樓下看時，並沒有看到他的魂（因為平日，我看到即將要死的人，他的魂會先和他的身體分離），因此我就大膽地說：「你跳啊，你即使跳，我也不會答應改姓當你的女兒。」因為我很愛我爸，所以不論如何，我都不願意改姓，當別人家的小孩。

每個星期週末，我都要到南機場舅舅家跟他一起度週末，每次去到那裡，就一心想要趕快回來。從舅舅家要回家的時候，我舅舅都會陪我等公車，公車站牌在一個西藥房的門口。有一次我在西藥房的站牌前等公車，我背對馬路，面對西藥房，我舅舅則是面對馬路跟我說話。

當時我看到西藥房的門口，站著一個老人，那個老人身高比我矮一點，滿頭的白髮，髮髻是梳在頭頂上的，還插了一根像筷子的髮簪，髮簪的尾端還往上翹，他穿著一件灰色的長袍馬褂，因為他的白髮蒼蒼，特別引起我的注意。

當我看著這個老人時，我舅舅一直用福州話跟我說，希望我能夠轉學到他住的附近，他不斷地說，我則是聽得心不在焉，目光一直注視著老人，結果那個老人卻走進西藥房前的牆壁不見了，我還以為他走進西藥房，透過西藥房的玻璃門，我一直用目光搜尋那位老人是否在西藥房內。

我正在向西藥房內張望時，我舅舅就告訴我公車來了，上了公車後，當我從公車的車窗往外望時，卻**發現那位老人，又出現在西藥房前的牆壁，站在那裡，臉上的表情很和藹可親，不斷地跟我揮手，當時我看到他的手，愣了一下，心想：好大的手，整個手掌幾乎比他的臉大，嗯，還有六根手指頭。而且六根手指頭，不像一般人是因為畸型才有六根手指，他的六根手指都是正常的，其中第二根還特別長。**

當時，我覺得他是神仙，他一定不是人。

一對布偶出現在窗前　亦幻亦真被媽打

那天晚上，我坐在我的書桌前準備考試，桌前的窗外卻出現兩個布袋戲偶，這對布偶大約有五十公分高，看不到是誰在耍弄這對戲偶，只覺戲偶在彼此交談，然後兩個布偶就走到森林的一棵大樹下，坐在大樹下的石桌前，開始下象棋，我當時心裡想：他們在下象棋，好厲害。而且邊下棋還邊喝茶，喝茶的動作還很斯文，會用寬大的袖口遮住嘴喝，茶具是土黃色，是陶土捏出來的杯形，所以外觀不是很光滑，還保有陶土質樸的粗糙感。

看到這裡，我自言自語地問著：「我在做夢嗎？嗯，不是，我正在背國文啊。」

我在這麼想時，布偶與森林的景象都消失了，只看到外面黑漆漆一片，我又問自己：「這是我的幻覺嗎？如果告訴別人，別人一定不會相信我看到的，我會不會像媽說的其實是個神經病，我會不會瘋掉？」

於是我就把窗戶關起來，拉上窗簾，再繼續背我的國文，接著就聽到有人敲我的窗戶，我第一次被嚇到，因為敲窗戶玻璃的聲音，有一種空氣的回聲，而且是用手指敲窗戶，那時我一直唸：「主耶穌基督，主耶穌基督！」

敲窗戶的聲音愈來愈大，我想是我忘了合掌才沒有用，我又把聖經拿出來疊在我的國文課本上，翻開聖經的其中一頁，我真的被嚇到，因此我不斷地唸著主耶穌基督，而且愈唸愈大聲。後來我媽大力地敲著門，並大聲吼著要我開門，因為我喊「主耶穌基督」的聲音喊得太大聲，把我媽吵醒了。

當我媽進來罵我時，敲玻璃的聲音也同時停了，我可以感覺敲玻璃窗的人，還在外面等，我心裡就想：為何我媽進來時，不繼續敲？你根本是在害我，你快點繼續敲啊，才不會讓我媽覺得我是個神經病。

被媽媽罵時我不敢哭，只敢小聲地跟我媽說：「有人在敲窗戶。」

這時我爸也醒了站在房門口，我又對著我爸重覆說了一遍：「有人敲窗戶，相信我，是真的。」

話一說完，我媽就狠狠地給了我一巴掌，還抓起我桌上的聖經生氣地丟在地上，我往地上一看，卻看到我媽把聖經丟到一口井，那口古井鑲了一圈古銅色的邊，我睜大眼睛，又仔細地看了一下，發現聖經真的掉進古井裡了。

接著我媽就過來用力把窗戶打開，因為太大力，窗戶就破了，可是破的痕跡，卻好像是由外面被人打破的，我媽交代我要把玻璃碎片掃一掃，她就回房間去睡覺了。

我爸則要我不要念書趕快去睡，並幫我把聖經從地上撿起來放回我桌上，接著也離開了我的房間（這時古井竟然從我房間的地上消失了）。

等我再度看向窗外時，仍是一片漆黑，然後在這片漆黑中，那對布偶點起了白色的蠟燭，燭光在黑暗中呈現一片光亮，右邊的布偶轉頭正面看著我，還開口對我說話：「被打了喔！」一副很抱歉的表情，我看著窗外，那對布偶依然在下棋，我輕輕地把破的窗戶關起來，拉上窗簾。

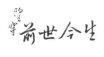

隔天一早醒來時，一剎那間還以為昨夜的一切都是幻覺，但是我爸正好進房間，想看玻璃破損的狀況，好找人來修理，然後我就問我爸：「昨天媽打我，你知不知道？」我爸就說：「我知道啊，以後不要討打了！」

當我爸這樣說時，我才確定昨晚不是我的幻覺，同時在心裡想：不是我討打，我在背書要考試，窗外有一對布偶來打擾我。

那天考試時，我還在想，如果那對布偶是一個人用雙掌操控的，我家又住在四樓，這個人要嘛就是巨人，才有可能在我窗戶前操控這對布偶，要不然他就是可以騰空飛起來的人，才有辦法在四樓的窗外操控這對布偶。

不過那次考國文，我考滿分，同學還覺得我是作弊得來的。

老先生的背影　傳達慈祥的關心

國中三年級制服要換季的前後，端午節還未到，有一個禮拜天，我從舅舅家要回家，也一樣和舅舅在等公車，不過因為那天剛好遇到我的生理期，覺得很想去洗手間，正在這樣想時，那位老人又從西藥房的牆壁走出來跟我招手，我覺得他好像在跟我說：「我可以去西藥房借廁所。」

招完手之後，那個老人又很快不見了，我因此決定去跟西藥房借廁所。因為生理期，所以我多用了一些衛生紙，跟西藥房的老闆娘一直說抱歉，但她對我很好，一直跟我說沒關係，不要放在心上。

隔天，早上要去上學前，又因為做家事的關係，被我母親狠狠地責罵了一頓，我是邊哭著，邊走到公車站牌等車，邊走的時候，我心裡還想：這樣被母親責打的日子，要到什麼時候才會停止？但又同時自我安慰，因為我媽長得漂亮，又沒讀什麼書，在外面工作，也常會被人取笑嫁這樣一個年紀很大的老公，所以我媽心裡一定常覺得委屈，有苦也沒有人可以傾訴，想想也不覺得自己被母親責打有什麼好難過的了。

當我走到公車站牌，正在等公車時，看到老人坐在正停在公車站牌前的一輛公車的最後一排，我看到他在公車上，所以不太想上這輛公車，老人坐在公車上，並沒有回頭跟我招手，車子開得愈遠，他的背影並沒有隨著公車的車距變得愈遙遠，他的背影因而變得愈模糊愈小，反而是車子愈開愈遠，他的背影卻愈清楚，似乎就近在我的眼前，那天我發現他的髮簪，不是木製的，是銀色的鐵製髮簪。

也就是在同一天，我從那位老人的背影，強烈地感受到他對我的關心，就在那一刻，看到了一幅景象，我綁著兩根辮子，走在整片綠意盎然的稻田裡，回到了小時候，很快樂地在田埂上邊走邊跳，那個畫面非常的短，可能連幾秒鐘都沒有。

公車又來了，我上了公車站在公車司機後面的位置，又開始出神地想，那位老人、布偶以及古井，彼此之間到底有沒有什麼關聯性？當我想著這些事情的同時，因為司機緊急煞車，我整個人差點撞上公車前面的玻璃，雖然沒有撞到玻璃，但卻把公車司機的後視鏡撞壞了，那個胖胖的司機還對著我說：「妹妹要死了，妳這樣子很危險，妳把我的鏡子撞壞了。」

結果司機因為後視鏡破了，不能開車，要全車的人都下車，司機還要我賠那面鏡子，我被司機罵到快哭出來時，又看到那位老人隔著玻璃站在我的前面，用左手跟我揮手，我心想：你是要我跟司機說我沒有錢，還是跟我說沒有關係？最後司機看我快哭出來，才說：「算了，算了，下車吧。」

除了舅舅喜歡妳　沒有人喜歡妳

那次事情發生後兩三個禮拜，我又在公館看到這位老人，那天我非常地傷心。

因為那天我舅舅又要我改姓他的姓，又以跳樓來威脅我，當這場跳樓的鬧劇結束時，我舅舅一邊準備中飯一邊告訴我，他很堅持要我改姓他的姓，是因為我是他生的，那時我聽了很難過，腦中升起了很多不好的想法，所以我拿著書包就跑走了，當我往樓下跑時，還先看了樓下一眼，看樓下有沒有人躺在那裡（因為如果有，表示我舅舅真的因為我跑走而跳樓，我就打算停止跑走這個動作），然而往樓下望，卻沒有任何「人」躺在那裡，我就繼續往下衝，我一直跑到龍口市場去等車，並沒有到平日西藥房前的公車站去等車，因為我怕我舅舅到那裡去找我。到了龍口市場，我才發現我的公車學生票只剩最後一格，我站在公車站牌前，並不想這麼早回家，但車票又只剩一格，哪裡都不能去，我就杵在站牌前哭，等到第五班公車來時，我才上車，這也是我第一次遇到女的公車司機。

我就跟她說：「阿姨，我的票只剩下一格，我要坐到景美。」

女司機就跟我說：「上來，上來，下車再給我剪，去後面坐。」

我便去後面坐下，仍然不斷地哭著，心想：好可怕，我媽怎麼會做這樣的事？原來我媽不喜歡我，就是因為我不是我爸爸的小孩。一路上想了很多，邊想邊哭，到了公館時就想要不要下車，乾脆走路回家算了，但一看到那個老人在車下，原本要下車的念頭就打消了，他只是在車下輕輕地搖搖頭。我感覺到他似乎想要跟我說什麼。

當公車人愈來愈少，只剩我跟那位女司機時，那位女司機就問我：「妳為什麼一直哭？」我就輕描淡寫地說，每星期都跟一個我不喜歡的舅舅一起過日子，女司機聽了就說：「阿姨，也很不快樂，也常常想哭。」

下車之後，我就走北新路回家，沒有走我習慣走的河堤，因為想繞遠一點，想在外面待久一點；在路上我還看到一輛往烏來的公車，當那輛公車駛過我的眼前時，我卻看到一個畫面，那個公車跟一輛轎車相撞，公車上的乘客死掉了。

那天回到家，我就鼓起勇氣問我媽：「我以後可不可不去舅舅家？我不喜歡舅舅。」我媽就說：「除了妳舅舅喜歡妳之外沒有人喜歡妳。」我跪在地上求我媽，我媽就很生氣用掃把打我，一直到把掃把打斷了才停下來。

那次我被我媽打得很嚴重，一來是因為我想用手去擋，再加上又是我第一次站起來跟我媽搶掃把，但是因為我已經被打到開始流鼻血，所以當我要跟我媽搶掃把時，我才發現我的手好像離我的身體很遠，使不上力，當時我心想死定了，於是我就用吼的對我媽說：「舅舅說，我是妳跟舅舅生的，我不是我阿爸的小孩。」我媽聽了，就愣住停下來，我繼續說：「舅舅這樣跟我講，我坐車回來，沒有吃中飯，也沒有吃晚飯，舅舅每次都用跳樓威脅我，要我改姓翁，我帶弟弟去，他也不給弟弟吃東西，這些我都不敢講。我到底是不是舅舅的小孩？」我媽又賞了我好幾個耳光，罵我亂講話後，就穿著外出的衣服，去我舅舅家打架。

有房子住有飯吃　卻不想讀書了

我爸回來後，我也不敢講我被打的真正原因，只跟我爸說，我的手好像斷了，我爸就紅著眼眶說：「怎麼會打成這樣？」我爸就帶我去景美看醫生，看跌打損傷的醫生，把手接回去，並以兩塊木板固定住，但後來因為沒有接好，板子拿下來時，手是歪的，手完全沒有力氣，並且愈來愈腫，一個星期後，我爸又帶我換了一家醫治，把手重新接一次。現在回想骨折真的好可怕，好像手不是自己的，手一直會有種跟整個身體「離棄」的感覺。

被打斷手的隔天放學回家，我坐在書桌前，把聖經跟國文課本放在桌上，很想要把窗簾打開，搞清楚那兩個布偶的出現，到底是要告訴我什麼？那兩個布偶是不是住在古井裡？我正在發呆想這些事時，我爸在門口叫我的名字，並走進我的房間，我爸進來叮嚀我要早一點睡覺，我就跟我爸說：「現在我們有房子住，有飯吃，但是我仍然很不快樂，爸，我不想讀書了。」

我爸就說：「也快不用讀了啊，再一、二個月，國中就要畢業了，撐著點，如果要過好日子，還是要好好地讀書，要嫁好人家，也是要好好讀書啊。」

那天是我第一次跟我爸說：「我們離開這個家好嗎？」

我爸就說：「離開這裡，可以去哪呢？」

就在這個當下，古井又出現在我的房間，而且比上次出現的時候更清楚，而且還凸出地面，我看到古井出現時愣了一下，我為了要確定我爸是否看到那口井，我就要我父親幫我把地上的聖經撿起來，我爸看了一眼地上，就說聖經沒有在地上啊。

我就問我爸：「那邊有東西，你有沒有看到？」

我爸就愣了一下，很緊張地問我：「妳看到什麼？」

我說：「地上有一口井。」

我爸就反問我：「很大一口嗎？」

我試圖用我跟我爸身體的寬度，來形容那個井的大小，我爸又問我：「裡面有什麼嗎？」

我就問我爸：「你是問裡面有沒有寶藏嗎？」

我爸就說：「我是問妳裡面有沒有裝什麼？」

我就問我爸：「我想知道為何這口井會在我的房間裡？這是我第二次看到這口井。」

我爸只是用很慈祥的眼神看著我，接著也是我第一次跟我爸說，我看到那個老人的事，並問我爸爺爺長得什麼樣子？但我聽我爸的形容，都和那個老人長相的特徵不符。我又跟我爸說，我只要看到這位老先生，就會發生不好的事，我爸聽了，就要我早點睡，不要想太多。

等我爸離開我的房間後，那口井依然在房間裡，我不敢靠近那口井，更不敢往井裡面看。

8 第一次有人權　可以生氣不說話

從那次我被打斷手之後，我很久都沒有去我舅舅家，一直到五、六個禮拜之後，有個我舅舅的同鄉來找我媽，說我舅舅要自殺，要我媽帶我去看我舅舅。

當我看到我舅舅時，舅舅跟我道歉，並說我有空時，還是要去看看他，這也是第一次我感到我是有人權的，我也可以因為生氣而不講話。

國中要畢業時，為了要慶祝自己國中畢業，我就跟我爸要了一百元，去公館的三商百貨，買了一組有五個杯子的茶具，我覺得這個東西，代表我爸跟我們家的五個小孩。（這組茶具，我一直還保存到現在。）

國中畢業的那天晚上，我做夢，夢到一個公園，公園裡也有一棵大樹，在夢中，我還問人家：「這棵樹是什麼樹？」被問的人就說：「是榕樹。」

榕樹下坐了一個老先生，他坐在地上（是打坐的姿勢）。他穿的服裝，和我遇到的老人是類似的，但是他的年紀比那位老人輕（後來我才搞清楚是同一個老人，只是這個看起來較年輕），在同一個夢中，我還看到有人在盪鞦韆，而在較遠的地方，有一張大理石的桌椅，桌子上就是我買的的咖啡色茶具。

我國中畢業後，我媽就不願意讓我再讀書了。為了這件事，我常一個人在房間裡哭，我一直都有寫日記的習慣，當我晚上一個人寫日記時，寫下我不能讀書的痛苦傷心的心情。

但我還是自己找夜校或是補校，設法想要繼續念書，但是每次跟我媽拿報名費時，我媽就很不高興，所以我就只好找我舅舅拿錢。當我打電話給舅舅時，他的語氣相當不好，不過最後還是因為舅舅的幫助，我才能夠繼續念書。

我是聽我同學的介紹，才知道有金甌夜校，等我考上後，我就跟舅舅還有我媽說，我晚上念書，白天可以工作賺錢，我媽一聽我白天可以工作賺錢，也就同意我再繼續念書了。

第一次「看」到未來　畫面栩栩如生

念高中夜校時，全班同學的年齡差距很大，班上還有和我媽同年齡的人。

但是因為小學與國中念書的經驗，對於我可以看到另一個世界的人的事情，我已學會不跟任何人說，因為那種被視為異類而遭到排斥，交不到朋友的感覺是很孤單而不快樂的。然而我卻不知道，這種可以看到另外一個世界的人，或是第六感特異的能力，隨著我的年齡增長，同時也跟著愈變愈強。

念高中夜補校時，有一次我在走廊和一個女同學擦身而過，我回頭看她時，發現有兩個男鬼，跟在她的後面，我就知道她快死掉了。

那天下課後，我還一班一班地去找那位我不認識的女同學，放學時，還站在校門口看能不能等到她，差點因為這樣而錯過回家的最後一班公車。

隔天參加學校集會時，教官提到：「有一個同學因為趕著來學校上課，在過馬路的時候被車撞了，在撞的當時爬起來不覺得怎樣，就到學校來上課，課沒上完因為人不舒服而先回家，回到家因為還是不舒服，便送到醫院，但已經來不及救治，經檢驗才發現被車撞時，已造成內臟大量出血。」

那時教官在講的同時，我也一邊哭，我的同學都覺得我很奇怪，還問我：「妳認識她嗎？妳和她有什麼關係？」我哭的原因是，我不能因為我的「特異」能力，及時去幫助那位過世的女同學。

高中時我半工半讀，星期六還要去工作，有一次我姐突然回家，要我請假陪她去梨山武陵農場，到了那裡，我姐才告訴我她失戀了，她和念軍校的軍人交往了一段時間，對方卻又交了別的女朋友，讓我姐因而消沉傷心，這也是第一次我姐跟我談男女的性關係，然而我姐在跟我講的同時，我卻看到一個畫面，看到那個男的回頭來找她，（這也是我第一次可以看到「未來」尚未發生的事的畫面，那種感覺就好像在空中，出現一個只有我可以看到的電視螢幕，非常地真實）當我如此跟我姐說時，我姐的情緒立刻從傷心沮喪，轉變成雀躍與興奮，馬上說要下山和我一起回台北。

不過到了高三，我姐告訴我：「妳看得很對，他確實回頭了，但是又變心了。」我就問我姐會不會很難過？她說：「不會，這次不會那麼難過了，既然他去找別的女人，我為何不能去交別的男朋友？」

我聽了，心裡想為何感情這麼複雜，我姐姐的愛情一直很不順，之後交了一個家世各方面都很好的男友，然而對方的母親，嫌棄我們家太窮，加上我姐姐只有小學畢業，因此這段情感就以傷心落幕。

這次的失戀，對我姐姐的打擊很大，我姐沒辦法工作，晚上十二點回到家，對著我傷心痛哭，同時告訴我對方的媽媽拿蘋果砸她的臉，她的臉還因此腫了一個大包。

我姐這次回家因為要賺錢養家而不能念書的事跟母親有了衝突，在爭執中，我姐被我媽賞了兩個耳光，因此悶在房間裡兩天都不出來吃飯，第三天，她就把所有的東西收一收，告訴我她不會再回到這個家，要在外面租房子生活。

從這次離家後，我姐就脫離了我媽的掌控，獨立過她想要過的生活。

七種不同的聲音　分成七種顏色

念高中夜校時，我第一個白天的工作是在印名片的印刷廠，大約做了不到半學期，我就換到做五金的貿易公司打工，做的就是洗茶杯、掃地等小妹的工作，但做不到一個月就辭職了，因為每個人的態度都不好，我也做得很不快樂。

然後我又到了一個比較大的貿易公司做事，那家公司共十二個人，是間做木製搖椅的公司，公司位於四樓、六樓半層，而七樓是一整層的展覽室，這家公司的產品，大到搖椅、床，小到小板凳、湯匙以及螺絲釘，這是我的第三個工作。

第四個工作是在壁畫公司，第五個工作是在一家當時還算國際級的飯店做女侍，第六個工作是在水族館工作。

我非常不喜歡「五」這個數字，因為在飯店當女侍時，是我一生中最痛苦的工作。但並不是因為工作的本身是清潔的卑微工作，而是那裡常會有日本的客人帶著小姐來開房間，因此整個工作環境並不是很單純，而且還要很小心地防著男同事對我毛手毛腳。

高一下學期我買了一輛中古的腳踏車，那時我最常騎在從新店河堤旁邊；路經基隆路，再騎到忠孝東路上班。

當我騎到基隆路時，看到另外一個不同世界的「人」的類別也愈多，例如：看到許多男生、女生，臉型、髮型、胖瘦、表情每個都不盡相同，但是顏色卻都一樣，都是一種灰灰的顏色，最多是瞇著眼睛的；還有眼睛睜得很大很大，嘴巴是唱高音的「ㄉㄡ」，所以嘴型是呈現O字型；還有就是皺著眉頭的，表情有點哀傷；第四種是目光沒有看你，而是看著地上，眼睛瞇成了一條線；第五種我比較害怕看到，因為幾乎看不到他的臉，就像是一個沒有五官的人，臉是平的沒有凹凸之分。

騎得愈快聲音愈大，有喇叭聲、尖叫聲、講話的聲音、唱歌的聲音、嘆氣的聲音、流水的聲音，還有一種像是火車汽笛發出的聲音最常出現。

我很清楚不是我的幻覺，我還曾試著騎慢一點，就發現聽到的聲音比較少，我會愈騎愈快，一邊數是不是有七種聲音，有一次還為了數有沒有七種聲音，而摔車，整個人面朝下趴在地上，胸部痛得不得了，有一個老先生停下來關心我，要我把腳動動看有無問題。

每天早上騎車的時候，雖然很辛苦，但是對我而言，去追逐一般人聽不到的這七種聲音，是一件快樂的事。

這七種聲音，若比喻成七彩的顏色，便是：唱歌的聲音是紅色、汽笛聲是黃色、水的聲音是綠色、嘆氣的聲音是藍色（藍色就是很憂鬱的顏色）、尖叫聲是橘色（尖叫聲不是可怕的聲音，是高八度的高音）、喇叭聲是靛色（是辦喪事的顏色，偏藏青色）、講話聲是紫色（是淡淡的紫色）。

風送夜來花香味　伴隨樹上灰灰的頭

我很喜歡彩虹，因為看到彩虹就會發生好事，而且每次看到彩虹我都會聞到不同花香的味道，我最常聞到的是夜來香。

讀高中夜校晚上騎車回家時，會經過景美的河堤旁邊，那附近有一棟平房，是一戶有著很氣派大門的大戶人家，庭院種植著夜來香。

有時候我會刻意地停下來聞，不一定聞得到；但卻又會在不經意間，聞到原本想刻意捕捉的香味。

有一次，我停下來聞夜來香的香味時，我看到樹上有一個灰灰的人頭，是一個女生，髮型像日本女性梳的包頭，表情是皺著眉頭。

回家時，我跟我爸爸說：「我看到一個灰灰的人頭，女的。」

我爸就回我說：「妳看到的不是灰灰的人，是灰灰的鬼。」

有一天，我騎基隆路，騎得很慢，騎一騎還下來走，我下來走的時候，聽到慘叫聲，四下看一看，並沒看到什麼，這個慘叫聲總共叫了三次，當時心想：不會吧？明天我一定不要騎這條路，這條路這兩天，應該會有事情發生。

隔天，我騎新生北路，過了台大，發現前面死了一個人，蓋了一塊白布，圍了很多人，我不想過去看，我心裡知道是個男的，但因為圍觀的人很多，所以我必須下車用走的，當我牽著腳踏車過去時，那群圍觀的人七嘴八舌地議論，還聽一個老先生說：「這個男的被撞到的時候，很可憐啊，還發出了二、三聲慘叫聲。」

那天騎車的時候，七個聲音都沒有出現，但看到的表情，都是瞪大眼睛，嘴型是O字型的，我邊騎車時，還問我看到的灰灰的東西：「你們早就知道了嗎？你們一定要讓他死嗎？」

但那些灰灰的東西，都沒有理我，而且那天灰灰的特別多，我還在心裡想：你們都是來看熱鬧的嗎？（一直到現在，據我的觀察，就是鬼比人好奇，有一次有個女生在景美橋跳河，圍觀的人很多，但圍觀的灰灰的鬼比人還多，灰灰的鬼也在看人在看什麼。）

進入山洞隧道　鬼的亮度提高了

我在貿易公司上班時，是在我高中一年級的下學期，在這裡工作學到很多東西，那一年我還因為員工旅遊要到天祥太魯閣去玩，大概是因為隔天要去玩，所以我興奮得睡不著覺，結果第二天就遲到了，老闆對我很生氣，雖然我不斷地解釋，但他卻跟我說：「如果妳想要成功，做人上人，妳永遠都要準時。」

我因為被罵了，就到廁所去哭，邊哭的時候，我還想今天不是一個好天，待會兒定要打雷下雨，才一想完，就真的開始打雷下雨，我們要上遊覽車時，還都淋到雨。在遊覽車上，公司的會計小姐看我滿難過的，就過來安慰我。

那一次我不小心把隱形眼鏡沖到馬桶去了，所以太魯閣的風景對我而言充滿著朦朧美，不過我雖然看不清風景也看不清人，但是依然看得到「灰灰的鬼」，這也是我第一次發覺，我沒有眼鏡，還是可以分得清人跟灰灰的鬼，原來近視的深度，並不會影響我看灰灰的清晰度，尤其進入山洞隧道時，灰灰的東西變得更多，而且它們的亮度會提高，在未進入山洞前，我就發現有五、六十個聚集在山洞裡，年紀都是大約三十到五、六十歲，有的還穿著軍服。

當我們在太魯閣參觀一塊紀念碑時，貿易公司的老闆解說紀念碑上的說明：「當初在這裡炸山開路時，有許多工作人員因而身亡，這是一個偉大的工程，因此才會刻這個紀念碑紀念他們。」

我聽了心裡就在想：所以我看到山洞的那些灰灰的，應該就是炸山開路死的。當我這樣想的時候，我發現我身旁有一個穿軍服的灰灰的也跟我們一起看紀念碑，並且還不斷地點頭，聽故事聽得比我認真。

當我們離開那塊紀念碑時，那個穿軍服灰灰的依然站在那裡，看著那塊紀念碑上面列的密密麻麻的名字。

念高中夜校時，白天工作，晚上念書，雖然生活很忙碌，但是卻因為工作，讓我接觸到不同的人，去不同的地方，就像如果我沒有到貿易公司去工作，我就不可能有機會外出到太魯閣旅遊，也不會因為搞丟了隱形眼鏡，而發現原來我的近視深淺，並不影響我看灰灰的鬼的清晰度。

另一個空間的老婆婆　近在眼前遠如天邊

上了高中夜校，雖然我還是要做家事煮飯，但是我要去哪兒，我的母親也不太會多管了，那時我還滿喜歡在難得的空檔，去台大附近逛書攤。

有一次，我到台大附近的書攤逛，看到一個老先生顧的攤子，攤子上有很多大小羅盤、指南針，接著發現有一個灰灰的手，從我的身後伸過來在摸一本書，我就問老闆：「這是什麼書？」

因為我想要確定，老闆是否看得到這隻灰灰的手，結果老闆是看不到的，但那隻手卻可以穿過書，因此我確定，原來「灰灰的」是不受物質的阻礙。

可是我還是不死心，想要更確定，老闆是不是真的看不到那隻灰灰的手，我又再問：「老闆，你有沒有看到這書上有一隻手？」

老闆以理所當然的語氣回答我：「當然有，不是我的手在翻書給妳看嗎？」

等我離開那個攤子，逛到另外幾個書攤回頭看時，那隻灰灰的手依然在摸那本書。

在書攤附近的一個服裝店門口，站著一個背很駝的老婆婆，她的手放在腰上，那位老婆婆也是灰灰的，我就在想，既然大家看不到她，那為何路上的行人卻不會撞到這些灰灰的呢？我為了要搞清楚這件事，就站在馬路上分隔的欄杆上看，當我站好回頭仔細看時，不得了，周遭的景象全變了，所有的人與店面都不見了，駝背的老太太站在稻田中，那個服裝店，變成一口井，有人在打水，那個老太太來回地看田地的農作物，她還從地上拔了一根草，放到嘴巴上咬。

大概過了十五分鐘後，我才從這樣的畫面醒過來，那天我還要上課，一看錶已經四點半了得趕快到學校，一邊騎車時，我還在心裡想，不知道能不能從舊報紙，查清楚那家服裝店的附近，是不是曾是一片田野，就和我今天看到的景象是一樣的，心裡還在想，那個老太太不是台灣人，因為她頭上綁的頭巾很像山地人。

我連續三個禮拜去台大逛書攤，連續三個星期都有看到她。都是同樣的畫面，我第一次想要弄清楚，我看得到她但她看得到我嗎？

因此我就往她的方向走，想要走到她身旁，但我怎麼走，都走不過去，那種感覺就像，老太太依然在田埂上慢慢地走，但就算我愈走愈快，還是追不上她，也無法靠近她，我叫她，但回答我的卻是店員：「小姐，妳要幹什麼？叫這麼大聲，還叫我老太太，我像老太太嗎？」

我才發覺眼前是個中年胖胖的媽媽店員，這家店有些古老，就好像是間位在街坊的老百貨店，我只好問：「這個雨傘多少錢啊？」但我邊問時，心想：要下雨了。才想完，就開始打雷，有很多人走進這家店買傘，那個胖胖的媽媽店員，也就沒時間理我了。

隔了一陣子，等我考完試再到公館，經過那家老的百貨服裝店時，店的鐵門拉下一半，上面用白色的紙寫著「慈制」，我從半掩的鐵門往裡看所放的遺照，發現過世的就是那天問我：「小姐，妳要幹什麼？叫這麼大聲，還叫我老太太，我像老太太嗎？」那個胖胖的媽媽店員，我看到那張遺照時，我嚇得起了一身雞皮疙瘩，我心裡在想：我看到田野中駝背的老太太，這個畫面難道就是一種預言，預言那個胖胖的店員即將要死了嗎？

獎金不公平　換工作薪資佳

端午節因為老闆覺得我的表現不夠好，所以我沒有端午節的獎金，但是老闆的妹妹卻有五千元，我就覺得很不公平，因此就職掉工作，等離職之後，就自己看報紙，找到了我念高夜校時的第四個工作，叫作「不開門也見山」的壁畫公司。每月的薪資是兩千元。

老闆一個姓夏、一個姓吳，都是外省人，夏經理還在士林開了書局。

吳總則娶了山地人，年齡相差很多，我去應徵的時候，發現他戴了一頂假髮，然而除了我之外，公司裡的人都沒有人發現吳總頭上戴的是一頂假髮。

窗前景象如夢境　布偶點燭光指點方法

這家壁畫公司的名稱由來，是因為以前的餐廳流行在牆壁上，不貼壁紙，卻愛貼上如壁紙般很大幅的風景畫，或是山水畫，這種感覺就好像在花園中造景一般，將戶外的自然景色引入室內，意思就是坐在室內同樣也可以觀賞戶外自然之美，因此成為裝潢的一部分，就稱之為「不開門也見山」，就是這家公司做的，由於是很大的一張壁畫，在製作的過程，要先將圖分割成九張大圖或是六大張圖，才較為方便拼貼起來。

夏經理是一個笑口常開，滿樂觀的人，但是吳總卻總是愁眉苦臉，憂愁很多事。剛去上班時，公司有一個叫劉總管（他是吳總與夏經理當兵時的長官，三個人看起來是吳總年紀最大，但事實上，是劉伯伯年紀最大，長得很矮，大約只有一百五十公分，寫得一手好書法）、一個會計朱小姐，還有負責業務的廖先生，以及一個送貨員，包括我在內公司總共七個人。

而我負責小妹的工作，就是擦桌子、洗杯子、掃地，還有中午要去買便當。

進公司的頭一個禮拜，我發現夏經理和吳總不知在討論什麼，看起來很煩惱的樣子。當天晚上，我在我的房間裡背統計學，一邊背一邊覺得這門學問真的很難，在背的時候，我在我的窗戶上看到一個畫面，那個畫面就是好幾個人在討論，要如何切割一張很大張的風景圖？切割成幾大片？

當我想要再看清楚時，黑漆漆的窗前，亮起了燭光，是一個布偶拿著一根細小白色的蠟燭，我看到只有一個布偶時，我還在心裡想：另外一個死掉了嗎？布偶將那個燭光，靠近那張大的風景圖畫，有了燭光後，我將那張風景圖看得很清楚，才發現布偶點蠟燭，原來是為了讓我看清楚那張圖畫，當燭光滅時，布偶也消失了。

我實在很好奇另一個布偶到哪裡去了，於是對著窗外大聲地問：「另一個布偶去哪裡了？」

結果是我媽的吼聲從隔壁傳過來：「妳又在發瘋了嗎？」

我只好輕輕地把窗戶關上，拉上窗簾，結果那兩個布偶又出現在窗簾上，依然是在一個森林的大樹下下著象棋，我還特別仔細地看，他們身上是有顏色的，兩個布偶的性別都是男生。幫我點蠟燭的個子比較小，穿著駱駝色的衣服；大的那個穿的則是黑色的衣服。

那天晚上，我又夢到國中畢業時夢到的那棵大樹，在夢中的景觀依然是有兩個鞦韆，但這次上面沒有人。而大樹下則有一張大理石的桌椅，桌子上放著我國中畢業時買的茶貝，我還在夢中數，看杯子是不是五個；後來就看到老先生站在公園的路上，他還往遠處看一看，我覺得他在夢中是有看到我的；在夢中我騎著腳踏車載我弟弟去上班，等到第二天醒來，我累得不得了，結果那天早上上班遲到了。

到公司時，吳總（我即使很早去，吳總永遠都比我早到）已把所有的杯子都洗好了，而總管劉伯伯一大早就在辦公室練毛筆字，我就跟吳總說：「對不起，我遲到了！」

吳總說：「沒關係，我還以為妳生病了。」

然後我就趕快去掃地，做我該做的事，沒多久，我又發現吳總和夏經理在辦公室，對著一幅畫在討論，我遠遠地望了那幅畫一眼，發現那幅畫就是我昨天晚上在窗戶上看到的那幅橘色的畫。

後來吳總就叫送貨員及會計朱姐進去，我心裡猜想他們到底在研究什麼？

這時朱姐也來叫我進去，說：「小妹，妳也幫忙看看！」

我進去後才弄清楚他們正在研究，要將這幅畫裁切成幾大張才恰當？

那張畫約有七、八尺的長度，五、六尺的寬度，我不想要讓他們覺得我是瘋子，所以不敢告訴他們我在我窗戶上看到的樣子，只好跟夏經理說：「這幅畫，我昨晚做夢有夢到！」

夏經理就說：「真的，那妳夢到是幾張呢？」

我說：「我夢到是六張！」

我就畫出怎麼裁切，他們看了之後，就拿尺一量，最後決定裁成六張。這是他們正要賣出去的第二張畫，裁切之後，每一張還要如捲畫一般，放進一個捲筒中，送到顧客那裡去張貼，為了不損及那幅畫，他們也必須研究筒子的高度與大小。

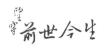

9 劉伯伯教道理　鼓舞專心唸書

那天下午，夏經理就很好奇地跑來問我，我做夢的時候有沒有夢到筒子的大小，又問我是不是常做夢，夢中的景象是不是都會實現？

我則以點頭回答，他還要我晚上幫他夢有關筒子的大小的事，當他在問我這些事時，辦公室其他的人，也很好奇地圍過來看我，夏經理又問我：「那我們會賣很多錢嗎？」

我就說：「我夢到橘色，應該是會賣很多錢！」

夏經理就笑得很高興。我也在心裡回想：橘色，就是很高亢的聲音、高八度的聲音，而高就代表好的意思。結果，那張圖真的賣得很好。

那天晚上上課回家，入睡之後我夢到的畫面，就是飛機飛過來，飛機的輪子要壓到一個筒子，筒子在飛機下面一直滾一直滾，我還在夢中把那個筒子撿起來，仔細地檢查看看這個筒子是做什麼用的。

在夢中，這個畫面重覆了好幾次。

隔天，去上班時，我完全忘掉夢中的事，一直到下午，看到夏經理在辦公室想事情，我才突然想到我的夢，於是我就衝進夏經理的辦公室跟他說：「夏經理，我昨天夢到了！」

他被我嚇了一跳，等搞清楚我說的意思時，就拿了好幾個筒子，給我看到底是哪一個，其他同事也跟著圍過來，我就一一查看，結果真的就是其中一個筒子，於是就拿裁切成相同大小的紙，放進我說的那個筒子裡，結果就對了。

後來，我才弄懂，筒子除了如何有效地用摩托車運送之外，另外一個筒子的大小影響到的關鍵點就是，放進去的紙卷是否容易從裡面倒出來。

劉伯伯做事不如他意的時候，都會罵髒話，我做了一個月之後，跟他比較熟，只要他一罵髒話，我就跟他說，要罰你五元，他也覺得這樣比較好，可以改正自己的壞毛病，然而一個月下來，他常被罰到大約兩百多元，我們就拿一百五十元買東西加菜。

這段工作期間，劉伯伯除了對我很好外，對我的影響也很大，教會我很多的人生道理。有一次我就問劉伯伯，他過去是吳總與夏經理的長官，現在他是他們的部屬，他會不會在心理上覺得很不好受，劉伯伯就說：「不會啊，人生每個階段，就有每個階段不同的際遇與角色，就該做好該做的事！」

他還打比方說，我是學生，就該把學生的本分做好，該寫的功課，與該念的書先處理完，再去玩，心情也會輕鬆愉快，要不然一拖延，到了半夜才趕功課，這樣會很痛苦，他的這番話，激勵我更用心在學業上，因此我從高二來到這裡工作之後，雖然工作多又辛苦，我的功課與成績卻愈來愈好；再也沒有發生到教室，還向同學借作業來抄，或是自己悶著頭很緊張地在趕作業的狀況了。

夢中一一解難題　工作量頻增加

由於圓柱筒子的外殼是淺棕色，夏經理覺得不好看，因此又研究要如何用包裝紙將長型的圓筒包起來。在將筒子包起來之前，要先將包裝紙浸泡到漿糊水中，但是漿糊水的濃稠度一直都不對，使得包裝紙在筒子上一乾，就會變得縐縐的，很不好看。

為了找到對的包裝紙，大家一直做實驗，結果我發現有一隻灰灰的手，也在那個漿糊筒中攪動，剛開始我還以為我眼花了，再仔細一看，灰灰的手依然在，心想灰灰手也喜歡玩漿糊嗎？

為了要找出適當的方法，有一個星期六夏經理要大家都來加班，我就跟夏經理說，不要來加班啦，學校要去養老院服務，夏經理就半開玩笑地說：「我們這間養老院還不夠老嗎？我們這麼老來賺錢，到現在還沒發得了財，小妹，拜託吧！」

我就說：「我早上來買便當就好了。」

夏經理就說：「不行，妳還是要幫忙將包裝紙黏到筒子上。」這是高二上學期快接近期末考，我覺得很冷，弄漿糊時，手都會被凍得很冰、很痛。

我就說：「好啦，或許我晚上就可以夢到方法，我再打電話來說明怎麼做，就不用來了！」

夏經理聽了，立刻說：「不行，夢到方法，要一起來做實驗。」結果我是一夜無夢。但那天加班，大家忙了大半天，仍是徒勞無功，夏經理買了牛肉水餃請大家吃，這也是我第一次吃到包牛肉餡的水餃。

那天回到家很累，八點半就上床睡覺，一睡著，就夢到在一個很大的銀鋁製的水盆裡，那隻灰灰的手就在那個很大很大的水盆裡攪動，我在夢中還想：哎呀，有一隻手泡在水盆裡！那一次我在夢中，由於很好奇那隻手到底有多長，所以就在夢中回頭，結果只看到半截手，這隻手其餘的部分，都是一片漆黑。

星期一早上去上班時，夏經理與吳總生病都沒有來，朱姐也請假，只有劉伯伯和我在，那天劉伯伯還親自煮麵，並炒了辣椒。

下午，快下班前，我正準備提早下班去上學，這時劉伯伯就跟我說，他準備拿一個盆出來，把自己收藏的瓶瓶罐罐洗一洗，我就看他把收藏的東西，一樣一樣地從箱子裡拿出來，接著劉伯伯去拿了一個東西出來，我看了差點沒有嚇得跌到地上。我先聽到一聲金屬撞擊的聲音，有點像是敲大鑼的聲音，接著我就看到劉伯伯肩上扛著一個很大很大的銀鋁製大盆橫著走出來，直徑大約有一百五十公分左右，跟劉伯伯的身高一樣高，我當場愣在那裡，這不就是我昨晚夢到的盆子嗎？

我就問劉伯伯這個盆子要做什麼？他說這個盆子很好用啊！可以將他收藏的東西，裝到臉盆裡洗一洗，當他這樣說時，在那一剎那間，我似乎又回到那個夢境的畫面：一張紙以及灰色的手，在那個大盆裡，那隻手將泡過水的紙拿起來。

於是我就跟劉伯伯說，我們來做個實驗，兩人就到辦公室後面，把大盆放在辦公桌上，裝了大約三分之二的水，再將紙放到大盆裡泡一泡，劉伯伯看了就問我：「再來呢？」

我就說：「要把紙拿出來！」劉伯伯就問：「紙要放哪裡？」

此時才發現，剛才應該將大盆放在桌下，於是我們倆就合力，將大盆很費力地搬到桌下，再同心協力把紙拿出來，結果紙破了，於是劉伯伯就再去拿一張印刷過，但裁壞掉的紙試；當放到水裡時，看到水漸漸地滲透到紙裡，之後再將紙輕輕地拿出來，並把多餘的水滴掉，接著把紙攤開，用一個碗裝水，泡了漿糊，用油漆的刷子沾漿糊刷在紙上，並小心翼翼地將紙包黏在紙筒上，結果發現紙貼在紙筒上變得非常的平整，兩人高興得不得了。

於是我們把筒子立起來，用電風扇將其吹乾，但乾的過程中也發現了它的缺點，為了改善這個缺點，得要用布把紙擦乾一些。

雖然我發現了這個辦法，但也增加了我的工作，從泡紙、將紙包到筒子上，再將筒子一個一個地立起來晾乾，是一個相當繁瑣的流程，在這個過程中，還不斷地發現需要改良之處。

這家公司我進去的時候，營運狀況並不是很好，一直到找到將一大張紙裁切成六大張的方法，以及解決筒子包裝的辦法後，這家公司的生意業務量才蒸蒸日上，也增加了很多送貨員。而且公司還有能力將對面的樓層也租下來，變成一邊的樓層是業務部門，一邊的樓層是行政與製作部門。

雙眼如攝影機　遠近隨我意念調整

高二下學期，老闆決定要找個中午煮飯的歐巴桑，不再買便當了，薪水是三千五百元，我一聽到這個數字時，就主動跟老闆爭取，除了小妹的工作，我也兼做這個工作，結果我兩份工作加起來的薪水是五千五百元，是我們全班同學最高的。

高三時，我舅舅幫我買了五十ＣＣ的機車，上下班也比以往方便多了，白天我的工作非常地忙碌，然而我晚上的課業卻愈來愈好。

有一次，連續一星期，當我在黏筒子時，都聽到貓很淒厲的叫聲，我問劉伯伯，他有沒有聽到，他回我：「哪有什麼貓叫聲！」

我聽到貓叫聲的同時，還聽到陶瓷的湯碗在水泥地上敲出叩、叩、叩的聲音，貓只要淒厲地叫一段時間後，接著就是碗發出的聲音，那個星期我的工作效率和品質，也因為受到貓叫聲的影響（我不喜歡貓，貓的叫聲，對我而言，是很恐怖的）而被老闆罵。

大約隔了半學期，到了高夜校四年級時，我又再度聽到貓的叫聲，這次劉伯伯也聽到了，貓叫聲持續了一星期後，辦公室斜對角的樓層，有一位老伯伯過世，這次也是我第一次，可以從遠遠的地方，看到對面那一戶人家家中的景象，還看到後陽台有人在晾衣服，感覺是個佣人，於是我就問劉伯伯，那家人是不是很有錢，從他的口中我得知，過世的老先生擁有很多的房產，但年紀大了之後，老先生行動不便，就很少和老伴出門了。雖然我是個大近視眼，但是那種感覺，好像是我有雙千里眼，完全不受近視眼的影響。

房門口的女生　感覺全身濕濕的

在高中夜校的時候，我二哥發生了一件事，這件事也是我爸爸第一次主動要我用我的「特異」能力幫助我二哥。

同時在高中夜校這段期間，我發現我夢到的事，通常在不久之後的真實世界中，就會如實地上演。那次事件發生之前，我先在夢中夢到，遠遠的有兩個人穿著軍服，其中一個人我不認識，另外一個是我二哥，兩個人站在一個墳墓前面聊天，還一邊抽著菸，我就在夢中叫著：「二哥、二哥！」他都沒有聽到，後來當我回頭時，就看到那個白頭髮有六根手指的老先生，坐在一個竹片編的有靠背的椅子上，我回頭三次，老先生都沒有改變姿勢，似乎也沒有看我，我醒來之後，就想這個夢到底要告訴我什麼？

結果三天後，我二哥從軍中放假回來，他回來時，我覺得他的眼神有些呆滯，雖然坐在客廳看電視，但一副心不在焉的樣子，我爸回來後就問他：「餓不餓，要不要吃東西？」我二哥搖搖頭，我爸就說：「那早一點睡。」

沒多久，我二哥就回房間睡覺，他睡在房間的上鋪，我睡在房間的下鋪，我發現他似乎很累，很快就睡著了，我搖他都沒有把他弄醒，我爸後來就進房間幫我們把燈關掉。

當我爸把燈關掉時，我嚇了一跳，因為我房間門口，站了一個很漂亮的女生，個子比我高一點，但沒有表情，頭髮的顏色、衣服的質感，只讓我有一種濕濕的感覺，我還從我房間的化妝台的鏡子看了一下，只有照到我一個人，之後把窗簾打開時，我發現從窗戶仍然可以看得到她，同時我也在窗戶的玻璃上看到老先生的身影，就跟我夢中的景象是一樣的，他坐在一張竹編的有靠背的矮板凳上，手放在腿上，眼睛微張。

當我轉頭時，那個女的不見了，我又回頭看著窗戶，老先生依然維持相同的姿勢，我第一次跟這位老先生說話，我問他：「你是不是有什麼事情要跟我說，我到底要怎麼樣才能聽得到你講的話？」可是老先生不理我，繼續保持同樣的坐姿。

突然我被二哥發出的嘔吐聲嚇到，我回頭一看，看到他在床的上鋪吐，吐出的東西，是黏稠狀且綠綠藍藍的東西，我很怕他吐到我，所以我就大叫爸爸，同時我發現那個女的又站在我的房門口，這時我爸從門口進來，我就指著我二哥，我爸一看就說：「怎麼會這樣？他喝了墨水啊，今天他回來時，我就覺得他很奇怪！」但我二哥卻叫不醒，然後我就跟我爸說：「門口站著一個女的！」

我阿爸就問我：「那我現在回頭看得到嗎？」

我就說：「你回頭看一看！」

我爸又問：「她長得怎麼樣？」

我說：「她長得很漂亮，很年輕；爸，你到底要不要回頭看？」

我爸就說：「等一下，妳問她要幹什麼？」

於是我問她：「妳要幹什麼？」

她依然不說話，眼神是很哀怨、痛苦的，我就跟我爸說：「她濕濕的，看起來像是水鬼！」

我爸就說：「不要亂講話！」我就說：「不用問，她就是水鬼啊！」

這時我爸一回頭，她就不見了，地上留了一灘水。

我爸看著地上的一灘水說：「妳怎麼把水倒在地上？」

我就說：「我沒有倒水，那是我跟你說的女鬼身上滴下來的水！」

我爸看了一下，就去拿布來擦，擦的時候還有沙子，我爸一邊擦一邊自言自語地說：「這個女的是不是跳海啊？」

二哥中邪撞鬼　承天禪寺超渡化解

到了半夜，我二哥開始夢遊，他拿起酒瓶猛摔灌酒，把我們全家嚇醒了，大家就去拉他，二哥還跟我爸說：「那個女的很漂亮，可是很可惜，已經死掉了！」隔天，我二哥睡醒，依然兩眼發直，我台南的阿姨剛好來我家，知道我二哥的情形，就說應該是中邪撞鬼，我阿姨就帶我跟我媽到承天禪寺，要我爸在家看著我二哥。我阿姨就請師父寫我二哥的名字，超渡我二哥的冤親債主，我媽也很虔誠地穿著海青衣服繞佛，當我們回到家之後，我二哥整個人也清醒過來，我二哥完全不記得自己是如何回到家的，我就跟我二哥描述我看到的女生的髮型以及樣子。

我二哥回想站崗時，有一次去小便，看到一個墓碑上的女生的照片，是一個學生照，很年輕很漂亮，算一算年齡，過世的時候才十七、八歲。

當時我二哥還帶他的同袍去看，還在墓碑前說：「這麼年輕就死掉，當老婆多好，不能跟我搶，是我先看到的！」我阿姨聽了就說，我二哥在她的墓碑附近小便，才會發生這樣的事，墳墓上是不可以隨便尿尿的，否則亡魂就會跟尿尿的人回家，我阿姨買了很多金紙，在我家樓下燒給那位女生，並邊燒邊唸唸有詞，跟那個女的道歉，燒之前還用兩個銅板問，燒這些紙錢夠不夠？

可是我覺得她晚上還是會再來，我就把我的想法跟我阿姨說，我阿姨就叫我不要亂講話。

但到了晚上，她又出現，但身體變得好小，於是我就問她：「我們今天到土城承天禪寺，我們去那裡拜拜替妳超渡，妳都知道嗎？」我說完這句話，她就對著我點點頭，這也是我第一次會和灰灰的鬼溝通，後來我就去把窗簾打開，結果發現那個老人依然坐在那裡。我又繼續問她：「坐在玻璃窗裡的老人妳認識嗎？」

那個女的搖搖頭，接著我又問她：「妳看得到玻璃裡的老先生嗎？」

她又搖搖頭，我又跟她說：「妳很可憐ㄟ，妳是死在海裡面嗎？」

她又跟我點點頭，我又跟她說：「我們去找師父幫妳唸經超渡好嗎？」她又點點頭，從頭到尾她的眼睛都是不動的。

結果，這一切都是我在做夢時說出的夢話，後來我才知道我媽與我阿姨一夜沒睡地聽著我說的這些夢話。

10 老先生摸頭 內心委屈被瞭解

我二哥這件事結束後，阿姨要回台南的那天晚上，我媽要我去四樓收曬的棉被，我上四樓樓頂時，看到那個老先生坐在我要收的棉被上，我看到那個老先生坐在那裡時，嚇了一跳，因為陽台的牆的寬度，是不太夠坐人的，而他右腳曲膝在陽台牆上，左腳卻隨意地垂下，樣子很輕鬆、很自在。

我跟他說的第一句話就是：「那個被子是我們家的！」

他聽了卻笑一笑，我又說：「我媽媽叫我來收棉被。」

他又笑一笑，我又再說：「你要下來，還是要挪過去一點？」

我就看到他把棉被拿起來給我，我看了有些傻眼，他抽起棉被時，已將棉被摺成三摺了，可是他的人完全沒有移動，然後就看到棉被已經摺好放在他的手中，而且覺得他手上拿的棉被很輕，那位老先生拿著棉被對我笑一笑，我走過去，順手把棉被抱住，當我抱起棉被時，才知道這是我阿爸的棉被，很重，我只好先把棉被放在地上，並用一隻腳頂著，不讓棉被受地上的冷潮，並問他：「你跟我們家，是有關係、有淵源的嗎？」

他依然是笑一笑，沒有回答我，我又問他：「在我這一輩子都會常常看到你嗎？」他就搖頭，並伸出手摸摸我的頭，很溫柔很慈祥，當下我很想哭，覺得他似乎知道我心裡的委屈。

我就想他會不會是我心裡的一個化身，每個人不都是會幻想嗎？我只是需要一個瞭解我的朋友，因此我才產生這樣的幻覺，我就問他：「你是我心中的那個朋友嗎？你是真的嗎？」

「我是真的！」他第一次開口說話，同時我也被他開口說話嚇了一跳，從我第一次在西藥房前，以及公館的公車上，還有玻璃裡……他都不是屬於灰灰的世界，但是我一直不斷地想要弄清楚他到底是誰？為何我都會看到他？他是真實的？或只不過是幻影？

接著他又開口說話：「我是真的，妳看到我了，我現在在跟妳說話，我剛剛不是摸了妳的頭嗎？」

我就想，對啊，可是我們倆之間的距離，大約有兩個手臂長，他怎麼會摸得到我？於是我就問他：「你有特異功能嗎？我摸不到你耶！」

說完，我還看了一下他的手臂，也是跟正常人的長短一樣啊。當我如此觀察他時，他卻說：「把被子拿下去，明天，記得不要靠近這個圍牆，不要做妳不該做的事！」

我聽完後，就自顧自地開始想這話的意思，是要我不要坐在圍牆上、還是不要靠近圍牆、還是做我不該做的事？

當我在想的時候，老先生已經不見了，但我被後面一個男生的聲音嚇壞了，我還嚇得跌坐在棉被上，當我轉身時，發現隔壁陽台有一個穿著白襯衫的男生，我就以還未平靜的語氣跟他說：「你穿白襯衫嚇人，你會把人嚇死！」他是三樓李伯伯的兒子，是國防醫學院的學生，休假回家。

我把棉被拿下去時，才發現已過了一個半小時了，我阿姨還問我：「妳去哪了？」我媽很不悅地用台語說：「要妳收個棉被，收到美國去了！」我在心裡想，我才上去一下，怎麼可能過了一個半小時呢？

一腳跨在陽台外　仰頭看天跟爸說再見

隔天，去上班時，因為公司所在的那條街大停電，所以老闆就放我們半天假，下午只好回家念書，快到黃昏時，常來我家打牌的王伯伯來了，我不喜歡他，因為他只要打牌輸了，牌品就變得不好，還會對我爸爸講一些瞧不起我爸的難聽的話，而且他對我媽有一些非分之想，我都看在眼裡，所以我一看他來，就從房間走出來，也沒給他好臉色就對著他說：「你來我家要做什麼，我都知道！」

我媽就站起來給了我一個耳光，我很生氣地跑到四樓頂的陽台哭，我媽就拿著拖把的棍子要來打我，我一看就想到那次我媽用掃把棍把我手打斷的情況，所以我就一直往陽台的圍牆退，然後就看到王伯伯拉著我媽，邊拉邊說：「沒關係，小孩子不懂事啦。」

那時我只有一個念頭，於是對著我媽叫：「妳打，妳打啊！妳把我打死好了，如果我今天沒讓妳打死，我就死給妳看！」

接著我就把一隻腳跨到圍牆外，然後看到我媽和王伯伯一臉嚇壞的表情，王伯伯趕快把我媽手上的棍子拿走，對我說：「妳媽不會打妳了！」

我媽也一副被我嚇壞的樣子說：「妳給我下來！」

我就說：「我不會從這裡下來，我會從這邊跳下去，我從小被打到大，我也不想活了。」

這時我看著已經漸暗的天色說：「阿爸，再見！」

突然間，我被一股從空中的力量推進來，然後我整個人就摔到陽台上，當時，我愣在那裡，我想我應該是從陽台的圍牆跳下去才對，怎麼會是摔進陽台內呢？然後我站了起來，回頭看陽台的圍牆，那個老先生，就坐在陽台的圍牆上，後來，我無視於我媽的哭喊聲，自顧自地下樓，開始洗米煮飯，並把該洗的碗與菜洗一洗。當然，那一天的第一堂課我沒有去上。

老先生開啟　未來隨時現眼前

之後我就再也沒有看到那位老先生，一直到有一年的舊曆年大年初二那天，我姑媽要來我們家，因為我很喜歡我姑媽，所以我就把家裡又整理了一次，當我拿著洗乾淨的踏墊，到頂樓的陽台去曬時，又看到老先生在陽台上，面色凝重，我就對著他說：「新年快樂，恭喜發財！」

我看著他的神情又說：「現在過年，你不快樂嗎？你們的年跟我們的年，是不一樣的嗎？」他就說：「一樣啊！」我又很關心地問：「你發生了不愉快的事情嗎？」老先生卻說：「沒有妳那麼痛苦啦！」接著他又繼續說：「叫妳不要靠近這個圍牆，妳還是靠近這裡！」我就問：「是不是你把我推回來的？」他說：「我不推妳那一把，妳早就摔死了，傻丫頭！」我就跟他說：「你不覺得我活得很可憐嗎？」他說：「妳覺得妳很可憐，那妳阿爸怎麼辦？」

接著他就說：「這是妳姑媽的最後一年，從現在算起第七年，妳的姐姐也會走。」當我聽到他這樣說時，我簡直不敢相信，他就說妳看，我就看到我姑媽蹲在沙發椅旁邊（我姑媽很胖，身高約一百五十公分，體重卻有一百五十公斤左右），她一直想爬起來但卻爬不起來，（我看到的畫面，姑媽是背對著我），姑媽的臉接著從發青到發黑，然後就斷氣了，我看著畫面，開始哭了起來。（但也是從這個畫面開始，我的能力是變成想看就可以看到畫面，不再像以前並非我能掌控的。）

我邊哭邊跟老先生說：「怎麼辦？待會兒我姑媽要來，我一定會哭的，我爸一定會很難過，我爸該怎麼辦？」

老先生說：「還好啦，這是沒有辦法阻止的事。」

接著又看到我姑媽棺木入殮的過程畫面，就好像是看電視一樣，一幕又一幕地在我眼前播映著，我還看到我哥很生氣的樣子，要伸手打我表姐，又看到像貨車的卡車。

接著我問老先生：「那我姐姐呢？我姐姐一定要在那時候死掉嗎？」

老先生這時不見了，我就對著空蕩蕩的陽台喊：「你出來啊！你出來啊！為什麼要躲起來呢？」

可是仍然沒有看見老先生出現。

11 預知未來事　未來事不可說

那天我姑媽來，我待在房間裡不肯出來見姑媽，事實上姑媽是最疼我的，每年給紅包，都是先叫我的名字，先把紅包給我。那天，我一個人將房門鎖上，蹲在房間的地上，對著門口哭，一直到我媽來房間叫我，還大聲罵我說：「大過年的，妳哭什麼！」

我就編了一個理由說：「姑媽沒有帶蘋果，沒有蘋果吃，我難過！」

出來之後，姑媽很疼愛地關心我，當姑媽發紅包時，我就站在她後面，卻發現老先生在我家的陽台（這是他第一次在我家出現），我站在後面看著姑媽發紅包的背影，又想到我看到她過世的那一幕，我就很想哭，但是站在陽台的老先生，卻對我搖搖頭，似乎在跟我溝通，還沒有發生的事是不能說的。

姑媽在發紅包時，跟我爸說：「對面的房子若有人賣，就把它買下來吧！」

我爸就說：「買房子幹嘛，夠住就好了！」

當大家都往陽台老先生站的方向看時，我還嚇了一跳，但是從他們的表情，我知道除了我，沒有人看得到他。

接著他又以清脆但很清楚的聲音對我說：「很多事情妳是沒有辦法讓它停止發生的！」然後他又不

見了。

大家吃完飯後，在客廳打牌時，我坐在我姑媽的後面，又再度地看到姑媽死前的畫面。那天打牌姑媽是大贏家，走的時候還跟我說：「好好讀書，姑媽再給妳兩百元！」

到了那天晚上，我終於忍不住將我看到的畫面跟我大哥說，「姑媽要死了！」

我大哥一聽就說：「妳千萬不要告訴阿爸，阿爸會受不了的！」

我大哥還問姑媽是怎麼死的，我就把我看到的畫面描述給大哥聽，並且還表演給他看，表演完還跟大哥強調：「哥，這是真的，哥還有一件事……」這時我想說我姐的事時，卻覺得不太可能是真的，正在心中猶豫時，大哥就大聲地問我：「到底是什麼事？」

我就說：「算了，應該不會是真的！」

我哥又再追問：「到底什麼事？妳講嘛！」

我說：「算了，不跟你講了！」

我大哥就說：「妳所講的，我們都很害怕實現，還好妳不是講我跟我女朋友的事！」

我就說：「嗯，就是你跟你女朋友的事。」

他就說：「不會、不會吧！妳不會告訴我什麼壞消息吧？」

我說：「不是啦，不過這輩子你跟你現在的女朋友是不會有結局，你也不會娶她！」

我大哥聽了就回我：「呸呸呸，亂講話，我們會結婚，因為我們非常地相愛！」

我就說：「隨便你，我看到的是你們沒有結婚！」（我哥到現在都一直未婚）

大哥就說：「小妹，我對妳最好，每年都給你紅包，從今年開始，每年妳都要講好話！」

我說：「可是沒有辦法，我看到的就要老實講，我相信這是姑媽的最後一年，還有我在畫面裡看到你好像要打表姐，也好像要打表姐夫！」

我哥說：「不可能，我跟他們又沒什麼過節。」

陰陽兩相隔　溝通斷了線

那一年過完寒假，我再回去上班時，一方面是之前我對我的年終獎金不是很滿意，另一方面是我的工作量太多了，再加上我覺得老闆變了，因此有些賭氣地說不做了。結果，老闆就問我，是不是真的不想做了，我則回答：「是的。」於是老闆就登報找工讀生，劉伯伯還為了這件事跟夏經理和吳總產生口頭上的爭執，因此劉伯伯也決定不做了，會計朱姐還來問我：「妳有沒有想清楚？不要衝動！」

同時我的表姐夫（他在飯店當經理）幫我在飯店找了小妹的工作，後來想想這個工作薪水比較高，而且還有供應早餐與午餐，所以就真的決定把之前的工作辭了，以一星期的時間，將工作交接清楚，就去飯店工作。

剛去飯店一個月，同時也是開學沒多久，還未到第一次考試，我姑媽就過世了，整個發生的過程正如我預先所看到的畫面。

我表姐採基督教的方式，因為我表姐覺得花車、相片、花圈等這類葬禮上所會出現的任何裝飾，都是浪費，最後就像我在畫面上看到的，僅是一輛卡車來載棺木而已。

我姑媽平日對眷村左鄰右舍的媽媽們都很好，常在金錢上支援她們，卻從未去跟她們要過錢，所以那些媽媽們都來送我姑媽最後一程，有的在一旁哭泣，有的在一旁燒紙錢。

這也是我第一次看到過世的人並不知道自己已經過世了，因為我看到我姑媽站在那些媽媽們的身邊，不斷地拉著她們，意思就是要她們不要這麼難過與傷心，可是沒有人看到她，姑媽也跟她們搭不上線，那種狀況就像陰陽一線兩隔，愛恨情仇也相隔，我看到這個畫面有一種人生無奈的悲涼與哀傷。

而我大哥也真的差點因為不滿我表姐處理喪葬的過程，而在送我姑媽棺木上山的中途，和表姐夫打起來。

姑媽的喪禮過後不久，因為在飯店的打掃工作，當時大多是沒有高中生去做的，做的雖然是清潔房間的工作，但在當時大多數的人眼中，以及社會的評價，都算是一份很低賤的工作。

不只是辛苦，還要小心預防男性的工作人員或是男客人的性騷擾，不過因為老經驗的女服務員，都會教我如何地避免這些狀況，還會不時地告誡我：「不要受環境影響，學壞了！」不過因為我的手腳很俐落，當時的領班都很肯定我的表現，所以我做了約五個月，一直做到我高四夜校下學期第二次考試完之後，我才辭職。

未來的生活　莫問是真是假

那時因為一位國中同學的介紹，假日的時候我們會去她姐夫開的水族館幫忙，我就發現我還滿喜歡洗魚缸等水族館相關的工作，當我要辭去飯店的工作時，我就跟我同學說，我正在找工作，她就找我白天到水族館去工作。

後來因為我會騎摩托車可以幫忙送貨，再加上這裡的生意非常好，所以我就不斷地被加薪，過了半年，我已領到一萬五，而發年終獎金時，老闆還包了兩萬元的紅包給我，我覺得我好像發財了，在當時兩萬元對我而言，是一筆很大的錢。

我要參加畢業檢定考的那天晚上，搭公車回家，在到站下車前，遠遠地我就看到那位老人，在站牌的對街等著我，我還在車上想，他要搭公車嗎？不會吧，他應該是在等我吧！又想，這麼晚了，不下車也不行，同樣地，雖然下車有很多人，附近有小攤子，人來人往地，都沒有人看到他，那老人，就在對街對我笑一笑，並動了動他的嘴，似乎在跟我說：「不會有人看到我的，只有妳看得到，過來吧！」

我走過街，站在他面前，就問他：「你剛說什麼？」

他說：「妳剛聽到了！」

接著他指著遠遠的房子要我看，我就問他：「看哪裡？」

接下來我發現他是在教我特異功能。

我就說：「很多人啊！」

他說：「再看遠一點！」

當他說這句話時，我覺得他的手好像抓著我的雙眼看到遠方的房子，那種感覺好像我的雙眼成了攝影機的鏡頭，他用他的手將遠距離的景，調成近距離的特寫，讓我的雙眼可以毫不費力地看清楚，他要我看的地方很遠，走路大約要十五分鐘，我在這裡住這麼久，我也從未發現老先生指的那條路的轉彎處有一棟房子。

他說：「十幾年後，會有一個老太太來找妳，因為她的先生走丟了。」

我就問：「不會在空屋這邊吧？」

他說：「不會在這裡，但她們會在這邊窮找，其實那位先生是在這位老太太住家附近的後面，她們找到時已經死掉了，那位老先生八十幾歲了。」

講完之後，就帶著我往我家的路上走，走沒多久，就有一個男的突然從後面抱住我，強親了我的脖子一下，我被嚇得驚魂未定時，那個男的就跑走了，那位老先生就在一旁嘆了一口氣說：「這是小事！」我心想未來是不是在這條路上會有更大的事發生？

一路上我都想要用手去摸摸他，確定是真的還是只是我的幻覺，不過我確定他不是「灰灰的鬼」，雖然他穿的是灰灰的袍子，黑髮中也夾雜一些灰灰的白髮，膚色是跟我們一般人一樣的，當我在這樣想時，他又說：「很多事，妳不要管它是真是假，這些都是妳未來的工作。」

過去與現在　因緣一線牽

邊走我又邊看著他，雖然他有年紀了，但他的嘴唇的顏色依然紅潤，我就在心裡想，我自己的嘴唇唇色還沒這麼紅，他就說：「妳啊，妳貧血！」

我說：「喔，真的，我在想什麼你都知道！」

我又在心裡想，他會不會覺得我很可憐，他說：「這些都是妳要去經歷的。」

聽了後我第一次問他：「我可不可以問你一件事，我們家有那口井嗎？」

他卻仰頭看看天上的星星說：「明天的天氣會很好！」

我又說：「我可不可以再問你一件事，為什麼你坐在公車上，公車愈走愈遠，你還是很近？」

他說：「天上沒有星星的時候會下雨！」

我發現他是故意不回答的，我又問：「你跟劉伯伯有親戚關係嗎？」

他說：「當然沒有！」我心想這又答對了。

在經過我爸工作的地點附近時，我就問他：「七十六年我真的會失去我姐姐嗎？」

他說：「這是一定會發生的事。」我說：「我會想盡辦法，在我姐姐死之前，自己先死。」

他說：「這不會發生的，會發生也不會成真的。」

當他說這句話時，我覺得這句話好像在我耳中不斷地重覆，就好像空谷回音的感覺，他說：「妳不是要和妳阿爸放在同一個棺木？妳阿爸不會在妳姐死之前過世的，妳也阻止不了這一切的發生，所以妳也不要去阻止它發生。」

走著走著，經過一家做衣服的店，我姐姐的衣服都是在這裡做的，他又說：「她會穿著她做的新衣服走，所以也不是件不好的事。」

我心裡就想，人生的這條路為何這麼坎坷，這麼地長？到時我失去我姐姐，我會怎麼活，我也同時在想我未來的生活會怎麼過，這時他又說：「現在跟過去，都是會串在一起，都是有一個因果的。」

當時我心裡覺得很深奧，他又繼續說：「坐在同一輛公車上，都有可能曾經是妳的家人。」一路上我從側面看他，他的雙眼皮很厚，我覺得很漂亮，我就在心裡想：我以後要不要去割雙眼皮？他說：「妳以後會去做這件事！」

我又問他：「會很痛嗎？」他說：「不會。」走到我家前面的路口時，他說：「我就走到這裡了，待會兒妳會被打！」

我聽完之後，問他：「為什麼？」

他說：「現在十二點半了！」我一聽愣了一下，低頭看手錶時，他就不見了。

我跟他在這條路上，我感覺我們倆都走得很快，但卻走了兩個小時，一般正常只需十五分鐘，我下公車時是十點四十五分，我到家的時候，是十二點四十五分。

走上我家樓梯時，我邊走邊發抖，這是第一次這麼晚回家，再加上那天我媽在外面打牌輸了錢，心

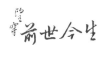

情不好，所以回家後我還是被打了，我已隔兩年沒有被她打，不過這也是最後一次我媽打我了。（我民國七十九年去割了雙眼皮，因為我是三角眼，眼皮已蓋下來，眼科醫生也建議我去割雙眼皮，可以將眼皮往上拉，我也去將深度近視雷射掉，我要去做的前一天，我還在想，我去做近視的雷射手術，我的陰陽眼會不會不見了？結果，我發現變得更方便更清楚。）

未來事現眼前　卜卦找失蹤之人

民國八十四年冬天，那天下著毛毛雨，沒什麼人來卜卦，到了中午，本想出去走一走，才從我卜卦的辦公室走出來，正想出去喝個咖啡，就聽到供桌上的關老爺跟我說：「嘿，不要出去，下午會有人找妳！」

我轉過頭看，發現供桌上關老爺的表情似乎很凝重。

結果，真的有一位老太太，因為朋友介紹來找我，那時我住忠孝東路，她表示她是好不容易才找到這個地址，是人家介紹的，也沒有給她電話，於是就按著地址找到我，她很客氣有禮，從她的談吐，可以看出她是讀過書的，以前也滿有錢的，她表明她的老伴走丟了，已請人去找，也報了案。

我就問：「為什麼會走丟？」

她就說：「他很少出門，已退化，有老年癡呆症，有時好一點，有時又忘掉家門在哪裡，我們都是一起出門，一起回來。那天在睡午覺，還以為是在夢中聽到開門與關門的聲音，等睡醒已四、五點快黃昏了，才發現我老伴不見了，我嚇壞啦，就出去找，找不到就慌了，也報了案，兒女都在美國，只有我們在台灣，偶爾會有歐巴桑來打掃。」

因為她住的地方靠山，她不知自己的老伴是往哪個方向走丟，也不知會不會走到山裡去，我就說：「那我打個卦好了！」

結果我打卦時，老太太就邊喃喃自語說：「啊！聖母瑪利亞，我可憐的老伴！」卦相的結果一出來，我也同時嚇了一跳，因為在這位老太太的身旁，出現了一個畫面，我就說：「你們住的後面在蓋房子，就在你們家後面，妳找太遠了！」

她說：「是這樣沒有錯，是真的在蓋房子沒有錯，但我在後面的空地找了好幾遍，都沒有看到，天這麼冷，也不知他有沒有穿襪、外套，他穿什麼衣服我也不知道，他出去三天，報案兩天都沒有下文！」

我就說：「妳請人家再去找找看，而且應該明天中午就會出現！」

我又跟她解釋，因為那邊在蓋房子，有很多的垃圾，找人去翻一翻垃圾，她一聽就說：「天啊，怎麼這麼可憐？怎麼這麼可憐？」

她邊輕拍著手掌邊說，然後眼淚就從眼眶中不斷地流出來，就問我：「那是不是死了？」

我就說：「對，老媽媽，已經這麼多天，即使死了，也要找到嘛，對不對？」

她說：「我想應該也是死了，這麼多天了！」

結果是隔天早上十一點多，工地的工人要把垃圾載走，才發現那個老太太的老伴。由於他身上沒有爛掉破掉的任何傷痕，或是死人的樣子，再加上這位老先生是光頭，衣衫非常整齊，又長得很帥，所以工人剛開始還以為是被丟掉的模特兒模型，工人心裡還想：怎麼有這麼老的模特兒？但愈看愈不對勁，才趕緊去報警。

後來老太太的兒女都沒有回來，是我跟老太太一起辦這場喪禮。

她離開台灣去美國前，還來送禮，送我公賣局出的陶瓷製作的佛像「福、祿、壽」三尊，她表示，家裡沒什麼貴重的東西，而這樣東西跟了他們幾十年，她覺得是好兆頭，因此就拿來送給我。

而這件事就是當初老先生告訴我的那件十五年後會發生的事。

Chapter3

夢中師傅　預言未來人生

老先生說：「不要難過，不需要掉眼淚，眼淚是在需要的時候掉。」

我問老先生：「你為什麼都知道很多事情？」

他說：「因為我可以先看到，我可以預知，妳未來也會預知。」

12 擁有清明雙眼　看遍悲喜人生

高夜校畢業後，我依然還在水族館工作，那年快中秋節時，高中的同學找我到青年公園去賞月，她事先沒有知會我，就帶了另一個我不認識的女孩來，剛開始我不明白，我的同學為何對這個叫蘋蘋的女孩特別好，但很快地我就發現，**她是個失明者，母親也在她十二歲時過世了，她跟父親相依為命，自己煮飯，在聊天的過程中，她非常地樂觀，可以感受到她生命的韌性與活力，我問她：「有沒有看過菩薩？」**

她說：「有啊，在我面前就有兩個，妳們對我很好，帶好吃的東西給我吃，還陪我一起賞月！」

那天，我坐車回家時，外面下著毛毛細雨，我坐在車內「下大雨」，邊哭邊想，我比她幸運多了，我有媽媽，還有一雙看得到世界的清明雙眼。

當公車到了景美站時，我看到老先生上了公車，當時我還在擦眼淚，他一上車，坐在我旁邊的人就站起來，走到司機的後面站著，老先生就走到我旁邊空出來的位置坐下，跟我說：「妳這樣就哭，未來妳有很多事要去處理，我看妳會把眼睛哭瞎了，不要哭，把眼淚擦一擦！」

他一說完，我的眼淚要掉也掉不出來。

我就問他：「你怎麼會在這裡上車？」

他說：「我在等妳啊！」

我問他：「我發現別人真的看不到你。」

他說：「他們看不到，也不是我的關係！」

坐在我前面有一個媽媽帶著一個小孩，我覺得那個小孩看得到老先生，我就問他：「那個小孩看得到你，還是他看我在自言自語？」

他就反問我：「妳覺得呢？」

我又看了那小孩一眼說：「小孩看得到你，也看得到我！」

他說：「嗯，因為他是小孩！」

這時那個小孩推推他媽媽說：「媽，妳看後面那個爺爺！」

小孩的媽媽邊轉頭邊說：「不要亂動，哪有爺爺，不要亂講話！」

我就說：「所以小孩看得到，那位太太看不到！」

老先生就說：「應該吧，她年紀太大了。」

我說：「等一下試一個不大不小的人，看他看得到看不到？」

車子又過了一兩站，他又開口問我：「之前妳看到那個車禍，妳有什麼想法？」

我心想，那已是好久以前的事，我就說：「當時我覺得那會是未來幾天會發生的事！」

他問：「幾天？」

我說：「三天。」

他說：「對，就是三天！」

接著他就看了一下手錶，他的手錶很大，有八個角，很像牆上的掛鐘，數字與指針很清楚，他指著他的手錶教我倒算，那時是民國六十九年九月，天氣涼涼的，他看了一下手錶，當時是晚上九點，指著秒針，剛好走了一秒，他還唸：「九點零一秒，九就代表九月，一就代表一號，因此十年後七十九年的九月一號，」而且一邊說的時候，還用三隻手指頭算了一下，「妳會遇到妳人生該決定的一件事情。」

我就問：「什麼事？」

他說：「到時候妳就會知道，那天天氣會非常不好！」

我就在心裡想，不會是颱風吧！（果然十年後的九月一日是颱風天，也是我認識我先生的那一天。）

我又在問他：「你的手可不可以借我看一下？」

他說：「我可以教妳推算時間。」說這話的當時正是九點四分，他就跟我說，我哥是九月四日出生的，我跟我哥有很深的因緣，不過他當時跟我講如何去推算出我哥的生辰，我覺得很複雜，也聽不懂，而我也沒想到我以後會去學這些事，接著到七張轉角的那一站，他就說他到了，就站起來，走下車，我坐在原位看著他下車，那種感覺又再度發生，也就是公車愈開愈遠，他的臉依然保持近距離的大小，好像是掛在公車的玻璃上，並不因公車愈離愈遠，臉就愈變愈小，一直到最後看不清楚了，我去摸他剛剛坐過的地方，是冷的，沒有溫度，我就在想他剛剛是騰空坐著的嗎？

隔天，我還到鐘錶店去看，但都沒有看到有八卦形的錶，但有一個八卦形的鐘，鐘下面還有一個擺錘，老闆跟我說，懂風水的人，會買這樣的鐘回去，對家中的風水會有益處，那天我就問老闆，有沒有看過八卦形的手錶，老闆表示，他做鐘錶三十五年沒有看過這種形狀的手錶，但未來可能會有吧！（二十幾年後，我在印度確實找到一個八卦形的手錶。）

只因來報恩　眼淚勿輕彈

隔了一個月，十月底的時候，我騎摩托車要到水族館去上班，因為沒有油，所以我就推著摩托車去加油，當時我正推著車要上北新橋過橋去加油時，我聽到老先生跟我說：「要不要我幫妳推？」

我回頭看到老先生，就問他：「你怎麼會在這裡？」

他說：「我也正要過橋，我要去辦點事！」

當時我心裡想，你不用飛的嗎？飛過橋就好了，幹嘛要用走的？才想完，我就發現原本推得很重的摩托車變得很輕，好像摩托車自己會走。

在橋上，他就指著橋下的某個方向，告訴我，我姐姐會在那裡住一段時間，我媽也會住在這裡一段時間，（我姐姐是民國七十三、七十四年住在老先生說的地方，而我也是民國七十四年在我姐姐租的這個房子裡，吃稀飯的時候，看到我姐姐過世的畫面！），當他講到我媽時，我就問他：「這輩子，我是不是欠我媽很多？」他說：「不要這樣說，妳是來報恩的。」

聽到這句話，我就哭了，我說：「我爸爸也是這樣認為，但我媽不這樣想。」他說：「不要難過，不需要掉眼淚，眼淚是在需要的時候掉的！」

他一講完這句話，我的眼淚又不見了，我問他說：「你到底住哪裡？你為什麼都知道很多事情？」他說：「因為我可以先看到，我可以預知，妳未來也會預知。」

這時剛好有風沙吹進我眼睛，因為我是戴硬式的隱形眼鏡，很不舒服，他就跟我說：「妳要戴擋風眼鏡，但晚上不要戴墨鏡會很危險！」

推過橋的一半，他又用手指著前面說：「妳看……」

整個景象，變成「未來的景象」，街景全是高樓大廈（就是現在民國九十三年的景象）當我看著他如變魔術變出的景象時，他一邊跟我說：「妳已看到這麼遠了，那是二十幾年後的事！」

我就說：「啊，以後會這樣嗎？」

我說這句話時，他已不見了，我好像在自言自語。

隔兩個月，十二月底，我從水族館下班騎車回家的路途，在秀朗橋的橋上，那天，我因為找不到淺色的擋風眼鏡，因此我只好戴著深色的太陽眼鏡慢慢騎，結果就在秀朗橋的機車道上，由於是深色的鏡片加上是晚上，雖然我已騎得很慢了，但有一個人穿著黑夾克，因為機車壞了，蹲在機車道上修理摩托車，結果我就撞到這個人，我整個人飛出去並且昏了過去，那個人沒什麼事，也沒受傷，他立刻就把我從馬路上拖過來，將我送到醫院急救，不過我只是臉及手腳擦傷，沒有腦震盪。

南部生活夢中見　說再見無法留

民國七十年，我決定下南部工作。

但是，我是在那年舊曆年的大年初二，做了一個夢，夢到我會離開台北到南部發展，大約會去八、九年的時間，夢中的景象，就是我在幫人家看墳墓，有很多的死人，但在夢中的感覺又不是災難，還看到一個很漂亮的服裝店，店裡掛著一輛很漂亮的腳踏車，是用紙做的，還看到一個賣排骨便當的餐廳，我醒來時，我就問我爸：「我去南部做生意，你會怎樣？」

我爸說：「好啊，阿爸手腳都很硬朗，我會照顧我自己的。」

但我爸說完之後，表情就變得很落寞，覺得孩子大了，都各飛東西，也不住家裡，小小的房子卻顯得大而冷清，我看我爸的落寞表情，為了要讓我爸開心，就找他去玩擲骰子，玩了十幾把，贏了兩萬元，我爸開心得要命，還問我，是不是我有「看到」幾點，我就跟我爸說：「沒有，憑直覺啦！」

大年初三，我就開始去上班，然而因為我的工作表現受到很多客人的肯定，因此老闆也對我很好，但卻開始引起老闆娘對我的戒心，懷疑老闆跟我的關係，這樣的誤會讓我很不開心，而且我的解釋老闆娘也不相信，我很訝異她居然會不相信，雖然老闆一直安慰我，說女人就是疑心病較重，但這個誤會卻促使我開始想要離開這個原本我做得很開心、收入也不錯的工作。

大年初九，我在水族館工作時，我發現老先生在外面走來走去，我就看了我的手錶一下，我的手錶是九點十一分，我看了老闆的手錶一眼，是九點十二分，老闆還跟我說，他的錶是中原標準時間，那時一個念頭閃過我腦海：我大概會在十二號離開水族館這個工作。我又望了一眼老先生，他就跟我點了點頭，似乎在跟我說，我算對了，我心裡又想，我現在離開對嗎？老先生又跟我點了頭。

隔天，老闆娘就問我，我是學會計的，做洗魚缸這樣的工作，會不會太委屈？當她在講這話時，我聽出這是她要我離開的弦外之音，因此我經過考慮，在兩天後，也就是那年的農曆十二號，將所有的東西整理好便辭去工作。

離開的那天，我心情很不好，回到家的那天晚上，我又跟我爸說：「我去南部看看好嗎？」

我爸以有點無奈的口吻說：「好吧，妳要去就去吧，不要擔心我！」

我爸看我心情不好，還問我：「要不要抽根菸？」

我就跟我爸說：「我不會抽菸啦！」

隔天在睡夢中，我夢到我站在水族館的門口，有個年紀稍大的，髮色是黑色的老先生來問路，他是方形臉，左臉有個黑色的胎記，身高大約一百六十幾公分，有點駝背，問完路後，就往水族館看了一眼說：「這家的男主人跟女主人，很快就會離婚了！」

我在心裡想，怎麼會呢？他們很恩愛，還有一個很可愛的小男孩，我就問那位老先生：「你怎麼知道？」

他回答我：「妳以後就會知道。」

當天晚上，水族館的老闆來我家找我，請我去吃飯，想要挽留我，讓我再重回水族館去工作，但是我想要到南部發展的心已很堅定，因此我就跟他說我做的夢，當我形容夢中的那位老人的長相時，他說：「那是我已經過世的阿公！」

他就問我：「好奇怪，妳怎麼會夢到我的阿公？」

我也不敢跟他講我的特異功能，我只好說：「我很容易夢到別人的長輩。」

我很婉轉地跟他說：「我覺得你太太很愛你，可是我覺得你會外遇！」

他就說：「我要是會外遇，我早就外遇了，多少女人要投懷送抱！」

我就說：「你阿公會在夢中跟我講這些，表示他滿擔心的啦！」

這時我卻看到水族館老闆的頭在冒白色煙（就像火車冒的那種有水氣、白色的煙），因為我盯著他的頭發愣地看，他就問我：「我頭上有鳥屎嗎？」

我就跟老闆說：「你要趕快回去店裡，或是這兩天你要小心店裡會電線走火之類，因為我剛看到你頭上冒煙！」（結果那個店，在農曆年的十五日真的電線走火，不過因為發現得快，所以沒有燒起來，但是老闆在三年後真的離婚了。）

令我尊敬的長輩　學到創造與敦厚

當時，去南部我想有個新的開始，而因為朋友介紹，我認識了一個白手起家的老阿公，因為他的聰明與努力，賺了很多錢，也買了很多的房產，當時他的孩子生重病，已完全沒有意識了，需要找一個細心、勤奮的人幫忙照顧，他很喜歡我，看我剛來南部，還沒找到工作，因此就拜託我先當他孩子的看護，我一方面覺得跟他很有緣，一方面他的老伴也生病了，所以我就答應了他的要求。

然而照顧一個無意識的病人，比我想像中還要辛苦。

在照顧老阿公的孩子的過程裡，我瞭解老阿公這一生能這麼有錢的原因。

老阿公他因為年輕很窮，為了要拿五十五塊房租給房東，還要在門口等半個小時，等房東吃完飯睡完午覺，房東才到門口見阿公拿房租，這種有錢人對待窮人不尊重的態度，讓阿公覺得人情炎涼，因此他就發誓，自己要賺很多錢，買很多土地，蓋很多房子，幫助窮苦的人家。所以等他有錢之後，也真的有很多房子租給別人，不過他卻對他的房客很好，他常一路收房租，同時也一路當散財童子，將收到的房租，借給那些需要的左鄰右舍，讓他們可以有足夠的錢讓小孩念書，或是度過生活中的種種難關。

附近的孤兒院，阿公都會定期送米過去；附近小學的桌椅也都是阿公像當義工一樣負責維修。

老阿公常跟我說，家產再多、錢再多，都是要拿來創造的，有任何機會都要去幫助周遭需要幫助的人。

老阿公對他的老伴很好，每次收回房租，都會直接給老阿媽。

雖然老阿媽身體不好，眼睛也花了，但頭腦很精明，常一算錢，錢不對，就會問阿公錢到哪裡去了，老阿公編過最扯的理由，就是騎腳踏車，錢從口袋裡掉出去不見了。

而我也因為老阿公人這麼好，所以就順道照顧起行動不便的老阿媽，便成了這個家庭的看護與保母，有時候我還要幫忙帶阿公的孫子，以及幫忙做飯。雖然老阿公人很好，但是他的兒孫，都沒有繼承到阿公的才智與敦厚的個性。

有時候，阿公看我很辛苦，就會偷偷多塞一些錢給我，不想讓他的兒女看到，免得引起不必要的紛爭，因為他們認為我只是一個看護，不需要對我這麼好，付我那麼多酬勞。

13 命定無法拒　夢中學八卦

我去老阿公家的第一天，正在大廚房的灶燒開水時，老先生就出現在灶旁的窗戶外，他跟我說：「妳會在南部待八、九年，我給妳幾本書，這是妳未來要做的事，妳也拒絕不了！」接著老先生就不見了。

那天晚上，我在夢中，夢到老先生，我們倆正走在台北的路上，他說：「有些事，從此以後我都會在夢中跟妳講。」

說完他就用他的手在地上畫了一個很大的八卦，我看他畫的時候，我心裡在想：哇！他的手可以在地上畫這麼大的八卦，而我們就站在他畫的八卦的中央。在夢中，他還告訴我哪邊是東，哪邊是西，哪邊是南，哪邊是北。並且在夢中強調：「這是妳一定要學的！」

我問：「為什麼這是我要學的？」

他說：「妳再過兩年就會明白，妳會用到！」

我又問他：「這要學兩年喔，你既然可以在夢中教我，你可不可以在兩天內把我教會？」但老先生聽我這麼說，只是很關心地看著我。

我醒來的時候，發現房間的桌子上有五、六張紙，上面就畫了卦象的符號，紙上的字及符號都是我寫的字，也是從那時開始，我白天照顧一個病人及老人，還要做飯，一到了晚上入睡，雖然通常我不記得我的夢，但我一醒來，看我寫的一張一張的筆記時，我就知道我在睡夢中，依然忙著學習八卦命理。有時候醒來時，我的手上還寫了天干地支的字，或是十二生肖的字，甚至有時候畫的還是編的繩結，繩結上還掛了鈴鐺，上面寫著銅鈴。

我的筆是藍筆，但有時候手上或是紙上的字，卻會出現紅色與黑色的字，我寫的最多的一次，是正反兩面，總共十七張紙，我就在白天將正反兩面寫的字與畫的八卦的符號，重謄寫一遍，發現要寫完一張紙的正反兩面，大約要五十分鐘，十七張約要十幾個小時，但我一整晚，也沒有睡那麼多時間啊，那我是怎麼辦到的？難到我在夢中學這些，我會速寫嗎？

而這種白天忙，晚上入夢學習的狀況，一直持續了兩年。

到了南部之後，我發現我的眼睛可以越過牆，看到牆外面的景象，那種感覺，好像我有一雙透視眼。例如：我會看到老阿公從後面買菜回來了。

然而我對我的特異功能的增強並不開心，也不敢跟別人說，因為從小到大的經驗，除了我爸，只要知道我有這種能力的人，都不敢再跟我做朋友。

去南部沒多久，我才知道老阿公這個生病的孩子，也不是阿公親生的，這個孩子從小被他舅舅賣來賣去，阿公看他很可憐，就花錢買來當兒子，並好好地栽培，這個孩子很成材，也很有成就，我看他年輕的照片，長得非常帥，但是沒想到卻生了病，像植物人一般，一直到他要過世的前一天晚上，他突然像醒過來問我：「妳叫什麼名字？很謝謝妳，讓妳那麼辛苦。」

他的國語說得很好聽，這也是我第一次，也是最後一次聽他說話。

那天晚上我做夢，聽到老先生的聲音跟我說：「妳快點去清一清那個房間！」

我抬頭一看，怎麼不是老先生的臉，卻是一個神像的臉？臉還紅紅的，而且這個神很高大，已經頂到屋頂了，我就問：「為什麼？」

這位高大的神就說：「老阿公的孩子要過世了！」

說完這句話，這位神就一閃不見了。

隔天早上醒來後我很不安，到了黃昏，這個孩子就呼吸困難，當時我就知道送到醫院也沒有用，不過我並不敢說，老阿公的孩子在送醫院的半途就斷氣了。老阿公因為傷心，這場喪事從頭到尾，幾乎是我包辦的。

老阿公的孩子過世的那晚，我又夢到老先生，他在夢中第一次跟我說：「妳一定要相信任何神的指示！」

我說：「包括，我昨晚夢到的那位神？那位神不是你對不對？」

老先生就回答我：「妳已經可以分辨了。」

我說：「為何我會看到那位神？」

老先生說：「這個以後妳就會知道，未來有很多的指示和學習，妳一定要去學。」

幫忙需看因果　無因緣忙難幫

老阿公家附近有一個廟很興旺，遇到建醮的時候，我幫忙拿東西去拜拜，看到廟中供奉的大小關公，我看到最大尊的關公，才確認就是我在夢中看到的臉紅紅的神，我看到的時候很想哭，覺得關公要來跟我做朋友。

後來因為老阿公的孩子過世，老阿公很傷心，我就常幫忙去買菜，也就順便繞到那個廟去拜拜，這個廟成了我在南部很喜歡去的地方，也和這個廟的廟公變得很熟，我都叫廟公：「阿伯。」

廟口附近，常有流浪漢，或是精神不太正常的人在廟口附近無所事事的遊盪。而在離廟口十五分鐘的距離處，有一間簡陋的處所收留這些無家可歸的人，廟中拜完的食物，也常拿去收留所給這些無家可歸的人吃。

這些流浪的人都會觀察廟的動向，發現通常頂多只會兩天沒人來拜拜，到了第三天，一定會有人拿東西來拜拜，其中一個流浪漢還跟我分析來拜拜的四種類型，一種是路過用手拜，一種是進來借香拜，第三種就是半虔誠的，自己帶香與紙錢來拜，也就是香跟紙錢拜，第四種是最虔誠的，雞鴨魚肉水果統統拜，也就是虔誠全部拜。

在一個很寒冷的冬天，我在廟口的紅綠燈路口，看到一個流浪漢，在很冷的氣溫下，他卻穿著無袖的像汗衫的衣服，頭髮是灰白色，嘴巴唸唸有詞，精神異常，到了晚上，我外出買東西，看到他依然是在路口，發現他身上左半邊的顏色是灰色的。有時候他會在街角的一個可以稍為擋寒風的地方，用紙板或是丟棄的報紙，當作是「棉被」遮擋冷冽的冬風，只是他的睡姿卻跟一隻狗一模一樣，頭跟腳板都能碰觸在一起，身軀的弧度是橢圓形，就跟狗在很冷的天氣裡，在街角瑟縮的睡姿是一模一樣，我發現他灰灰的一半，是狗的靈魂，平日吃丟棄的便當盒也是跟狗一模一樣，吃完後，還會像狗的行為，用手將便當盒撕碎裂。

在廟口附近，我看到的一些人，遇到的一些事，讓我開始去探索，人的意念如何形成自己的命運，什麼又是所謂的因果，因果所造成的影響，原來會跟自己的性格結合在一起，形成生命現實之旅的種種遭遇。

在這個廟，我遇到一個胖胖的女生，頭髮剪得很短，我問廟公阿伯才知道，這個女的是早產兒，腦子不太好，我遇到這個女孩之後的連續三天，都夢到這個女的被欺負，被三個老人拉到巷子強姦，但我也不敢講，過完舊曆年，我再去這個廟時，我感覺關老爺的表情，很不高興皺著眉頭，廟公也看起來不高興，我就問他，他就說：「可憐啊！可憐啊！那個女的，不知被誰睡了，懷孕了。」

由於那個女的胖胖的，所以懷孕七個月才被發現，媽媽就帶著女兒到處問，這時，我才跟廟公說，我夢到的夢境。

隔了一個星期，我再去廟拜拜時，廟公告訴我，確實找到輪暴那個女孩的三個人。

那天晚上我就夢到我在那個廟，拿香跪在關老爺面前很傷心的哭，這時關老爺卻從供桌上走下來，摸摸我的頭跟我說：「不要難過，很多事都是有因有果的，這個女的前世，並不是一個很好的男生，對愛情很不忠，還把自己的小孩丟掉，這一世她要來受很大的苦！」

我聽了就以質疑的口吻問關公：「祢這是廟啊，祢是神耶，難道祢沒辦法幫她嗎？」

關公回答我：「定業不可轉！」

雖然我第一次聽到「因果」，以及「定業」，但我一聽就明白了。

接著我就問關公：「那三個人跟這個女的前世有關嗎？」

關公說：「對！」

我又說：「這小孩不是很可憐嗎？」

關公就說：「這也是他們的因果，這小孩也是必須來這個世界上受苦的！」

我就在心裡想，這個小孩的爸爸是誰也不知道，媽媽又是一個傻子，一生下來就送給人家，這個小孩未來的命運會是如何，也沒人知道。

關公接著又摸摸我的頭說：「在未來妳能幫的就幫，不能幫的，妳就不要為難自己！」

我又再問關公：「祢做這麼大的神，住這麼大的廟，祢都不能去解決這樣的問題，對不對？」

關公就回答我：「對，我剛跟妳講，定業不可轉！」

我又問關公：「在上面的玉皇大帝有比祢大嗎？」

關公發出豪爽的哈哈哈笑聲之後，就不見了。

我一發現關公不見，我就在想，原來神跟人一樣，很愛面子，很愛逃避，一問到重點就不見了。

（然而在夢中關公跟我說的這番話，雖然我記住了，但在我未來的生活裡，還是有很多事我都是為難我自己，許多人來到我面前，我還是都希望他們能得到好的果，但他們的因，卻不是我能掌控的。）

銅錢手勢相結合　數字分明顯卦象

在南部的那段時間，我還因為急性肝炎住院一段時間，我住院的附近有一家西藥房的老闆，因為自己沒有小孩，所以對我很好，出院時，因為我尚未完全復原，他就要我買可以醫治肝炎的藥幫我注射，但後來我看滿簡單的，於是我就學著幫自己注射。

民國七十二年底進入秋天，肝病快好時，我在老阿公家發現我在台北家中房間出現的井。老阿公的孩子過世後，我變成幫忙照顧老阿媽，那天我整理其中一個房間時，因為有東西滾到床底下（那個床是古式的床，床很高，床底的空間還滿大的），為了要把滾進去的東西拿出來，我就爬到床底下，一爬進去，我嚇到了，在床底下，有一口井，而且是古銅色的邊，後來我就問阿公為何床底下，有一口井？阿公就說，那是古井，在十年前，附近的人沒有水時，就會來抽這個井的水，後來要改建時，房子中間有一口井，覺得很麻煩，現在人又不吃井水，因此就蓋起來藏在房間裡。

我看到那個井之後，我就想，我跟老阿公之間有因緣，才會來到南部，幫老阿公的忙。

就在那天晚上，我又夢到老先生，他坐在一個大理石的桌前，他招手要我坐在他的身邊說：「我們來卜卦！」

我就問：「卜卦是什麼？」

老先生就說：「那妳要仔細看，千萬要記得。」

我記得他拿出六個銅板，是我沒有看過的錢，很像當時的五毛錢，但不是當時我們用的。連續七天，老先生都在夢中教我卜卦，於是我又在夢中學會了卜卦，在夢中我看老先生卜卦，發現重點不僅是卦象，還要仔細地去看六個銅錢跟手勢的結合。

到了第七天時，他就不再寫卦象之名，而是直接寫數字，因為我對於卦象已很熟悉了，只要直接寫數字我就明白是哪個卦象。例如：五十七是火火卦，他就直接寫五十七。

之後老先生不斷地出現在夢中教我卜卦，還會教我編繩結，有時候在夢中，我會很清楚地看到他在數要編的繩子有多少條。例如：以二十四條線編織，每編成一小段麻花辮，在麻花辮後，線的中間還要穿幾個古銅錢，再繼續編成麻花辮，編一段之後，再將幾個古銅錢穿到麻花辮的繩結中；有時候，老先生不是拿線與銅錢實際編給我看，而是直接畫在紙上（民國八十四年，仁波切給我的一條彩色線，就跟當年夢中的線是一模一樣的。），老先生所教的任何編法，以及要結合何種珠子或是銅錢等素材，我醒來後都會重新整理，一一地再將它畫下來一次。（而這些畫下的素材，都在十五年後，民國九十三年時，在建國玉市找到，當天我看到這些珠子等素材時，全身起雞皮疙瘩。甚至有一段時間，我在自己穿珠子的時候，我都會有種感覺，好像我的手不是我的手。雖然，我會他教我的這些東西，可是我並不知道我為什麼要學它，但是我只要一看那些來找我幫忙的人，我就會知道這個人是要戴什麼顏色的珠子、幾顆，是要編成項鍊，或是手鍊，或是用什麼其他的方法。）

不捨難捨終分離　先知後知皆悲傷

我自己也會拿著銅板練習，在練習時想到那個被強暴的女生，我就拿六個銅板卜卜看，卜卦前，我心裡就默念：我要知道她好不好？

我把銅板一丟，結果有兩個銅板滾到地上，當時，我心裡想，老師沒教我滾到地上是代表什麼意思，我就想滾到地上，大概是搬離這個城市吧，結果卜出來的是「鼎卦」，後來我隔了半個月去問廟公那個傻女孩的近況，才知道他們全家搬到一個比原先更好的地方，廟公會知道她的狀況，也就是在我卜卦的前後，女孩的母親回到這個廟拜拜跟廟公說的。

那個傻女孩生完孩子後，變得開竅了一些，頭腦比較清楚，也變懂事了，還有人說媒，而這個「鼎卦」的卦象，若是講姻緣，必能婚姻成功，果真一年後，傻女孩的母親又來這個廟謝謝神明，傻女還嫁給做麵包的好人家。

這是我第一次卜卦。

民國七十二年十二月二十六日，我又在夢中夢到老先生，他在夢中又再度地告訴我，我姐姐會在民國七十六年的十一月過世，他在夢中告訴我的時候，旁邊有一個很清楚的畫面，就是我姐姐開車去撞一個卡車。

雖然我相信他告訴我的事，但我不能接受我姐姐在民國七十六年會過世的真相，我很傷心。

民國七十三年老阿公因為得病，從住院到回家養病，大約經過五個月就過世了。這段時間，也是我全心在照顧老阿公，在照顧老阿公的一天晚上，老阿公躺在床上，用左手指著窗戶外，問我：「那兩個警察來幹什麼？」

我就跟老阿公說：「沒有人啦！」

老阿公就說：「怎麼會沒有呢？」

我又說：「沒有啦，我在這裡，你不用怕，趕快睡！」

老阿公連講了三天，我都沒有看到，但到了第四天晚上，我真的也看到有兩個人，不像是一般警察的衣服，也不是民間的衣服，等老阿公睡了，我就到窗邊問那兩個人：「你們是要來帶我老阿公走的嗎？」

那兩個人就點了頭，我看其中一個人從口袋裡拿出一個本子，上面寫著老阿公的名字，我看了就哭起來，問：「可不可以再過幾天，好不好？」

這兩個人就露出為難的表情，我又再問一遍：「再等幾天好不好？你們是地獄的使者，還是天堂的使者？」

他們都沒有回答我，接著我又自顧自地跟他們說：「老阿公應該上天堂，不應該下地獄，你們帶他去的地方，好不好？」

他們的臉色就愈來愈灰，變成深灰色，我又問他們：「你們不是被派來的，是假裝來的，如果不是真的，你們應該馬上離開這裡，你們不要以為拿一個名字，就可以把我的老阿公帶走！」

我愈說愈氣，接著就把門窗關起來，關起來時，他們兩個還趴在玻璃窗外看著我，我又對著他們生氣地小聲低吼：「走開！」

隔天，我到廟裡去拿「如何做佛事」這類的書和往生咒，有一天晚上我就把我在佛書上看到有關人臨終時，會遇到的狀況跟老阿公解說，但我卻說得斷斷續續，還邊說邊哭，我跟老阿公說要跟著光走，若是看到過世的親人，不可以跟他們走，我特別跟老阿公強調，這時候他反而應該要拉著過世的親人一起往光的地方走，說到這裡，老阿公又跟我說：「那兩個人又來了！」

我就走到窗邊跟他們說：「我還沒跟我老阿公講清楚，時間還沒有到！」

他們又拿出那張紙給我看，這時我才發現那張紙是透明的，字看起來像浮在他們的手上，但他們今天身體卻發出光芒，我又問：「你們回去講清楚了嗎，是帶阿公去天堂嗎？可是我還沒有跟阿公講好，阿公還沒準備好，再多幾天！」我講完，他們就先變小，然後就不見了。

在老阿公過世前一天晚上，老阿公變得特別清醒，我有種感覺這張床明天晚上就會收起來，我就問老阿公：「你會怕嗎？」

老阿公說：「不會！」

然後我又再度提醒老阿公一定要跟著光走，我講完就忍不住哭了，老阿公就摸摸我的臉。

接著我走到窗邊，去看那兩個人有沒有來，卻只看老阿公養的心愛的小狗，趴在窗外的庭院，我就輕聲地叫了小黑兩聲，接著我就看到灰灰的阿公走到小黑的身邊，摸摸小黑的頭，然後又走到另一個房間，我一看，心想老阿公大概快過世了。

那時我就知道，當老阿公過世時，遺體應該是會放在灰灰的老阿公剛走進去的房間裡；那天晚上，我和老阿公兩人都沒有睡，到了早上八點多，老阿公的臉色愈來愈沒血色，手腳的指甲也發青到發黑，也就在那天早上十點多老阿公就過世了。

14 買衣服兼卜卦　碎碗敲醒夢中人

民國七十四年，我開始做生意賣衣服，生意好到不行，常是客人等著我開門，當時有個常來我店裡買衣服的主顧客，我都稱她為謝老師，有一次來店裡，我就看到她皮包裡的錢，不是她的錢，那次買衣服時，我就跟她講，不要買那麼多，我說妳身上的錢是公款，不要用到這個錢，她就很驚訝地問我：「妳怎麼知道？」我只好說：「我有時候有第六感。」

這時謝老師問我：「我兒子今年考試，考得上嗎？老師對他好不好？」

我就跟她說：「那我幫妳卜個卦看一看。」

一卜出來，我就告訴謝老師，她兒子個性較懶散，不是很用功，而且還跟她說，她太寵她兒子了，謝老師就說：「真的耶！」因為她跟我買衣服，所以那次我也沒有收她卜卦的錢，結果她熱心地幫我做廣告：買衣服送卜卦。

我開服裝店之後，我賣衣服又會卜卦的事，就靠著像謝老師這樣的顧客口碑相傳，一個傳一個。不僅有人來找我卜卦，還有人來找我看風水，或是處理一些奇怪的事情，那種感覺，好像這些年，夢中老先生教我卜卦這類的學問，要正式開始在現實生活中演練實踐，就好像一個醫學院的學生，進入了實習的階段。（這段「實習」的階段，其中做的一個令我印象深刻的夢，卻要相隔十幾年，在現實的印度才真的實現了。）

經由輾轉介紹，一對老夫婦請我去幫忙看看他們的獨生女，原來他們反對獨生女的戀情，獨生女就關在房間裡，一個月後整個人就像發瘋般，兩眼發直地拿著一個碗在地上不斷地叩、叩、叩地敲，我聽完老夫婦的描述之後，也不知是否真能幫上忙，但是我一直跟老人很有緣，看著他們我就想到我的父親以及過世的老阿公，於是我就答應老夫婦去他們家看一看。

去到他們家，果真看到她的女兒拿著一個碗，蹲在房間的地上不斷地敲，我看的時候，突然在這個女的後方出現一個畫面，我一看到那個畫面，我就明白了。原來這個碗是這個女的男朋友送她的禮物，我蹲在她的旁邊，看著她，發現她的兩眼像鬥雞眼般空洞地直視前方，而且眼皮還動都不動一下，我試著也像她一樣用這種鬥雞眼的方式注視一個地方，但才經過不到一分鐘吧，我的眼睛已痠得不得了，這時我也不知哪來的靈感，就突然搶走她手中的碗，用力地往地上一敲，那個碗就碎了，她突然轉過頭看著我，開始大哭，我就跟她說，她的父母很愛她，她變成這樣子她的父母擔心死了，男朋友是可以換的，但父母只有一個，請她多想想她父母的心情與感受。

隔了幾天，她來我的店裡買衣服，並謝謝我，她告訴我，她好像整個人清醒了，我問她還會不會留戀她的男朋友，她表示不會了，因為在這一個月的期間，她的父母有去找她男朋友來看她，但她男朋友卻不願意來，她說經歷這個過程，才能比較看清楚一個男的為人吧！她邊說邊試衣服的時候，我又在她的身旁看到一個畫面，那個畫面就是她穿結婚禮服結婚了，我就把我看到的形容出來，她聽了之後一直說：「怎麼可能？」

然而，在隔年之後，她就經由介紹認識一個很不錯的對象結婚，一年後生了一個兒子，她的父母也就在她生完孩子後不久，先後過世。

從她身上我學會，原來一個念頭產生一個力量，為了一份情，執著在一個碗上，固執到可以把自己的心神，逼到接近瘋狂的邊緣，我在想，還好當時藉助老天爺的幫忙，讓我產生敲碎她的碗的靈感，否則她可能真的會進瘋人院，不過也難說，或許就像廟中的關老爺跟我說的，因為我跟她，與她父母的因果，我才幫得到這個忙，藉由碗的碎裂聲，把她從執著的幻夢中敲醒吧。

挫敗為推手　推向未知的明天

民國七十四年十一月晚上，我夢到就在我住的房間的門口，我看到關公穿著插滿旗幡的服裝，在我的房門口一直地踩踏著一種舞步，臉部的表情是嚴肅而生氣，當時我在夢中還想，祂幹嘛這麼生氣，結果，老先生也出現在夢中，我就問老先生：「關老爺很生氣是嗎？」

老先生回答我：「妳有得到祂對妳的指示嗎？」

我問：「什麼指示？」

老先生就說：「妳明天會很慘！」

結果隔天，房東因為看我生意很好，所以就來大吵胡鬧，要將租給我的店面收回。我不同意，他就連續五天來吵，害我也沒辦法開店做生意，五天之後，我就想要去廟裡拜拜，一路上，附近的鄰居都問候我，問我為何沒有開店，我只好推說，我身體不舒服，當我站在廟門口跟附近的鄰居聊天時，我就看到關老爺在廟裡面叫我，我還用眼神跟關老爺表示：請等一下，我在跟人家講話！

接著我就聽到關老爺跟我說話的聲音：「明天妳就可以開店了。」

那天晚上我在夢中，夢到關老爺站在我的服裝店的門口，好像在指揮交通，還吹口哨，幫我把客人趕進店裡，我在夢中，就問關老爺：「為何要趕這麼多人進來？」祂就回答我：「接著妳這個店會關掉，妳要清存貨。」

結果隔天，我與我請的小妹忙到客人要自己算錢找錢，再隔一天，房東就堅決不租我了。

我去廟裡拜拜，問關老爺：「我為何會這麼挫敗，開個店，房東也不講理地要把房子收回去？」

關老爺就回答我：「再過兩、三年，這段時間，妳有很多事要去做，接著妳會賣吃的！」

我就問祂：「祢為什麼會告訴我這些，而我都會聽到、看到，祢跟老先生有因緣嗎？我跟祢也有因緣嗎？」

關老爺就回答：「對！」

我又再問祂：「這就是祢所謂的因果嗎？」

祂又說：「對！」

我又再問：「答案好像都是我自己講的，我會做夢，我會看到祢，都是因果，所以我要聽祢的指示？」

關老爺的表情就是：這些我明明都知道，還問什麼？接著我仍不死心地再問：「我有問，跟沒問一樣，我不是白問了嗎？」

當我問完這一句，我就看到關老爺露出很威嚴的生氣表情說：「不能這麼說，在未來，妳會知道我的用意。」

後來，我真的做起吃的生意，做的是排骨麵店的生意，生意也是非常好。

15 老太太教籤卦　籤筒神仙有定見

同一年十一月的某天晚上，我因為睡不著，看著窗戶外遠方的小路上，有一個老太太走在那裡，手上拿著一個筒子並把筒子搖得嘎啦、嘎啦地響，我想要仔細地看清楚，這位老太太是在賣什麼東西，然後老太太的身體就愈變愈大，我就可以看清楚她手上拿著的筒子的邊是不規則狀的，應是手工做的竹筒。

接著看到筒子裡有很多筷子，筷子上用毛筆寫著字，我看到十三、二十三、五十七，我覺得那是老太太要讓我看清楚，所以那個筒子裡的筷子，也愈變愈大支，數字也愈變愈明顯，我在心裡想：為何讓我看到五十七的筷子，為什麼沒有五十八與五十九？看著看著我就睡著了，之後我就忘了我看過這老太太的事，一直到四個月後，有一個老師來店裡要找我卜卦，也不知為何，我就順口問她：「妳要用筷子，還是銅板？」

她就說：「用筷子好了！」

我就去拿了一把衛生筷，以阿拉伯數字從一寫到五十七，我覺得她會抽到五十七，那個老師要問的是，有關工作的異動事宜，是被調單位呢？還是因為被解聘得自動離職？當她問完問題，我就搖著裝籤筷的筒子，結果從筒子跳出來的是五十七的籤筷，五十七卦，並非好的卦，對應的卦，是第一卦否卦，以及第七卦艮卦，我就跟這位老師說：「兩個都是停止的意思，妳要不要自己抽一籤？」接著她跟我都閉上眼睛，然後聽到她問：「我要問我的約聘會續聘？還是會沒有？」

抽出來還是五十七，我就說：「那確定！」

過了一星期後，她又來找我，跟我說她被解聘了，她被聘了十七年，這十七年，年年都沒有考上公務員，每一年都在做心理準備，可能會被解聘，我就跟她說：「終於被妳等到了。」

那天打烊的時候，回到店的樓上，我才發現我忘了把我的籤筒帶上來，於是我又下樓要到店裡拿我的籤筒，我又聽到老太太的籤筒嘎啦、嘎啦地響，就想走到後面去看看那位老太太，我把後門打開時，那位老太太（那位老太太的背很駝，幾乎要駝成七十度角，花白的頭髮是用一個網子纏成一個髮髻，穿一身全白的衣服），停在我後門的門口，用台語問我：「現在幾點了？」

我一看錶，心想從前門走到後面只需三分鐘，但我卻走了二十三分鐘，怎麼會那麼久？

我正發愣在想，這麼短的距離，我走這麼久？那位老太太又丟了十一支籤給我，這十一支籤是沒有編號，那老太太就說：「給妳十一支。原來五十七支再加上這十一支，總共六十八支。」

前一次我只看到五十七支，原來有十一支是沒有號碼的，我就問她：「這十一支沒有號碼，要怎麼算？」

老太太就說：「妳之後就知道了！」

才說完，她就自顧自地走掉了，我看著她的背影愈變愈小，經過三戶人家就不見了，我看她不見時，還自問，她是灰灰的嗎？我想了一下，不是啊。

我上樓之後，才發現那十一支籤，比我用衛生筷做的籤還要短，心想那要怎麼算？這時我又看了我的錶一眼，我上樓的時候是十二點十八分，為何現在已是凌晨一點半？但是我想我跟老太太的對談頂多只有五、六分鐘，沒講幾句話，怎麼可能過一個小時呢？

當時，我想自己用籤筒卜卜看，但我把籤筒搖得很大力，卻一點聲音都沒有，心裡就想這時不應該卜卦，這個籤筒一定有屬於它的神奇事情和神蹟，裡面一定有一個卦仙。

於是我就去睡了，隔天我起床時，我的桌上有二、三十張紙，上面都是畫著籤卦，籤卦都是以阿拉伯數字表示，剛看這些紙一頭霧水，後來我才發現，紙上的籤都是橫的，籤從筒子裡甩出來時是橫躺著，而且有時候甩出來不只一支籤，有時候會甩出三支籤來，排列成一個人卦，這在易經裡就是指「口角是非卦」。

之後，好多年的時間，我都不斷地使用這個籤筒，也因為這個籤筒救了很多人。

錢卦籤卦公休　莫問遠離的煩惱

當時有一個來我店裡買衣服認識的小姐，她的先生很有錢，在當地也是很有影響力的人，而她一直懷疑她先生外面有另外一個女人，她來找我請我幫她打卦，因為她夢到自己死去，一直往天上飛，我就問她：「妳想跳樓嗎？」

她就回答我：「昨天我跟我先生打了一架，當時我真的很想從四樓跳下去！」

我聽了就說：「萬一跳不死怎麼辦？那妳要用金錢卜？還是要用籤筒？」

她選擇用籤筒，但那天我怎麼甩，那些籤都好像黏在籤筒裡，甩了半個小時，搖到我們兩個都覺得好吵，還是搖不出來，我就在心裡想搖不出來怎麼辦？

只好跟她說：「可能籤卦都沒有辦法回答妳，那我們用銅板好了！」

她就拿了三個銅板，我要她唸自己的名字與先生的名字，問她跟她先生會有什麼樣的結局？

結果，她丟這三個銅板，三個銅板卻全跳到在一旁的籤筒裡去了，她就說：「這要怎麼看？」

我就跟她開完笑說：「金錢卦與籤卦都公休，不讓妳問了！」

那時我的耳朵聽到天樂，還聽到籤筒嘎啦、嘎啦的聲音，我跟她說，妳先生跟那個女的，他們是沒有感情的，卦仙會幫助妳，妳老公會跟妳道歉，結果，那天晚上她先生十二點回家後就真的跟她道歉。

又隔了一個星期，因為她八十二歲公公的身體不舒服，她又來找我卜卦，我才唸了她公公的名字，就從籤筒跳出三支籤卦，三支籤都是空卦，我就說：「你們要有心裡準備，三個都是空卦『無籤卦』，你們快要沒有牽掛了，就是無解了。」

三個沒有數字的籤，若要算機率，這個機率很小。

那天她是五點多來卜卦，到了晚上，她公公吵著要換衣服，衣服換好就過世了。

堅強度日　勝過看清未來福禍

隔年天氣剛開始變得炎熱時，有一天晚上我唸完《地藏王菩薩本願經》中卷入睡後，我就做夢，夢到我走在只能容一個人的狹窄小巷弄中，小巷弄已夠窄了，小巷弄的地也不平坦，一旁還有一個狹窄的小水溝，氣味滿臭的，因此走時要非常注意自己的步伐，免得一不注意，腳踩到水溝裡，而走在我前面，有一個駝背的老婆婆，會不斷地回頭向我招手，跟我說：「走好，走好，小心，再轉進去，就會到一個房子！」

但我卻一直看不到老婆婆的臉，我就在她後面說：「我看不到妳。」她就轉過身來，但我看到的是一個燈籠大小的光亮，她就問我：「看到了嗎？」我就想，喔，看到了，接著我又聽到老婆婆說：「這邊有個大石頭，妳要小心，馬上到了！」

這時我才發現她講的語言，我是聽不懂的，我只是腦袋知道她的意思，我走進一個房子，這間房子很矮，我一進門，頭就撞到門的木框，害我驚呼了一聲：「啊，好痛！」

我進去時，老婆婆要我脫鞋，我就把穿的布鞋脫掉，但彎腰脫完鞋起身時，頭又再度撞到很矮的屋頂，我看到一張床，老婆婆的臉是黑黑的，她一直要我坐在那張床上，我還在房間裡看到一個金屬的佛像，非常漂亮，我覺得這個佛像好像是仙女，然後我就投了香油錢，走出那個房間，出來的時候，頭又再度地撞到木門框。

夢醒之後，我的頭依然覺得很痛，隔了一個星期，我又再做一次這個夢，一模一樣的過程與場景。（而一直到之後，我才知道這個夢的意思。在民國九十三年九月，我去印度時，夢中的這個情景就真實地出現在一個叫蓮花湖的路上，我之前去印度已去過三次這個地方，這次去蓮花湖的路上，喇嘛就突然指著一條岔路，要我走那裡，雖然覺得奇怪，但是我還是跟著喇嘛走，一轉彎之後，我整個人就愣在那裡。跟我夢中的景象是一模一樣的，連牆壁的凹洞都跟夢裡的一樣，房子事實上是一個山洞，裡面石桌上放了一尊綠度母的佛像，佛像前放了油燈，進入的洞口旁邊放了一張床，這個洞的典故在佛經上有記載，當時我要用相機將這個景象拍下來，但怎麼樣相機都打不開，我就唸了綠度母咒，相機才可以打開。

經過十四年，我才從夢中，走到這條真實的路上，在做夢的當年，我根本不知道我後來會接觸藏傳佛教，原本在民國七十九年時，**我有想過，要不要把自己往後的人生，會發生什麼事，藉由我的天賦，全看清楚弄明白，但是我卻不敢，因為若我把一生的路看完，那會不會對自己產生很多的困擾，就像我早知我姐姐會在那一年過世，一想到我就很難過、很哀怨、也很恐懼，我一直在做心理準備以面對她死亡的那一刻，我覺得這樣的過程很辛苦，所以就打消了要看清楚我自己未來的想法，我不斷地鼓勵自己，不論發生什麼事，人的毅力最重要！）**

Chapter 4

不如歸去　終究面對天賦使命

每個來到我面前的人，
都有屬於他們的生命故事，
他們雖稱我為老師，
但我也從他們的煩惱、恐懼、喜悅……
學會尊重當下，
學會尊重每一個生命他該經歷的旅程。

16 一念決生死　悔時已在黃泉路

民國七十五年的暑假，大約連續十天，每到了下午，我就會看到一個穿紅色洋裝，打著一支白色洋傘的女子走過我的店裡，但是她的白傘擋住她的臉，讓我看不到她，因此我就問我的助理有沒有看到這個女的，她說沒有。

隔天下午，她很好奇地望著門口等，但是那天午後雷陣雨，出現在門口來來往往的人都是打著雨傘，沒有看到我所看到穿紅色洋裝的女子。

再隔一天下午，我們倆猜測那個女的會不會來？

於是兩人就盯著店門口看，看著看著兩人就打起瞌睡來，幾乎同時，我們從睡中驚醒，同時發現兩人做的夢是同一個：看到紅洋裝打白傘的女子經過店門口，於是我們立刻站起來跑到店門口，發現那個女的走進這條街的棺木店，就消失不見了。

我就走到棺木店問老闆剛剛是否有穿紅洋裝的女子走進他的店，他表示沒有，並關心地問我是不是她跟我買衣服沒付錢，我說不是啦，但我的眼角瞄到他的伙計在門口抽菸，一副若有所思的表情，於是我就走到店門口跟棺木店的伙計閒聊，他才跟我說，這三個月不只我來問過他們這個問題，他告訴我那個女的在懷孕時上吊自殺，也就是一屍兩命。

我聽了很震驚、很難過，當我回到店裡，我就在心裡用我的意念跟那個女的溝通，我在心裡說：如果妳需要我幫助妳，我的店可以讓你進來來找我。

接連三天，我看到她穿同樣的衣服、拿同樣的傘，就站在我的店門口，我看她的手撫摸她的肚子三下，然後就不見了，當我看她撫摸著她的肚子時，我感覺到她很後悔。

補貨時，我順道到一個寺廟找一位師父詢問她這樣的狀況，該如何處理，師父就要我將她的名字問清楚，因為需要幫她不斷地做超渡，於是我就去問在我的店斜對面的洗衣店，因為那位女子在生前有將衣服拿來這裡洗，洗衣店的老闆就幫我查了她的姓名，並跟我說那個女的為何自殺。

原來她很年輕個性很直，先生還在當兵，但卻放假不回家而跟另外一個女的約會，當她得知這個狀況後，就想不開上吊自殺了。

然後我就將她的名字給了那個寺廟的師父，做超渡後，接著半個月，她都沒有再出現我的店門口，一直到有天晚上，當我正要打烊關店門時，她又出現在我的店門口，她的洋裝變成灰灰的顏色，白色的傘變成透明的顏色，側身對著我，我第一次看到她的臉，她的手依然摸著肚子，我就問她：「妳要跟我說謝謝喔？」她點了一下頭，我就說：「不用啦，我希望能一直幫妳做超渡，人家都說妳很傻，帶小孩自殺害了一條命，師父說這是很重的業！」

接著我就告訴她，在哪個寺廟幫她做的超渡，要她有機會就到那裡去，不斷參加法會，當我如此說時，她又跟我點了一下頭，接著就慢慢地縮小不見了。

我看著她消失不見，在心裡想，這個年輕的傻女孩在一念之間，想不開就自殺，但後悔時已陰陽兩隔。當人不想活的那一念如此強烈的興起時，誰又能夠阻止得了呢？

有錢換不到快樂　溫柔責任經營情感

做生意時，認識了許多人，有的人也因為跟我買衣服變成好朋友，其中一個是做生意家族的媳婦，第一次她跟我買衣服，我發現她選的衣服不適合她，而且也不適穿，我就要她不要買，但是她卻說沒關係，她可以送給別人，我發現她身上發出一種孔雀藍色調，而且她在買衣服的時候，還常嘆氣很不快樂，第一次她就跟我買了三件外套，隔了兩個星期，她又出現，我發現她不快樂時，就會來買東西，我就問了她的姓，得知她姓楊，便主動地關心她，跟她說：「我發現妳很不快樂。」

我才一說完，她的眼眶馬上就紅了，眼淚接著掉下來，她跟我說了她掉淚的原因。她後悔她當初很衝動結婚，結婚三年，生了兩個女兒，她自己的娘家是種田的，經媒人作媒而認識她先生，雖然他先生長得很醜，但她爸爸覺得她先生家裡是做生意的，很有錢，嫁過去不愁吃、不愁穿，從此可以過好日子，再加上她父親負債，所以她父親求她答應這門親事，她父親跟她說，有錢就有感情。

剛結婚頭一年還好，還會帶她去逛逛街看電影，第二年生完第一個孩子後，她才發現之前鄰里傳他先生很難結婚的原因，不是因為醜，而是因為好賭，送貨出門就不見蹤影，回來時倒頭睡三天，接著就有人來要債，她自嘲地跟我說：「怎麼這麼好運，嫁給這樣的先生？」

有一次她因為小孩生病，要帶小孩去看病，經過我的店門口跟我打招呼，她正轉身要走，我卻在她身後看到他先生跟一個女的在一起的畫面，我愣了一下追出去，叫住她問：「妳先生是不是好幾天沒有回家了？」

她點頭，並說要帶小孩去看醫生，順便買拜拜的東西，我想了一下就問她：「如果有一天，妳發現妳老公在外面有別人的話，妳會怎麼樣？」

她聽了就說：「這個我都想過，去年就發生過了，女的找上門來說要做小的，也是個賭徒。」結果她公公就出面處理，說要把兒子送給她，要他們倆一起去賭，那個女的一看自討沒趣，也得不到任何好處，摸摸鼻子就走了。

我又問她：「如果妳先生堅持要和另外一個女人在一起呢？」

她說或許他們的婚姻是沒有愛情，她也沒有開始愛他，但為了家庭，而且也很謝謝她公公對她很好，會看在她公公的份上，努力為家庭顧好生意，至於她先生要跟誰睡也無所謂。

然而，我還是以關心她的立場，建議她孩子都生了，她可以用女性的溫柔，以寫小字條的方式跟她先生溝通，他們夫妻之間的感情會漸漸地變好，她先生慢慢地會改掉賭博的壞習慣，她聽我這樣建議，覺得挺肉麻的，自己一定做不來，然而後來她確實試著這樣努力，夫妻之間的關係也就漸漸轉好了。

無風無水不流暢　全家頭腦少根筋

民國七十八年八月暑假時，有個廖太太來找我，她有三個兒子，先生很早就因為車禍而過世了，找我卜卦的原因，是因為她一直聞到她家有東西死掉的味道，而且她覺得那個東西滿大的，不是很小，她的家人不認為是死屍的味道，認為是她醃的一甕一甕的蘿蔔乾、鹹菜、辣椒以及高麗菜乾的味道。

但她一直不覺得是醃菜的味道，開始聞到死屍味道時，廖家老大就因為老闆說他身上很臭，問他是不是都沒有洗澡，就算他剛洗好澡讓他老闆聞，他老闆依然覺得他身上很臭，而被老闆辭退，她來卜卦時我已聞到死屍的味道，味道很臭，我就問她：「妳先生是怎麼葬的？」

她告訴我，她先生是土葬的，已過世七年，我就跟她說：「妳帶妳的老大來卜卦。」

結果，廖家老大來的時候，他身上的那股死屍味道更重，我就要廖家老大在紙上寫下他父親的名字，這時，我就問廖太太，她有沒有答應過她先生要撿骨的事，她表示有，同時還告訴我，她先生生前一直說人死要翻身，但一直都尚未撿骨，原因是家中的經濟不佳，我聽到這裡就問她：「妳最近有講到要撿骨的事嗎？」

我一問，她才想到最近講到撿骨的事之後，才開始聞到死屍的味道，我就說那用籤筒卜卜看，當我在搖籤筒時，我卻發現廖家老大坐立不安，一直在冒汗，一直擦汗，我就問他：「你很害怕嗎？」

他表示，聽到籤筒的聲音會很害怕，於是我就決定改用銅板卜，她母親就拿出三個銅板，其中一個居然是電動玩具的代幣銅板，而且那個銅板有一面的人頭已經不見了，我一看，就說換一個銅板，她兒子就從身上掏出一個銅板，她母親就拿著三個銅板問：「是不是需要撿骨？」

結果銅板一丟下來，剛才廖家老大拿出來的那個銅板，同樣也是頭的那一面卻變成模糊的，這時大家都覺得很奇怪，我就說沒關係，我要廖太太把身上的四個銅板全拿出來檢查，確認都是完整的、好的，廖太太才再選了三個握在手上，結果三個握在手上的銅板一丟下來，三個銅板人頭的那一面全都模糊掉了，我們全都看傻眼了，我就說：「一定要開棺，這個棺有問題，明明這個銅板原本是好的，但一丟下來人頭就好像被刮掉了。」

廖太太就請我幫忙開棺，但這時我還是不死心，想拿自己的銅板卜卜看，結果我一丟，三個銅板卻落在反方向，我坐著的側後方的籤筒裡，我連看都不用看卦象的結果，我明白我是注定要幫廖太太去做這件事了。

奇怪的是，當我們決定好開棺撿骨的日期，那個死屍的味道就全從空氣中消失了。

開棺的那天，在棺木打開前，我已看到裡面的景象，看到頭部白白的，我還以為是蓋白布，我還問廖太太是不是蓋了白布頭罩，當棺木打開後，才發現廖先生的身體已成硬屍，原來頭部白頭罩，是因為頭部被像白霉般的東西把頭部都包住了，那個東西很像蠶寶寶的繭，味道很不好聞，因為屍體沒有化掉，所以灑了小白菜與米酒，等過幾天再來撿骨。

因為廖太太的先生的遺體狀況，我回想，她的三個兒子常給人沒頭沒腦的感覺，這個家的小孩每個人都是懶懶的沒有動力、沒有組織力，廖太太的臉常也洗不乾淨。

家中的老大很老實，但總覺少了一根筋；老二是油漆師傅，開車開了四十分鐘到工地，才發現最重要的那桶油漆沒帶，只好再開四十分鐘車回來拿；老三沉默寡言。當他們父親的墳弄好之後，廖太太跟她的兒子就決定把住家也好好整理一番。

她們家是長方形格局，從進門到後面大約有十九公尺，卻只有一根二十燭光的日光燈，整個家暗濛濛的，廖太太的房間沒有燈，只是牆壁上點了一盞很小的燈，但廖太太卻可以坐在床上穿針縫衣服。

老二也將三十年的家重新上了油漆，並多加了幾盞燈，整個家好像重見光明，而且每個人的臉，從此都洗得很乾淨。

風水是會影響到一個家族的心情；風水，也就是有風、有水，通風良好就是好的風水，我也遇過下葬兩年，母親就託夢給孩子，表示住得很涼爽，要坐起來，因此去撿骨，發現骨頭真得很漂亮，而這一家人每個人都很好；我也遇過四十二年，因為無風無水，遺體都變僵硬，好像把一個人封在密不透風的石頭裡面，一打開，就看到硬掉的肉，開始發出氧化的聲音。

昏迷中卜卦解惑　觀音預言未來路

在我同時用銅板與籤卦一起幫人卜卦的過程，我發現籤卦超神準、超厲害，一卦就定江山，沒得選擇，我只要聽籤筒的聲音，就知道什麼時候會出籤，有時候我即使不想搖這麼大力，但籤筒似乎有自己的主見，要怎麼搖，發出什麼聲音，都不是我能左右的。

籤筒有自己的節奏，而我只是跟著籤筒的節奏走。有一次，當我搖籤筒的手都已經停下來了，但籤筒還自己發出兩聲。金錢卦卻會被丟擲的人的心情所影響，再則就是在丟擲錢幣時，如果想得太多或太複雜，會得到否定的卦。金錢卦分為上卦與下卦，有時會相互牴觸，到底有沒有，模稜兩可；但是如果是占卜籤卦，把籤丟回去，再抽結果依然如此，等到你第三次想再抽時，不僅搖不出籤來，連籤筒都會沒有聲音，也就是籤筒不再出籤了，我常想會這樣是否因為不尊重其指示，所以籤筒火大了。

有一天我很早睡覺，但卻被一陣很急的敲窗戶聲吵醒，我醒來後打開窗戶，那個老先生就在窗外，每次我看到他，他都是神閒氣定盤坐著，但這次他是站著，感覺很緊張，且伸出左手跟我揮手，接著我就看到我被送醫院的畫面。

隔天我因為做便當生意太累了，累到昏迷而被送進醫院，昏迷時，我在夢中不斷地卜卦，卜了好多人，許多男男女女，不同年齡的人，都來找我卜卦，出現很多卦象。一開始是一個竹筒，我用二十四支籤，搖一搖竹筒，籤就掉出來；我在夢中還看到觀世音菩薩，這也是我第一次這麼清楚看到觀世音菩薩，祂把我抱起來，一路往天上飛，我就一路看著觀世音菩薩的臉，我還聽到天樂，看到彩鶴，還看到大尖嘴的鳥（送子的鳥），覺得牠在唱歌，夢中的我好快樂，觀世音菩薩在夢中跟我講：「妳有很重要的事要去做，將來妳會瞭解。」（然而，我從昏迷中醒來，我並不瞭解這個夢到底要告訴我什麼？一直到我回台北，結婚之後，開始了我的占卜事業，回想這個夢，我才明白夢中觀世音菩薩跟我說的所謂

「很重要的事」，就是我運用我的天賦，以及夢中老先生與老婆婆教我的占卜能力，去解決許多人的疑難雜症。）

17 看不到鏡中的我

民國七十六年十一月，我因為肝二度發炎，而回台北住了兩天的醫院，原本十一日要回南部，但我姐姐希望我多留兩天，因為再過兩天就是我生日，她說要買蛋糕替我慶生；到了十三日我跟我姐一起吃稀飯，邊吃稀飯邊看當時「打鬼救父」的電視節目，而其實我已經知道那天就是我姐姐的忌日。

十三日，我姐姐穿著請人家依她所畫的圖案做成的十套衣服中的其中一套，那套新衣服是黑底白點的花色，那天她要出門前，還問我：「人死之後，七天會回來嗎？」

當我聽到我姐問這句話時，我的頭皮立刻發麻，一回頭看她，我看到兩個她，而且兩個她很靠近，兩個她的三分之一是重疊的，三分之二的她已經是灰灰的，我看到這幅景象，心裡想真的完了，她今天就要過世了，於是我就對著正在化妝的她說：「姐，今天日子不好，妳可不可以不要去？」

她剛從日本回來，朋友請她吃飯。（我姐姐長得很美，又很聰明，因此常會有條件很不錯的男士追求她，但最後都會因為我姐姐只是小學畢業，對方的家人強力反對，而沒有結果，每場戀愛都讓我姐痛苦失望。）

然後，我就跟我姐說，我要跟她一起去吃飯，我姐姐一口說好，她就要從她做的十件衣服中挑選一件讓我穿，我試穿第一件衣服時就把衣服的拉鍊扯壞了，第二件太長不好看，當換第三件時，我照著鏡子卻嚇一跳，因為我看不到鏡子中的我，我姐卻對著鏡子說：「這件還滿合適的。」

我疑惑地問我姐：「妳有在鏡子裡看到我嗎？」

我姐說：「有啊！我看妳不要跟我去了。」

我就跟我姐說：「我有不祥的預兆，妳今天不要出門啦！」

我姐就說：「不會啊，有任何不祥的預兆，只會降臨在我身上，不會發生在妳身上。」

我就跟我姐說：「妳怎麼這樣說？」

說完我就開始哭，我姐看我哭就說：「妳為什麼這麼愛哭？不要哭，我只是出去一下就回來。」

這時，我心中一直期望那位老先生趕快出現來幫幫我，我再走到鏡子前面，依然無法從鏡中看到自己，但是鏡子卻出現一條約六、七公分暗藍色的條紋，這條紋還會在鏡中形成彎曲的狀態，然後就變成一縷煙，不見了，我對著鏡子自言自語地說：「為何我要失去她？為何我們家要受到這樣的懲罰？我爸怎麼辦？」

我對著鏡子哭了起來，我姐看我哭成這樣，又安慰我說：「不要哭，我只是出去一下就回來！」

我聽她這麼說，就抱著她哭得更傷心了，害她也跟著哭了起來，淚水將她臉上化好的妝，弄得有些糊了，她就說：「妳看，妳害我哭成這樣，我的臉像鬼一樣。」

我一抬頭看她，嚇了一大跳，因我看不到她的頭，卻看到她的眼睛一隻凹陷下去，看到這幅景象時我真的很想吐。

苦等不到夜歸人　時辰一到喪鐘響

那天，我一直等我姐回來，我覺得如果我姐晚上十一點前沒有回來，就沒希望了，在等她的過程裡，我睡著了。

十二點十五分，我姐姐回來了，當時，我在很睏的狀況下問我姐：「喔，妳回來了，妳要睡哪裡？」

我姐就看著很長又大的沙發，我說：「妳要睡沙發啊？」

我就把被子跟枕頭弄好，她躺了下來，我還一邊幫她把被子蓋好，一邊說：「妳喝酒了，臉色怎麼這麼不好？」

我姐依然沒有回答我，然後我就去上廁所，上完廁所我才一躺下，立刻驚嚇得從床上坐起來，一看錶是十二點十五分，我走到客廳看到沙發上是空的，枕頭在上面，被子是打開的。於是我就坐在沙發前，一直哭、一直祈禱：「菩薩、菩薩，保佑我姐沒有事。」

可是我在祈禱時，看到牆上有我姐被卡車撞的畫面，她的整個頭顱已經變形，眼睛凹陷進去，果不其然在早上六點，我就接到電話：「……她已經過世了，請到分局來一下。」

到了分局，我爸媽與我哥已經先到，我媽就問我爸：「鳳珠呢？」

我爸就說：「死掉了！」

我媽就問：「怎麼會死掉？」

我哥就說：「姐被車撞死的！」

我看到卡車司機坐在一旁，很生氣地走過去，要拿皮包打他，警察攔住了我，接著就到停屍間去看我姐的遺體，而我姐被撞到的樣子，跟我看到的畫面是一樣的，整個臉都毀了。

因為我叫我爸不要進去看，所以我爸坐在外面等我，當我走出來時，我發現我姐就坐在我爸旁邊，叫著：「阿爸、阿爸！」

但我爸沒有聽到她在叫，我就走過去跟我爸說：「阿爸，姐死了，不要傷心！」

我姐在一旁說：「沒有，沒有，我沒有死！」

我發現我姐看不到我，但我看得到她，我就跟我爸說：「我們先回家。」

我姐就說：「對，對，阿爸，我們先回家，我們先回家，這裡好冷喔！」

然後我就故意跟我爸說：「阿爸，你有什麼話要跟大姐講？」

我爸就說：「死都死了，要講什麼呢？」

我就看著我姐一直看著我爸，我就跟我爸說：「沒有話講，我們就先回去休息啦！」

我拉著我爸站起來，往出口的方向走，這時我回頭卻發現我姐是在原地踏步，無法跟著我們一起走，又發現她跑進停屍間去拉她自己的身體，想拉自己的身體走，然後又跑出來，一副要追我爸的樣子，但依然只能原地跑步，我一直唸著佛號，並在心裡跟我姐說：姐，妳已經過世了，真的，妳已經過世了，妳要接受妳已經過世了。

當我跟我爸愈走愈遠，我回頭看我姐，就發現我姐愈變愈小，變得像個留著短髮的小女孩，看到這一幕，我就抱著我爸說：「阿爸，我真的很難過！」

我爸就說：「死都死了，難過又能怎麼辦？人死又不能復生！」

我體驗到我爸說這句話時，是很傷心但很理智與冷靜。

我爸突然看著我，問我說：「妳看到什麼？」

我就說：「我看到大姐。」

我爸就問：「她的樣子還好嗎？」

我就回答我爸：「她的樣子是好的，跟我剛看到她受傷的樣子是不一樣的！」

我爸就說：「那就好，妳跟她講，跟我們回家吧，妳就跟她講，阿爸帶她回家！」

我就回頭，看到我姐變得更小，只剩一個手掌大小，我就對著我姐說：「阿爸說要帶妳回家！」說完這句話，我姐就不見了。

那天晚上，八點多回到家後，我看到我爸一個人坐在客廳抽菸，沒有開燈，一看我回來，就要我拿一個臉盆裝水，以及拿一條毛巾，放在門口的椅子上，我就問我爸為何要這樣做？

我爸就跟我解釋，有習俗就是死亡的家人回來，會先洗把臉，照照水，看不到自己的影子，就知道自己死了；到第七天肚子餓了，就會回來吃飯，所以我們才要拜拜。

右轉落崖身亡　左轉進入重生之門

隔天我開車上山去承天禪寺時，在路上我在心裡想，只要向右轉就跌落山谷，我就可以跟我姐葬在一起；左轉就是進佛寺。我那時心裡覺得活得很沒意義，所以就不自覺的將車子靠右，車輪已非常貼右邊山崖，正當我萬念俱灰時，我聽到我爸叫我的聲音，我就把方向盤往左轉，進了佛寺。

我一走進禪寺，一個師姐看我臉色這麼不好，就跟我說：「妳臉色怎麼這麼差？趕快來吃一碗芋頭米粉湯，這個米粉湯很好吃喔！」

那天天氣很冷，當時我已有四餐沒吃了，整個人很虛弱，這碗熱騰騰的米粉湯，不僅溫暖了我的腸胃，同時也溫暖了我失去姐姐傷心而冰冷的心。

承天禪寺的師父跟我說，因為我姐是撞死的，所以要多做超渡，師父還跟我說撞死的魂魄，因為受到很大的驚嚇，魂魄會散掉，因此佛法就是透過不斷地超渡，以及不斷唸往生咒，讓散掉的魂魄，可以再聚在一起，不再「魂飛魄散」，不會墮落三惡道。於是師父給了我十小咒經與藥師佛經，我就帶著這些經書下山。

喪事處理完後，我回到南部，繼續經營我的服裝店生意，每天下午二、三點左右，都會覺得很睏，我就會趴在櫃台上睡一會兒，但連續幾天，我都會夢到我姐在街上跑，而且有好幾個我姐姐，還會不斷地叫我開門，我醒來之後，我就到廟裡拜拜，我看到廟中的觀世音菩薩以及媽祖娘娘的表情，都是很悲傷的樣子，關老爺還皺著眉，我就跪下來哭著問關老爺：「我姐是不是跑不回家？我要怎麼樣才能讓她回家？」

當我跪著跟關老爺祈求的時候，這時我的耳中聽到誦唸往生咒的聲音，原本以為是唸佛機（類似像錄音機的設備，大約像手機的大小，可以隨身攜帶，可以重覆播放同一種佛號的誦唸聲），但仔細一聽卻不是，我就打電話回台北的承天禪寺找師父，師父就在電話那頭問我：「你們有到車禍的現場去叫魂？」我回答沒有，師父就說：「那妳就多唸往生咒，一百零八天不斷地唸，並觀想她順利地回家！」

我還去問附近的老道士我姐的狀況，老道士也是問我是否有去引魂？

老道士建議我要多唸些佛號，我就問老道士，唸往生咒對不對？

我才問完這個問題，突然看到老道士的桌前香爐冒一團光，亮得像火燄一般，但很快就消失了，我覺得這是一個指示，就是要不斷地唸往生咒迴向給我姐姐，從那時開始，只要一有機會，我就會幫我姐不斷地做超渡。

我姐出殯的那天，當棺木蓋上時，我就跟自己說，因為我看得到很多「灰灰的東西」，而且我又不害怕，很多人在遇到家人的生死大事時，都很無助與恐慌，我可以善用我天賦的特異功能，好好地幫助需要幫助的人。

於是，我回到南部之後，只要附近有人遇到喪事，我就會主動地去幫忙。

中元普渡亡魂　想吃東西吃不到

有一次在中元普渡的當天，因為附近的人家，都會把準備拜拜的食物端到廟裡來拜，因此廟前大約會擺滿七大張的桌子，用來放這些拜拜的食物，我在廟口看到一、兩百個灰灰的，每個人穿的衣服類型都不同，有的是穿汗衫、有的穿中山裝、有的穿的是旗袍……年齡有老的、有小的。

我第一次看到很多灰灰的，而且灰灰的身體大小，會忽然變大，也會忽然變小，全圍在放食物的桌子附近聞，但我看到灰灰的四分之一的嘴巴很小很小，就像小鳥一樣，尖到比一根吸管還要細，不然就是嘴很大，但東西一吃進去，全又從嘴裡露出來，因此大嘴灰灰的，更狼吞虎嚥，食物怎麼倒還是會掉出來，我被他們吃東西的樣子嚇到，有的要吃但嘴巴打不開，一副很餓的樣子，有的則是不僅嘴尖尖的，還被繩子綑綁住，拚命想把繩子解開，卻解不開，而這種的大部分是女生，有臉但嘴巴是爛的（民間有一句俗語，女人愛講是非，因此過世後，都是從嘴巴先爛），張不開，也吃不到食物，而且全部灰灰的表情都很哀傷，我就想這個廟的神很靈也很慈悲，所以有這麼多灰灰的眾生來這裡，除了吃之外，還來聽佛法聞佛音。

我姐過世後，有一天晚上我做夢，夢到我姐在一層又一層的漩渦裡，那種感覺好像她掉進濕濕的流沙中，我從夢中醒來，已是半夜快三點了，我為我姐念地藏經，才念完上卷，我就在窗戶外，看到那位老先生坐在一棵大樹下，跟我曾經做的夢境是一樣的。只是這次是在我清醒時，出現這幅夢中同樣的景象，我看到老先生，很激動地問他：「我姐姐是不是在地獄？」

他沒點頭也沒搖頭，我又問他：「她在很深的地獄裡，就像在漩渦裡，在很痛苦的地獄，沒有辦法回家？」

我看到老先生點了一下頭。

「那我可以用什麼最快的方式幫助我姐不要處在苦痛中，我可以用念力，以及不斷地超渡嗎？」

當我這樣問時，我就看到他將五彩線掛在樹上，編織成像長條的辮子，每編七個就打一個結，每編五個就再打一個結，而且編得很快，我趕快將他的編法記下來，我問老先生：「這個結可以讓我姐姐回家嗎？編的這個五彩線的結是有用的嗎？」

老先生就點點頭，從此我每念七遍地藏經，就打一個結，隔天再念五遍，我又會打一個結。

我姐過世之後，我雖然回到南部繼續做生意，但是我想到我剛來南部時，老先生跟我講，我大約會在南部待約八、九年的時間，八、九年的時間已過，姐姐也過世了，想到父親的年齡，所以我決定把生意收起來，回台北重新開始，於是我在民國七十九年的春天回到台北。

Chapter 5

售屋占卜　看遍人生百態

從找我卜卦的許多人中，
我發現人常被自己的恐懼所操控，
怕這怕那，怕環境的困難，
怕別人的評斷，怕一堆怕不完的事情……
因此就自己在頭上戴一頂帽子，再加撐一枝木棍在肩上，
於是就成了一個「呆」字。

18 行天宮跪地祈福　耳聽天樂響

從南部回來後，我休息了一段時間，在休息時，我第一次到行天宮，第一次看到廟中有這麼多人，我一進去就有種想哭的感覺，行天宮的那個爐讓我感覺很溫馨。廟裡香火鼎盛，我點了香拜拜後，就躲在一個角落，跪下來，我一跪下來耳朵就聽到天樂（後來我才在錄音帶中聽到，原來這是吉祥偈），被這個音樂聲感動得一直掉淚，不斷在心裡祈求：我要幫助很多人，我要做很多可以幫助人的事，這裡的神請保佑我們邢家平安，不要再有任何的災難，並讓我姐姐可以魂體聚集，我用我以後做的一切福報，讓我姐姐可以離苦得樂。

這時有一個一隻眼睛已瞎的老太太，穿著藏青的衣服走過來，拿著一撮香過來，摸摸我的頭，用台語跟我說：「不要傷心，這裡求都求得到，神明是慈悲的，妳不要哭，眼淚擦一擦。」

我看著她感受到慈祥的溫暖，她又跟我說：「桌上的糕拿去吃，若是有因緣就常常回來，只要有空，就常常來！」

她說完轉身就走了，我從她的背影發現她走路輕飄飄的，沒有一般年紀很大的人走路的蹣跚沉重感，然後一轉彎人就消失不見了，我本來想追過去跟她說謝謝，於是我就去問另外一個穿藏青衣的阿姨，等我形容完這個阿姨的外貌後，這個阿姨就告訴我，那個老太太已經有很多年沒來了，但每隔一段時間，就有人看到這位老太太，就會想要找她，這位阿姨還強調這位老太太年紀已經很大，非常地虔誠。

颱風天應徵工作　遇到此生伴侶

民國七十九年八月三十日的那天晚上，我夢到我去應徵一個工作，在夢中聽到一個聲音跟我說，這個工作很重要，一定要記得去應徵，從夢中醒來時才不到兩點，後來因為口渴跑去喝水，喝完水又倒回床上睡，睡著後又開始做夢，又夢到我口渴起來喝水，看到我家客廳的牆角發亮，然後關老爺從發亮的白光牆角走出來，我還在夢中不斷地跟自己說：「我在做夢，我在做夢……」

關老爺開口說：「是我在跟妳講話，明天颱風要來，妳還是要去應徵工作，這個工作對妳未來很重要，有關於妳的後半生！」

說完之後，關老爺又退回那道發亮的光中，消失不見了；隔天，三十一日，氣象報告說有颱風要來，心裡想昨晚在夢中，關老爺說得還真準，於是我就翻開幾天前的報紙找工作，因為聽我學姐說，他先生在房地產工作，賺了滿多錢，雖然這幾年已走下坡，但還算不錯，所以當我看到誠徵售屋小姐，就跑去應徵了。跟我面試的人很訝異颱風天我還來應徵，我表示，賣房子沒有經驗，但我跟面試我的人說，我很會賣東西，面試的人聽了我過往賣衣服與賣便當的經驗，就要我隔天去上班，就這樣經過簡短的面試過程，我便在九月一日開始房屋仲介的工作。

第一次看到我先生吳鴻儒，是在上班的第一天，我是先看到他的背影，只覺得他很悲傷，後來我才知道他的祖母因為口腔癌來台北治療，而他因為個性孝順，顯得十分擔心且心情低落，他和我主管是很好的朋友，當時我的主管就問我：「晚上有沒有空？」原來是要去醫院探望吳鴻儒的祖母，晚上去醫院時，吳鴻儒正幫他的祖母挖大便，當時我覺得怎麼有人這麼孝順，心裡覺得很感動。

不過我那時看他奶奶的顏色是深咖啡色，感覺好像是一條快乾掉的地瓜，我從來沒有看過人的色調是如此，感覺他奶奶整個人很黯淡，接著便看到一個畫面：他奶奶從這個醫院，換到另一個醫院。於是我問吳鴻儒：「你奶奶在這邊多久？」他回答我：「還在做檢查。」

我就說：「你有沒有考慮換醫院？在這個醫院對你奶奶不太好，我的感覺比較敏感。」

我的主管就接話說：「有人建議他們到長庚醫院。」

當時因我已會用手指推算時辰，一算時辰也覺得換醫院很不錯。

後來吳鴻儒聽了我的建議，便將祖母轉到林口長庚，而醫療的過程也十分順利。

出外賣屋遇奇事　祈求有緣來購屋

在房屋仲介工作時，有一個比我資深的女同事宣香，業績很好，然而我跟她聊天時，總覺得她很不快樂又哀傷。有一次她低頭在處理文件時，我看她的背影，就看到一個畫面：她先生打她，小孩子在一旁很害怕。

隔天上班時，我發現她才剛哭過，眼睛紅紅的，我就關心地問她：「妳是不是被妳先生打？」

她就反問我：「妳怎麼知道？」

我說：「我的感覺。」

她又問：「妳有第六感喔！」

我說：「不是啦，妳先生常打妳嗎？」

她聽完我這樣說就哭了，我才跟她解釋，其實我昨天就看到她先生打她的畫面，她很驚訝地問我：「妳要看就看得到嗎？」

我有些無奈地回答她：「好像我不想看，也會不小心就看到。」

我就繼續問她：「妳婚姻過得很不快樂？」

她說：「還好啦，我先生很難溝通，常不滿意我的作法，我不能頂嘴，我一頂嘴，他就會打我，有很多事沒辦法說，妳還年輕，妳不懂，也還沒有結婚，不要影響到妳的心情！」

我就說：「我能體會妳很悲傷。」

我講完後，她邊哭邊說：「結婚很重要，看一個男生更重要！」

我就問她：「他不孝順嗎？」

她回答我：「應該不算孝順，我公公婆婆在屏東，他很少回家看父母，也沒什麼朋友，講話很粗魯、很兇，小孩很可憐。」

我就問她：「妳不會跟妳先生打架嗎？」

她就說：「我先生很高，我哪打得過他！」我們就聊到這裡。

那天主管要我跟她一起出去實習，看她如何銷售房屋，我們進去那間房子時，感覺不太好，我一進門看到一個老先生走出來，我還反射性地閃開，邊閃他的時候邊說：「伯伯好！」問候完，我才發現他是灰灰的，走在我前面的宣香姐還問我：「妳在說什麼？」

我只好含糊地說：「這個房子要賣多少錢？」

宣香姐就跟我講多少錢，當我們打開陽台的落地門進入客廳時，兩人都嚇了一跳，因為我們看到一張桌子上，放著水果，還有一張黑白相片，香爐還點了香，那張相片，就是我剛看到走出去的老伯伯。

宣香姐打電話回去公司問主管，才知道這個屋主過世沒多久，老太太正在住院，女兒決定要搬家。

宣香姐掛了電話，有些毛毛地問我：「會不會怕？」

我說：「不會啦！」

她說：「我們把燈都打開，去替他上個香，我全身都發毛了！」

我上香時，特別跟伯伯說：「我們來賣這個房子，你要保佑我們找到有緣人，我們現在跟你上香。」

這個房子即使白天進去，都覺得光線黯淡，可能是因為房子窗戶很少，又小，家具也很舊，我覺得那個相片掛在那裡會影響到看屋人的感受；到了中午，宣香姐去買便當，在去買便當前，宣香姐就跟我說，她滿害怕的，因為她賣房子那麼久還沒有賣這種房子的經驗，還好我陪她來。

我在等宣香姐買便當回來時，就拿了張椅子坐在靠陽台的地方，坐著坐著很想打瞌睡，但沒有睡著，這時有人開門，我就順口問：「宣香姐，妳買便當回來了！」

說完我一抬頭，當場傻在那裡。剛剛出門的老伯伯開門回來，他沒看我一眼就走進房間，躺下來然後翻身側睡，這時我的瞌睡蟲全不見了，當時我想跟他溝通看看，就看著牆上的相片，相片中老伯伯的眼睛就突然閉起來，我在心裡想：「不會吧？」

然後相片中的眼睛又慢慢地睜開，我就對著相片中的伯伯問：「你有看到我嗎？」

在房間床上的伯伯就翻身面對我，從床上坐起來說：「對不起，對不起，沒有看到妳！」

接著他從房間走出來問我：「妳怎麼坐在這裡呢？」

我說：「我剛有跟你燒香，我有跟你介紹我自己，我是來賣房子！」

老伯伯顯得很不解跟驚訝地反問：「妳跟我燒香？」

我指著相片問他：「那個是你吧！」

他就突然變得很小，從一百七十幾公分，變成只到我腰的高度，我就說：「伯伯，你是灰灰的，你死掉了！」

接著伯伯就不見了，床上也沒有他灰灰的身影。

我就站到他的相片面前說：「伯伯，我是不會害怕啦，宣香姐人很好，等一下你不要嚇她啦，我們只是來賣房子賺一點薪水，我有什麼可以幫助你的，或是你再讓我看一次，你再跟我講！」

那相片都沒有動，接著我又聽到開門的聲音，我就轉過身來，又看到伯伯又開門進來，走進房間裡，一樣的動作，又躺下來，翻身側睡。

那天宣香姐買便當回來，我也沒跟她說我剛才遇到灰灰的老伯伯的事，不過那天卻沒有接到任何一通來詢問的電話，宣香姐告訴我，她賣房子賣那麼久，從未遇到這樣的狀況，她當時是賣房子的高手，很難賣的房子，只要經由她處理，總是能夠在很短的時間內賣掉。

遺照的臉笑了　賣屋信心倍增

接著又連續發報紙稿二天，但第二天也沒有任何一通電話來詢問，由於宣香姐很害怕，就堅持把椅子搬到陽台，坐在進門的陽台上，中午也一齊出去吃午飯，但到了下午，宣香姐打盹後醒來，就悄聲地跟我說她做了一個夢，夢中的景象就跟我昨天看到老伯伯開門進來的景象是一模一樣的，宣香姐覺得很害怕，就說明天不要再來了，我安慰宣香姐說：「不會啦，我們一定會把這個房子賣掉的！」

她很懷疑地問我：「真的嗎？都沒有電話！」

我就說：「沒關係，我進去跟伯伯溝通一下！」

我就走進客廳對著伯伯的相片點香，當我點香時突然很暈，我就說：「伯伯，你不要嚇我，我是不害怕啦，我們宣香姐比較害怕！」

這時宣香姐在陽台叫我出去，她說：「妳在裡面自言自語，我會更害怕！」

我就跟宣香姐說：「不會啦！」

我才一說完這句話，燈突然全暗了，宣香姐就害怕地說：「停電了！」

我就跟伯伯說：「我該幫你的我會幫，你要帶客戶來買這個房子，因為我覺得你老婆生病住院很可憐，可能需要錢，我也沒見到你女兒，或許這個房子不該留，讓有緣人來住會比較好，我現在誠心誠意地跟你上香。」

講完之後，我就轉頭跟坐在陽台的宣香姐說：「我們來卜卦好不好？」

她有些意外地問：「妳會卜卦？」

我說：「我會卜卦。妳拿三個銅板。」

於是我們就拿了三個銅板，唸這房子的地址以及宣香姐的名字，問這個房子會不會賣掉？

結果卜到「大有」卦，我一看就說：「會喔，這房子會賣掉！」

宣香姐就跟我說：「跟妳出來賣房子好好喔，有伴，妳又會安慰人！」

我說：「真的啦，伯伯都在笑了！」

宣香姐就看了客廳裡的相片說：「真的耶，伯伯真的在笑！」

宣香姐說完更害怕，就站起來快步走到門外，站在門外說：「四點了，我們快回去吧！」

我又再強調一遍：「真的，伯伯在笑了啦！」

宣香姐說：「妳不要嚇我，快點出來啦！」

我要宣香姐等一下，拿著兩個銅板進到客廳，站在伯伯的相片前說：「伯伯，我們剛剛卜到大有卦，如果你同意我們兩個把這個房子賣掉，那我們明天還會登稿，伯伯，明天讓客戶來，讓我們把房子賣掉吧！」

我把兩個銅板丟到地上，銅板在地上打轉了一下停住，出現一正一反，我再看相片，伯伯又出現笑臉。

回去辦公室，宣香姐就把相片會笑的事，以及我卜卦的事跟主管說，主管就問我：「明天一定要登稿嗎？」

我就斬釘截鐵地回答：「要。」

宣香姐下班後，到了晚上六點半，主管欲言又止，最後終於問我：「賣房子會不會有壓力？」

我看著主管欲言又止的表情回答：「不會啊!主管什麼事啦?我不合格嗎？」

主管很快地說：「喔，妳很適合啊！」

這時主管才告訴我老伯伯如何過世的，原來老伯伯是在睡夢中過世的，我聽完後就問主管：「你有沒有問他女兒，她爸爸是不是側躺過世的？」

我的主管一聽我這樣問，就露出有些恐怖的眼神問我：「妳怎麼會問平躺還是側躺？」主管這才告訴我，他女兒跟他說，她爸爸過時的時候，是側躺著斷氣的。

主管就跟我說，後來醫生檢查死因，老伯伯是心臟衰竭過世」。

小姐看中意　怎麼看都滿意

到了第三天，宣香姐在公司等電話，有人打來公司詢問要看房子時再到房子的現場去，但到了下午，我就說我還是要去房子現場一趟，因為昨天我跟老伯伯說我們會去。

那天下午好像要下雨，但雨又下不下來，天光特別灰黯，氣溫涼涼的，有風，下午快三點時，我到了房子那裡，可是鑰匙怎麼開都開不開，我以為是我拿錯鑰匙，就到樓下打電話回公司問宣香姐，但確認後，我並沒有拿錯，我就走回去，我先在樓下按了門鈴，然後走到樓上，先敲一敲門說：「伯伯，我來了，現在我要開門了，我剛來開門開不開，我現在要進來了！」

我一說完，鑰匙一轉門就開了，邊走進去邊說：「伯伯，你還會跟我捉迷藏喔，你家在四樓耶，我爬得很喘呢！」

突然聽到一個很大的聲音說：「把燈打開！」

我就回答：「喔！」

於是就把燈打開，我才把燈打開就有人按門鈴，我從樓上的對講機中，得知是一個女的要看房子，我心裡就很高興，按了樓下大門的開關按鈕，我轉身對著伯伯的相片說：「是一個小姐，我還沒看到她，如果你覺得這個小姐不錯，你就賣她房子。」

原來她在附近找房子，遠遠地看到陽台上掛的「售」字，當那位小姐走進來一邊檢查房子的每個角落時，我還跟她說：「這個房子的缺點只是光線不佳。」

我還給她可以幫這個房子改善光線的裝潢建議，她卻表示這個房子很方正，而且很適合她們家的需要，同時她也不覺得這個房子光線太暗，我就把燈全關掉，她表示，她現在住的家比這房子還暗，她只是希望房價再低一點，我就跟她說：「你看這個家的家具都很陽春，老太太在住院需要錢，女兒很孝順，房價才會開得很低。」

不過我還是和她到樓下打電話回公司問主管價格的事，主管同意可以降一些價錢，那位小姐就很高興，但我很不放心，謹慎問她：「要不要再仔細地看一遍房子？」

她說：「不用，我每個角落都看得很仔細。」

我又問：「那你覺得那個牆上怎麼樣……」

她不解地回答我：「牆壁漆一漆就好了。」

我只好再問：「你覺得牆上的掛飾怎麼樣……」

她就說：「我大概不會掛些什麼東西，因為我婆婆跟我們住，我婆婆也有點年紀了，掛什麼風景畫，她都不會欣賞。」

我就說：「客廳那個桌子會搬走。」

這時她就以疑惑的口吻問我：「有桌子嗎？」

我說：「有一個桌子上面有放水果，妳有看到嗎？」

她答：「沒有桌子啊，我只看到兩張椅子放在陽台，那桌子是古董嗎？」

我說：「不是，是一個很破舊有兩個抽屜的桌子。」

這時我才發現，她從進房子到出去，都沒有看到客廳牆上掛的伯伯的相片。

後來因為我們主管同意降價格，令那位小姐覺得很滿意，因此她立刻領了現金十萬元當作訂金。

而這是我賣掉的第一個房子。

19 看乩童起乩　非神附上身

上班一個月後，我問當時還是我同事的吳鴻儒，他祖母的醫病狀況，他表示開完刀，正在做後續的化療，狀況變得比較好與穩定，那天聊天時他跟我說他認識一個王大哥，這個王大哥會起乩，他正在賣王大哥一樓的房子，但是不斷地降價，就是沒有人來買，吳鴻儒就跟我說，可能是來看房子的人，看到那個房子是一個神壇，放著大大小小的神，所以不太願意買。

我很好奇這位王大哥起乩時到底是什麼神上他的身，剛好吳鴻儒晚上要去找王大哥重談房子議價的事，所以我就跟著他去找王大哥。

我從吳鴻儒口中得知，王大哥娶了一個山地人的太太，生了一個女兒，但王大哥的太太跑掉了。後來到了王大哥的家，見到王大哥留著落腮鬍，滿頭的捲髮，看起來還算是一個帥哥，而這個造型讓他頭部看起來像貓王，鬍子的部分卻感覺像流浪漢，不過眼神很柔情。整個環境除了亂字可形容外，實在找不出更貼切的字眼了。

我們三個人就坐下來一起喝茶，王大哥還請我喝山地人自己釀的葡萄酒，喝了酒後，王大哥頭低低的似乎在想些什麼，我先生就問他：「王大哥，你要起乩了喔？」王大哥說：「今天沒有人要來問事，所以不用起乩。」

他又突然對著我說：「我媽媽也姓邢。」

我就問：「你媽是河北人嗎？」

他說：「不是，是山東人。」

通常碰到鄉親都會很開心，但我卻感受不到王大哥的快樂，我就問王大哥：「你很不快樂？」

他聽我這樣一問，就跟我們叨叨地說，當初因為不顧父母的反對，堅持要娶這位山地姑娘當太太，結果太太還是跑了，這時我看到他桌子底下的兩個紙娃娃，我就問王大哥：「這個有用嗎？」

王大哥就說：「偶爾有用，有時會回來一下，但還是跑了。」

我就跟王大哥說：「那個沒有用的啦！」

他反問我：「什麼有用？」

我說：「你要改變你的生活才有用，她也不喜歡你這個樣子！」

我就指著神壇上的神說：「她不喜歡這個，她喜歡這個。」

說到這裡我用手比了十字架的樣子，王大哥就很興奮地說：「妳答對了。」

接著我就問王大哥：「王大哥你為何做神棍？」

他就提高音量說：「什麼神棍？妳對我的神明不尊敬喔！」

我就應了一聲喔，並用很懷疑的眼神看著他，接著我又問他：「主要是什麼神明附在你身上？」

他答：「很多呢！」

我依然懷疑地回他：「喔，真的，那要怎麼樣才能附身？現在來起乩，好不好？」

王大哥就用手拍桌子，發出很大的聲響，並說：「妳對我很不尊敬，妳今天是來吐槽的！」

我說：「不是啦，我真的對乩童很好奇，待會兒我真的想看看是什麼附你的身？因為我看得到。」

王大哥就說：「真的？妳看得到喔，妳看得到什麼東西？」

我說：「我看得到灰灰的，沒有呼吸的我都看得到，我不知道你的神明有沒有呼吸，所謂沒有呼吸的就是死掉的人，死掉的人，我會想辦法看到。」

王大哥想了一下，就說：「好，妳要問什麼事？」

我就說：「我要問一件事，我姐姐的死因！」

接著他就卯起勁來喝高粱酒，並在酒中加一些熱水，我就問他：「每次有人來問事，你都要喝酒嗎？」

他說：「大部分。」

我聽了就說：「怪不得你老婆不喜歡你，因為你喝到一個程度，身上就會有酒臭味，就像一個酒鬼。」

接下來當王大哥喝得半醉半醒時，就來了四個灰灰的，而且有兩個是古時候要抓去斬頭的犯人，銬著古代的手銬與頭銬走過來，這是我第一次，看到一個乩童被上身的是鬼格，不是神格，灰灰的東西，可能是來請乩童幫忙。

一下子我就看到臉方大、身體瘦的、灰灰的走過王大哥的身邊就不見了，接著就聽到王大哥發出不像是王大哥的聲音，王大哥的手也有點類似被銬上手銬，身體前後搖晃得很厲害，一下子是王大哥的聲音，一下子又是上王大哥身上的那個灰灰聲音說：「我沒有辦法，我沒有辦法，你找別人！」

我就在那裡看，吳鴻儒當時在旁邊嚇個半死，我還安慰他說：「沒關係！」

接著又聽到附身的灰灰的聲音說：「我沒有辦法、我沒有辦法，我是冤枉的，放我出來，放我出來，把我這個打開，我要出來！」

一直重覆講這些話，我終於忍不住就開口說：「嘿，灰灰的，你應該走過來比較對，你在那邊沒有用！」

我一說完，灰灰的就從王大哥的身體走出來，接著我看著另外一個灰灰的問：「你要請他幫忙嗎？」

但這個臉尖、身體胖的灰灰的似乎沒有聽到我講的，就走過去附在王大哥的身上，然後王大哥又是與剛剛那個灰灰的同樣的動作，也是戴著手銬的刑具，然後不斷地搖擺著身體，說著跟剛剛臉方正身體瘦瘦的灰灰的同樣的話，我又再度地說：「嘿，你還是從他的身體走出來比較好，這不是你們該留的地方。」

於是臉尖、身體胖的灰灰的，才從王大哥的身體走出來，這時王大哥眼睛都沒有看我，從喉嚨發出一種恍惚的呻吟聲，並且拿出紙開始寫，但是事實上，是在畫符，畫了很多，我就對著兩個灰灰的說：「你們上他的身沒有用，他也沒辦法幫你，你們到佛堂拜拜還比較有效，你們請關公幫忙以及佛堂的眾神幫忙比較有用。」

接著我就看到四個灰灰的一一跪在佛堂前，然後就愈變愈小。

關公大筆一揮　牆上命名論緣堂

我和吳鴻儒是在民國七十九年的聖誕節左右公證結婚，我們會這麼快結婚，一方面是因為兩個人都已三十歲，他在民國七十九年的雙十節過後，就跟我表白對我的情感，我是覺得他是一個很孝順的人，很欣賞他敦厚的性格，最主要的是，我看到我跟他的未來，我們會組成一個有兩個小孩的家庭。

民國八十年的二月八日，我因為害喜沒有去工作，當時我還在房屋公司工作，那天我先聽到像廟會一樣的奏樂聲，接著我就看到高大的關老爺出現在我的客廳，祂邊跳著舞步，邊用一枝好大的毛筆，在我家客廳的牆壁上，寫下「論緣堂」三個字，我還想為什麼要取論緣堂，不過後來再細想，我自己就詮釋論緣堂，應該就是「有緣大家來討論」之意，於是我就決定我的名片上，或是我的門口招牌都用論緣堂的名稱。

在我懷老大時，我和我先生還陸陸續續做房屋仲介的工作，但就是兩人騎著摩托車去找有誰要賣房子，然後我們就主動跟屋主聯絡，讓屋主可以信任我們，願意將房子讓我們賣。

有一次在天母簽到一個案子。屋主是吳奶奶跟她的兒子吳大哥，吳大哥是吳奶奶唯一的兒子，吳大哥有一個女兒在上幼稚園，大約五歲左右，我去看這房子時，覺得他們家的色調是暗藍色的，很不快樂。

吳奶奶人很客氣有禮，但她告訴我，房子的事，都是兒子在決定，兒子要隔天才會休假，所以要我到時再來，當我準備要離開時，她的孫女剛從幼稚園放學回家，我關心而禮貌地問到她的媳婦，吳奶奶就有些無奈地跟我說，她媳婦跟她兒子要離婚，已經不住在一起了，當她講到這段話時，我看到一個畫面：他兒子在摔椅子發脾氣。我看到這個畫面時還嚇了一跳。

我不是一般仲介　房子交給我請放心

隔天，我又再度拜訪吳奶奶家，終於遇到她的兒子，吳奶奶的兒子長得很帥，我先自我介紹，接著他就問我：「妳是那一個仲介公司？」

我就說：「我們是自己在做。」

他又問我：「妳有把握把我的房子賣掉嗎？」

我很自信地回答：「我有把握在我手上成交！」

他告訴我，他已給過兩家仲介賣，但都賣不掉，並強調他開的房價，是沒有什麼議價空間，我發現吳大哥講話很直，問的問題也很直接，他又問我：「我有寫仲介免，妳為什麼還會上來？」

我就說：「因為我覺得我不是一般的仲介，我沒有公司行號，我也沒有請員工，只是我跟我先生二個人在做，我們需要錢，昨天我覺得這個房子地點這麼差……」

當我這樣回答時，我發現吳大哥就露出不解的表情，我趕快繼續跟他解釋，他的房子座落在外寬內窄的巷弄中，內窄的巷弄還有高高低低的樹與植物，從外面走進窄巷弄的右手邊，還有用鐵絲網圍起來的籬笆，因此從外面較寬的巷頭往裡面望，只能隱隱約約看到這棟房子的斜側面，如果要搬家，連個鋼琴都很難搬進裡面的窄巷弄的房子，而且還可能在搬的過程中一不小心就被鐵絲網的籬笆刮到琴身，因此即使他在樓外貼著大紅色的「售」字，一般人還是很難看到，所以想幫他把房子賣掉，除非這間仲介公司有很強的銷售能力。

他聽我說完這些後，就問我：「妳需要多少時間才能將房子賣掉？」

我就告訴他：「我只簽一個月，一個月賣不掉，我就還給你。」

吳大哥聽了就說：「喔，妳這麼有自信？」

我回答：「我沒有自信，因為我很喜歡吳奶奶，她人非常好，跟我姑媽長得很像，說實在的，我如果沒有賣掉，能認識你們家，我也很高興。」

吳大哥聽我這番話，就問我，我有沒有合約，這時我拿出一張Ａ４大小的空白紙說：「這就是我的合約。」

吳大哥看著那張紙雖然有些訝異，但仍然在那張合約上，寫下地址、合約人、聯絡人以及他要給我百分之四的服務費，他表示以往他只給百分之三，但我很堅定地告訴他：「我一定要百分之四，你沒有殺價的空間，我也沒有殺價的空間！」

他聽完我說的這句話，邊拍手邊說好，一副要跟我賭的樣子，這個合約就這樣簽定了。簽完約之後，吳大哥還露出佩服的語氣跟我說：「喔，妳這樣就能簽到案子，真佩服妳！」

我就跟他說，房子到我手上，一定可以成交。

金黃的光帶來買主　新舊屋主很投緣

簽完約之後，在吳大哥房間的女子，正好出來倒水，倒完水之後，就在客廳的沙發上坐下來，我看到她剛懷孕，我就順口說：「妳懷孕了！」

吳大哥和那個女的驚訝地互看一眼，同時吳大哥立刻看了自己母親一眼，從吳大哥的那一眼，我發現吳奶奶並不知道這件事，那個女的就問我：「妳怎麼知道？」

我答：「喔，只是感覺！」

那個女的懷疑地反問我：「我又沒有肚子，妳怎麼感覺？」

我只好說：「其實我有第六感，而且通常第六感很準，就像我覺得這個房子會在我手上賣掉。不過不管如何，反正一個月到了妳就會知道。」

但經過半個月，報紙登了稿，有人來，可走到樓下就走了，沒有一個人上來，我先生就好緊張，但我依然很有把握，於是我就搬了一張椅子坐在路口樹下，並在一個大的三角牌子上寫售屋，再將牌子放在我的前面。

吳奶奶人很好，一下端綠豆湯給我喝，一下子又端西瓜，一下子又拿毛巾給我擦。

其他仲介在賣這個房子時，都是兩天登一次報紙稿，但是我卻半個月只登了兩次稿，吳大哥對於我的作法不解，並有些抱怨，我就跟他解釋，即使登了那麼多次的報紙稿，沒有人來看還不是一樣，兩次仲介都各賣兩個月，也都沒結果，吳大哥聽了我的解釋，覺得很合情合理。在這半個月的過程裡，他和吳奶奶都愈來愈喜歡我，及信任我，吳大哥還跟我表示，即使這個房子賣不出去，他覺得我好可愛，願意跟我成為很好的朋友，但是我卻跟他說，他太踐了，我不太敢跟他做朋友，並很含蓄地告訴他，他現在的這個女朋友，並不喜歡他的小孩與母親，當時他聽我這麼說，既不以為然也不能瞭解。

在半個月之後的一天，快到下午四點半，我一直覺得會有人來看房子，所以我就一直在路口等，果然沒多久我就看到一個太太拿著寫著地址的紙，從另一頭邊找邊走，往我這走過來了，我看到她身上發出金色的光，我想我的眼睛好像是吸盤一樣，把她吸到我的面前來，心裡想：就是她了！

我問她：「妳要看二樓的房子？」

她很疑惑地問我：「這路怎麼長得這樣子？」

我就說：「這個以後一定會打通的！」

她反問我：「真的嗎？」

我很肯定地回答：「真的。」

我還帶她去認識一樓做沙發的林先生，林先生就跟她表示，這路早晚一定會通的，還熱情地要她搬來一起當鄰居，當她上樓看到房子時，就好喜歡，因為正是她要的格局大小，吳奶奶看她也很投緣，在價格上就降了三萬，她對於只少三萬，原本有些遲疑，但是我跟她解釋，比原本前兩個仲介賣的價格，已少了三十幾萬，我設法讓她瞭解吳奶奶開的價格真的是很實在的，我跟她邊解釋時，心裡還不斷地唸佛號，她聽完我的說明後，又仔細地看了這房子一圈，然後跟我說：「好，我決定買了！」

於是她就說她要去領一下錢，而且表示她也很急，希望可以明天早上簽約，房子就這樣成功賣掉了。（吳大哥和他女朋友的關係，果然如我所看到的，結婚後，那個女的不喜歡吳大哥的小孩，於是小孩就到母親那裡一起生活，但婚後那個女的生完兩個小孩後，也跟吳大哥離婚了。）

20 夢中關公拍桌　指引處理落難神

由於我害喜滿厲害的，人常不舒服，有一天，我先生帶著我外出兜風，騎車騎著，就騎到一條巷子，地上用白色的油漆寫著此巷不通，雖然寫著此巷不通，但又看得到有路是蜿蜒往上的，抬頭往上看，就看到一個廟，於是我們還是騎車上去看小廟。

隔了一個星期，我又再去了一次，我先到後面去繞了一圈，發現土地公、關公、觀世音菩薩這些神像被丟到小廟後面，有的頭斷了、有的手斷了、有的肩膀沒有了、有的還被燒得黑黑的，還有的可以看出是被摔壞的，我算了一下，總共有二十一尊已破碎的神像，我就想該怎麼辦？

於是我問我先生：「要不要把這些神像帶下山？」

我先生就跟我說：「帶下山，我們也不懂，也不知該如何處理？」

這時廟裡沒有人，但我卻聽到有唸佛的聲音，同時還伴隨著敲木魚的聲音，我仔細聽了一會兒，才聽出是在唸大悲咒，那時我聽到唸佛聲，又看著地上這些破碎的神像，心裡就很難過，開始哭了起來，我先生看我那麼傷心，就安慰我：「沒有關係啦，這些神像都壞掉了，就只能這樣！」

我邊哭就邊問我先生：「你有聽到有人在唸經嗎？」

他說：「沒有啊！」

我說：「這麼明顯，你怎麼沒有聽到！」

從這個廟回去之後連續兩天，我都夢到關老爺坐在一張古董的大椅子上，滿臉通紅的很生氣，右手拉著祂的鬍子，左手不斷地拍著桌子，我當時還在心裡想：這是在夢中。

從夢中醒來，是半夜兩點多，上完廁所，我覺得有種很想哭的感覺，我先生就問我為何老想哭，我就跟他說，我也不清楚，只是覺得那些神明很可憐。

接著我又在睡夢中夢到同樣的景象，不過這次我是站在關老爺的左手邊，祂依然很生氣地拍桌子，但邊拍的時候，就邊指著小廟旁的那塊地，地上還發出亮光。

我醒來後，就跟我四個朋友（都是卜卦認識的好朋友，其中一個是我的乾弟），和我、我先生，又再去那間小廟，去處理那些「落難神」。

其中曾大哥看到地上這些落難神就說，一定是問明牌，不準就把這些神像毀了。而我們也不知這個廟是誰的，所以就在廟旁挖了個坑洞，把這些落難神全埋進去。

埋好後，我的心變得很開朗，結果那個佛聲又出現了，現場總共有六個人，只有我的乾弟阿樹與我聽到，其他四個人都罵我們倆是神經病，阿樹聽到佛聲，就把眼鏡拿下來，擦眼淚，我就關心地問我乾弟說：「你怎麼了？」

他說，他聽到佛樂觸景生情，他想到自己的父母是在他小時候，被火車撞死的，屍首也是四分五裂，他就拿著布袋，將四分五裂的屍首找齊，撿進布袋裡，當時，他是一個完全沒有信仰的人，而且個性很跩，我就安慰他：「我們今天做的這是好事，一定會有好報的。」

同時出現兩個我　看著客廳的神明

下山的隔天晚上，我夢到有人敲門，我去開門時，看到拿著拐杖，滿頭白髮的土地公公來了，祂站在門口跟我說：「我們來妳家泡茶，我可以進來嗎？」

當時在夢中穿著大肚衣的我就說：「可以，可以！」

我邊說邊把門打開，土地公就進來，接著是土地婆跟在後面進來，我本來準備把門關上，土地公卻跟我說：「不要關，不要關，後面那個衣服比較重，走得更慢！」

結果，我就看到穿著很多旗幡的關公踏著雄偉的舞步走進來，但當關公進來坐在客廳的榻榻米時，我就從夢中醒來，這時我想，客廳怎麼這麼吵，我從房間走出來，站在房門口時嚇了一跳，因為我看到「我」站在大門口開門，同時我也看到坐在客廳的土地公、土地婆，還有關老爺；土地公笑容滿面地跟我揮手打招呼，我還愣了一下，覺得有些害怕。

我為什麼會看到另一個我站在大門口，到底哪一個才是真的我？

這時土地婆婆笑容滿面，以很慈祥的口吻說：「不要怕，不要怕，這是真的，妳真的看到我們了，我們終於可以回天庭了，只是請個假來跟妳聚一聚！」

我又問：「那還有人嗎？」

這句話是「兩個我」同時問的，我開始不覺得害怕了，反而覺得兩個我同時問一句話，還滿好玩的，這時我就問坐著的關老爺：「我家牆上的『論緣堂』三個字是祢寫的嗎？」

關老爺看著我說：「沒禮貌，要說『關老爺，這是祢寫的嗎？』」

我喔了一聲，就照著祂說的重覆問一遍，坐著的關老爺就回答：「不是我寫的！」

接著我又問：「關老爺有很多個嗎？」

坐著的關老爺就告訴我，祂是第一百七十五號，在我家牆上寫字的是四十八號的關老爺。

土地公接著就跟我解釋，有很多土地廟，就有很多土地公，我聽了，就問：「那祢們都有編號囉？」土地公回答：「對啊，就像每個房子都有門牌號碼一樣，我們也是有號碼，這個號碼就是代表將來我們回天庭的位階。」

之後，我就看到站在門口的我，正在看著我問問題，我又再問：「如果當時沒有把號碼寫上去，那就不會有位階，如果被砍，或被丟掉呢？」

土地公就說：「哦，不要再說被砍，被丟。一般來說，都是年資到了，再請個新的代替！」意思就是會去雕一尊新的一模一樣的，但號碼依然是一樣的，不會有兩個重覆的號碼。

我又問：「還有誰要來，為何門不關起來？」

土地公說：「還有一個重要的人要來。」

我又很好奇地問：「如果要『退神』，該如何處理？」

土地公就教我如何退神：「用七張金紙，先將舊神放在旁邊的桌上，將金紙點火畫三個圈說『退回天庭，退回天庭』，再用右腳跺一下，這個舊神自然會回天庭去稟報，同時記得將舊神放在陽光下連續曬三天。」

我聽了就問：「如果第一天出太陽，第二天打雷，該怎麼辦？」

土地公就強調：「記得連續放在陽光下曬三天！一定要『連續』曬三天，中間不可間斷。」

我就問：「我可以去上廁所嗎？」

說完，我就往廁所的方向走，我邊走還回頭看，站在門口的那個我，也跟在我後面向廁所的方向走過來，我又再回頭時，站門口的那個我，不見了。

香味指引方向　香舖因而開張

上完廁所出來時，我就聽到佛樂（後來我才知道是南無大慈大悲觀世音菩薩），接著我就看到觀世音菩薩站在我家裡，穿著白衣，全身發出很亮、白色的光芒，臉上表情很慈悲，當觀世音菩薩進來時，原本坐著的土地公、土地婆及關老爺都站起來，跟著觀世音菩薩在我家客廳繞了一圈，就陸續從大門離開，最後離開的是土地公，祂還回頭跟我微笑揮手，祂們都離開後，我發現我家的門是關上的，看著祂們離開時，我雖沒有哭泣的感覺，我的臉卻是掛滿淚水，心裡覺得很幸運，我回到房間躺回床上時，就跟我老公說剛剛發生的事，我老公就說：「嗯，我們很幸運，睡覺了。」

早上起來，我的老公及他的兩個弟弟，都聞到很香的香味，當時門窗是關起來的，其中一個弟弟還問我：「大嫂，妳在點香喔？」

我說：「沒有啊！」

因為聞到這個香味，心裡突然有個靈感，覺得這個香味是個指引，我就跟我老公說：「我們來開香舖店！」

我老公說：「這不是我們會的啊！」

我就說：「沒關係啊！」

過了不到兩個月，我跟我先生就開了一間論緣堂香舖。

因為我夢到關公到家裡，所以我就問我公公，是不是要在家中供奉一尊關公，我公公就表示，可以啊，我又問：「那關公要到哪裡買？」我公公回答我：「沒有人用買的，那是要去廟裡用請的！」

我公公跟我說，要到南部有個叫南港的地方，那裡有座水仙宮，是關聖帝君的廟，離很多的關聖帝君，讓人來請回去供奉，而且每一尊真的都有編號。

我去水仙宮請關公時，廟裡一排一排的鐵架上放著一個又一個的關公，但我一進去，就在那麼多個一模一樣的關公中，看到來我家的那尊，而且那尊關公也站起來，於是我就跟我公公指著站起來的那一尊說：「到我家的，就是那一尊！」之後就把這尊關公像請到論緣堂香舖供奉。

開香舖時，我先生依然做房屋仲介，而我則開始在香舖卜卦算命。

香舖開幕的第一天晚上要打烊時，我又聞到一陣一陣的檀香味，晚上我夢到關老爺跟我說：「未來的事，妳不用擔心，我都有安排，未來會有很多人請妳幫忙，妳這樣做是對的，不用煩惱！」

第二天醒來，我就跟我先生說，我夢到關老爺，我先生才跟我說，他一整晚都沒睡，因為我講了一整晚的夢話，都很小聲，他都聽不懂我在講什麼，我聽他這樣說，心裡就想：只不過講幾句而已，怎麼會一整晚都在說夢話呢？

21 固執困住自我 風水愈弄愈不如意

果真如關老爺在夢中指引我的，從三重的論緣堂香舖開始，我的生活與生命的歷程就進入另一個不同的階段，有許多的人來找我卜卦幫忙，那種狀況，就好像一個醫學院的實習生已被審核可畢業，可以正式看診了，而會來找我的人都是一個傳一個，找我的人也愈變愈多。

當時有一個叫林阿姨的揹著一個小孩來找我，問我卜卦多少錢，我就說：「六百元。」

她表示她身上沒那麼多錢，車錢還是跟別人借的，我就跟她講沒關係，這時我看到一個畫面，畫面上都是骨頭，同時林阿姨開始一把鼻涕，一把眼淚地說她的問題與困擾，她說：「要來算算看，為什麼會是如此不好的命？」

而她身邊的畫面就好像電影一樣，一幕一幕地過去，第一幕全都是骨頭；第二幕，我就看到她把房子都賣掉；第三幕是她跟她先生吵架，我就問她：「妳跟妳先生很不好？」

她就很驚訝地說：「對啊，對啊，我們吵了一輩子！」

我說：「你們都吵什麼呢？」

她就問我：「老師妳看呢？」

我說：「可能是妳不相信妳老公。」

我就說，我們來卜卦好了，卜出來的卦是坎坎卦，我就跟她解釋，她都是自己困住自己。說到這裡，我要她站起來，看了她肚子一下，然後問她：「妳婦科是不是開過刀？」

她回答我：「對啊，我子宮、卵巢都拿掉了！」

我就跟她解釋，因為她子宮、卵巢都拿掉了，所以很沒安全感，就懷疑先生有外遇，因此到處去算命，她也因為到處去算命，而花了很多錢，她以前有五棟透天厝，先是因為算命的說風水不好，就把祖先的墳挖開，把骨頭挖起來曬太陽，然後再把祖先的遺骨搬到嘉義；一年後嘉義的風水又不好，又找了另外一個風水師，這個風水師說祖先不應該放在南方，要放在北方，於是又再度把墳挖開，花了一百多萬，只好賣了第二棟房子來付這個錢。

自從葬到北部後，她就開始全身是病，女兒也離婚，又覺得風水更不好，聽到這裡我就跟她說：「妳祖先的骨頭，現在也還沒有葬起來，全都暴露在外面。」

她就點頭一直說是，她口中說出的事情，跟我看到的畫面一樣，她說到後來她都不相信風水，同時也跟先生的家族鬧得很不愉快，因為她都偷偷地把公婆的墳挖起來，東葬西葬，其中一次賣房子的兩百多萬，就是為了要做好風水；後來賣第三棟房子、第四棟房子，則是為了做「生機」，所謂的「生機」就是既然做死人風水沒有所要的功效，就來做活人的，也就是在墳墓裡的棺木，放她自己的衣服，以及剪下來的頭髮與指甲。之後經過這幾番折騰，家產幾乎全變賣光了。

我就跟她說：「妳太迷信了！」

我跟她講這句話時，她還愣愣地看著我，我就對她說：「真的，妳都在做不對的事情，妳所有的問題，都是妳在自己困住自己，都是妳的疑心病，其實也沒有風水不好，真的好好想一想，是妳固執的個性害了妳，再加上妳都不相信妳先生，一直找他吵架。」

她就問我她現在該怎麼辦？她女兒離婚，就把孫子丟給她帶，自己在工廠上班，而她跟女兒要錢，女兒都愛給不給的，我看了她的八字之後，就勸她：「其實妳的手很巧，妳可以做吃的，醃很多東西來賣，妳慢慢做，以後不要再弄什麼風水，生機也沒有用，因為一切都是妳個性的問題。」

後來這位林阿姨，真的揹著孫子到大市場撿花菜的頭，做成菜心，一包五十元的賣，後來愈賣愈多，生意非常地好，後來還把菜洗好，弄的非常乾淨，包成一包一包的，配好料到學校去賣，很受老師的歡迎，一年內就攢了一些錢，也租了一個比較像樣的房子。

隔年她來找我，問我她的祖先的墳該怎麼辦？

我就打個卦，建議把祖先火化後，找個合適的靈骨塔安置，因此她就很努力的做小生意，終於，兩年後買了兩個靈骨塔，將公婆的骨灰安置妥當。

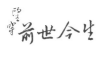

廟口大鐘放光芒　菩薩夢中來醫病

後來林阿姨介紹一個叫張珠美的客人來找我，那時她的臉色不是很好，我發現她的肚子不太好，等卜完卦後，我就跟她說：「妳肚子有長東西，可能要到大醫院去檢查。」

當時是民國八十三年六月底，我跟榮總院長的祕書很熟，我就幫她安排去榮總，結果一檢查，她子宮的瘤已經長得比她的子宮還大了，因此醫生要她隔週的星期一住院動手術。張珠美有家族子宮癌的病史，而她先生的哥哥的老婆，也是最近才過世；還沒滿兩個月，大伯的兒子又出車禍過世了，她因而對自己要開刀的事也很擔憂。

那個星期六關老爺要回嘉義縣南港的水仙宮朝聖，每年關老爺的生日前後，我們都會回去，稱之為「進香」，我就租了一部遊覽車，當時林阿姨就跟張珠美說：「跟我們去進香，搞不好菩薩保佑，回來就有奇蹟出現！」

我也安慰她，不要想太多，跟我們一起去進香朝聖。

等到了水仙宮後，我就發現廟門口的那個大鐘發出金黃色的光芒，腦中突然有個想法，我就跟張珠美說：「妳去站在那個鐘下面許願，跟這個廟所有的眾神稟告妳的病，並請眾神給妳力量！」

我就跟她一起站在大鐘的鐘口下方，看著她邊講邊哭，之後就發現張珠美的頭在發光。

同時我也在廟門口，看到一尊一尊的關公回來，跟在一尊又一尊的神明後面的，是一些長相很奇怪像是動物，但說是老鼠、豬、狗，又不太像，有的像人但有尾巴，有的又像隻大壁虎；有的則像電視上的外星人，這些長相奇怪的想要進廟門都進不進去，就在廟門外又吼又叫又哭，當時我心裡就在想，這就是可憐的畜生道嗎？或是不成形的動物？（後來我在夢中有看到過兩次，是關老爺在鞭打惡魔時，那惡魔就是那樣子。）

從南港水仙宮回來，星期日的晚上，我做了一個夢，夢醒的時候，是半夜兩點多。

我夢到觀世音菩薩，我拉著張珠美一起跪在地上，跟觀世音菩薩說：「這是我的好朋友，她生病了，她肚子裡有東西！」

觀世音菩薩就把手伸進張珠美的肚子裡，把肚子裡的一團肉拿出來，並沒有任何的血跡，「這沒有什麼！」

觀世音菩薩就順手把這團肉丟了，我在夢中嚇醒，嚇醒時看時間是二點半，心裡就想為何做這個夢，或許觀世音菩薩對張珠美是有幫助的。

隔天睡到十點半，被張珠美的電話吵醒，她用醫院的公用電話打給我，跟我說，她昨天半夜兩點半，肚子痛到幾乎覺得自己快死了，我就在電話中問她：「妳有沒有做夢？」

她說：「有啊，我夢到觀世音菩薩，我在夢中跪著看著觀世音菩薩一直哭。」我就跟她講，我跟她做的夢，是同樣的夢，並描述夢境的過程。

後來，在開刀前，又要再去照一次超音波，照了半天，醫生問她是不是叫張珠美，之後醫生又叫護士把她推出病房，因為她肚子的瘤不見了。

榮總的院長祕書（她是天主教徒）之後打電話來問我：「妳到底作了什麼法？之前照的片子瘤是在的，開刀前再去照一次，瘤卻不見了。」

院長的祕書還半開完笑地問我：「妳是不是拿去燉豬肚了？」醫院的醫生還問張珠美是否有從肚子裡掉出什麼東西，張珠美就跟醫生說去拜拜以及做夢的經過，院長的祕書接著還跟我說：「婦產科醫生還想要找妳來掛號！」

為錢為情無明火　火來神仙救不了

當時張珠美的小兒子，正值青少年期，令她傷透腦筋，我就幫她的兒子看了八字，然後跟她說，這個孩子當初應該送給人養，可能反而較好，但是現在只能讓他認個乾媽，張珠美就表示，因為我救了她的命，就拜託我做他兒子的乾媽，雖然當時我覺得怪怪的，但還是經不起張珠美的一再請求，就答應了她。

那天晚上，我就做了一個夢，夢到早上天亮了，她帶著他兒子來，但他兒子臉受傷，包紮著紗布來我家。

隔天早上，張珠美十點多帶著她的兒子來，我看到他兒子的樣子就跟我的夢一模一樣，他父親還很幽默的說：「要來拜乾媽，所以要先改頭換面一番！」

事實上是他昨天晚上騎摩托車，最後怎麼翻車的自己都不清楚，他說那種感覺就像是，有人在路上拉了一條線圍住他。

當時我心裡在想，或許要成就一件好事，大魔就會來阻擋，然而我看到這個孩子的同時，我也看到他旁邊有一個畫面，畫面上是他的大哥和一個女的在一場大火中，結果他的大哥在大火中死亡，但是那個女並沒有喪生，只是畫面上的那個女的，並不是我之前見過的那個女朋友。

我看到這個畫面沒多久，我乾兒子的大哥，就和他女朋友的朋友發生關係懷孕了，這個女孩長得很漂亮，有山地人的血統，她很愛我乾兒子的大哥，我跟他們說，要他們慎重考慮，因為我看不到他們的夫妻緣，我也跟張珠美說：「妳大兒子能負起責任的嗎？他們沒有夫妻緣，很勉強！」

結婚兩個月後，他們就搬出去住，生了一個兒子沒多久，又懷了第二個孩子，這個女孩就打電話告訴我，她先生揹著一個神像，上面寫著「要建廟募款」的字，到處去募錢行騙，我一聽覺得真的是很離譜，因為拿十方募的錢，若不用在正途，是要承擔很大的因果的。

張珠美的媳婦生完第二個孩子後就中風，於是她就得照顧兩個孫子，媳婦的娘家則將女兒帶回去照顧，後來那場大火來了，起火的原因，也是因為情。張珠美的大兒子又愛上另外一個女的，那個女的不願意長久交往，因此張珠美的大兒子就將兩人淋汽油，要同歸於盡，結果一點火就把自己給燒死了，送到醫院兩天後就過世了。

籤筒一甩兩分離　恨心招來災禍

我在開香舖時，還有在使用籤卦，有一次房屋仲介的老同事宣香姐來找我（這時她已到保險公司上班），跟我說她先生在南部好像有另一個女人，回來之後，都會跟她爭吵，我聽完之後就說那就用籤筒占卜，但我跟她說，要她有心理準備，因為確定就確定，沒有第二個答案。

於是她就寫她先生的名字給我，我就唸了她先生的名字與宣香姐的名字，然後籤筒一甩，就跳出數字八的籤，我就跟她說，你們的感情不會長久，將會結束。

她就以微弱與不知所措的語調問：「那該怎麼辦？」

我就安慰她，要她堅強，並且我建議她再卜個卦，問離婚之後，要不要把一兒一女帶在身邊？她表示，她不想算，她覺得小孩當然是要帶在身邊。而我會給她這樣的建議，是因為我以當時的直覺，覺得她的兒子恨心很重，若是宣香姐把他帶在身邊，會為宣香姐帶來很多麻煩，但她的兒子怕爸爸，爸爸可以教養他，於是我就再建議宣香姐，那就卜個有關小孩子未來前途的卦，她就表示先卜兒子，結果兒子卜出來是個牢獄官非卦，會因為偷盜搶而坐牢，而這將會在未來的十二年內發生。事實上，這個卦一卜出來，我也看到畫面，是這個兒子在牢獄中的畫面，而且這個兒子很早婚，在當兵前就結婚，而且是因為奉子成婚。（民國九十二年年底，他兒子因為搶劫，而上了社會版的新聞，目前被判刑九年。）

做盡一切獨憔悴　珠寶生意獲生趣

宣香姐也介紹她在保險公司的同事來找我卜卦，其中一個沈大姐來問自己的婚姻，當時她已三十八歲，我聽了就要她不要問婚姻，她是個很海派的人，就反問我：「什麼態度，叫我不要問婚姻，妳的意思是我的婚姻沒著落？」我回答她說：「我所看到的是妳不會結婚的，大姐！」

她就爽快地嘆了一口氣，說：「唉，我也知道我這個樣子像男人婆一樣，大概也知道嫁不出去，隨便問一問啦，那這樣好了，問問我的家人！」

她對她的家人都很好，對爸爸媽媽很孝順，不過當時有一個大她兩歲的男的，生肖屬蛇，一直對她不錯，只是個性悶悶的，我還是幫她打了個卦，然後我就跟她說：「大姐，妳要不要考慮這個屬蛇的男的？」

她一聽就說：「唉呀，我們兩個人就是相看不悅。」

我就問她：「怎麼相看不悅？」

她說：「就是不喜悅，可以跟他吃飯半小時，但他一句話都沒說，也不吭氣，問他好不好吃，他也笑一笑，問他要不要加沙茶醬，他也跟妳笑一笑！」那我問她：「他什麼時候會講話？」她說：「買單啊！」

我問：「妳付，還是他付？」

她就理直氣壯地回答我：「當然是他付啊，他話很少，我很愛講話的，一天到晚呱呱呱，如果我嫁給這種男生，我會死掉！」

我就說：「沒關係，他要講的妳都講完了，他該講的妳也都講了，兩個這樣是絕配！」這沈小姐從未談過戀愛，我就勸她：「我覺得妳錯過這個姻緣，有一天妳會後悔。」

結果，經過八年，她再來找我時，她非常地後悔，她覺得假日都陪爸媽打牌，幫弟弟成家買房子，姐姐事業有成也移民出去了，家人離她愈來愈遠，一個人孤零零的，假日姐弟都不會主動找她相聚，但要她幫忙帶小孩時，就把孩子丟給她，她好像是大家的家管，她需要他們時，她的家人卻都各自有事，不能陪陪她，她覺得人生很灰暗、沮喪，人情也不過如此，她付出的好像她活該，她應該，我就安慰她不要這樣想。

但她覺得做人很無奈，總覺得對家人這一切是自己應該要做的，可怎麼到了現在卻突然抱怨起來？我就跟她說：「以前有個老先生跟我說，很多事情我應該要去做，很多事我應該要去承擔，也有很多像妳這樣的人，這是因為一個人耿直與孝順的個性，自然而然都會去承擔，自然而然就會去做，只是現在這些人突然上軌道，不需要妳幫忙，妳才會不習慣，所以妳應該要開始習慣自己一個人的生活。」

她就問我，是不是該從保險公司退下來，做做自己的事業？我就表示可以，但她又有些猶疑，因為她覺得自己長得這麼胖，聲音又粗粗沙啞的，像男人婆很海派，我看她很愛戴戒指珠寶，我就建議她：「妳很適合當珠寶店的老闆娘。」

她一聽有點難以相信地問：「珠寶店？」

她有一雙很美的手，我跟她說，她的商店就在她手上，她戴得好看，別人看了喜歡，她就可以從手上拔下來賣給對方，我就幫她打個卦看看賣珠寶適不適合？結果就卜到一個豐卦，我一看就告訴她太棒了，也因為這個卦，給了她很大的信心，剛好她有一個朋友在大安路上開珠寶店，於是她就晚上在那兼差，之後就真的也在珠寶這個行業賺到錢，一個人過得很自在快樂。

後來她才告訴我，當時如果我沒給她做珠寶店生意的建議，她真的有想要了斷自己的念頭，而如果真的去了斷自己，則是因為產生恨，而不是覺得活得夠了，她跟我說：「還好妳給我勇氣活下去，當時我真的覺得自己一身肥肉，沒什麼好處，也沒存什麼錢，錢幫弟弟買房子，幫大姐移民去了，幫助小朋友讀書，幫朋友還債，人家跟我開口，我從來沒有講過一個不字，到後來我卻什麼都沒有！」

從她的身上，讓我體驗到，當一個人在失意沮喪時，給她一盞燈，她就能活得很快樂，而且在短短的四年，她又再度存到錢，買了房子。

22 緣分已到盡頭　籤筒決定說再見

持續好多年，我都是以籤筒和金錢卦幫別人卜卦，一直到後來我結婚懷孕，我才停下來沒有用籤筒。

我停下不用籤筒，是因為我生完老大後，每隔兩天，那個籤都會不見，而且我怎麼找都找不到，不見的都是沒有數字的籤，不是我寫的一到五十七號，剛開始少的時候，隔天我就會找筷子補進去，但我發現籤筒的聲音就變了，我就想可能籤筒要休息了。

晚上我去逛夜市時，看到竹子做的筒子，就在心裡想，是不是要換個籤筒，於是就買回去，將所有的籤換到新買回來的籤筒，我搖了搖籤筒，結果所有籤筒裡的籤全部飛出來，我自言自語的跟新買回來的竹筒說：「你叫筆筒，不叫籤筒。」

過了十二天後，就少掉五支籤，我就想這些籤要回去了，到少掉第六支籤的那天晚上，我正在睡覺時，夢中又聽到籤筒搖晃，嘎啦、嘎啦的聲音，把我吵醒，我以為是那位老太太出現了，但是當我走出房門時，我才發現，聲音是從我卜卦辦公室的籤筒發出來的，我發現沒有號碼的五支籤全部跳出來在書桌上，我就把它們綁好，跟這五支籤說，如果要回去就一起回去，回到房間時，我又想再回辦公室，確定自己有沒有把那些籤放好，轉身要開房間門時，房門卻打不開，我就想，可能是不要我去看。

第二天，我去卜卦的辦公室時發現我的籤筒縮小大約三分之一，於是我就自己打了一個卦，問：「是不是我應該發展我的金錢卦，不要發展籤卦，可能時間到了，或許有一天若有機緣，會再度地讓我使用？」

結果，我卜到一個大有卦，就是告訴我沒錯，而且金錢卦會讓我有錢，於是我就把籤筒收起來。用金錢卜卦時，我會看問卜者丟銅板時的姿勢，這是夢中的老先生教我的。

中風奶奶長獸角　附身怪獸折磨人

在開香舖時，有一個未婚四十多歲的吳小姐曾經來找我算過，因為很準，就介紹她一個朋友富小姐來算，她來的時候，跟我說她外婆中風二十年，住在安養院；最近兩年，常被安養院通知，她外婆要斷氣了，全家人趕過去，外婆又沒有事，於是這兩年之間，就這樣來來回回跑了十幾趟，所以想請我去安養院看看她外婆的狀況。

當時我就挺著大肚子去安養院，看到病床上的外婆，臉頰凹陷的很厲害，而額頭兩邊長出像是野獸的兩個角，富小姐還跟我說，外婆中風之後牙齒全掉了，但是五年前，牙齒又長出來，長出八顆牙，而且都長出嘴唇外，像個吸血鬼的樣子，變得很像山豬。

富小姐就跟我說，她們都很害怕去看外婆，因為外婆都會發出莫名其妙的音調與聲音。例如：講話時，音調一會兒粗，一會兒細，會有三種音調。

富小姐的媽媽表示，這三種聲音都不是她外婆的聲音，外婆只有在半夜發出的聲音才是外婆自己的聲音，並且跟富小姐的媽媽（也就是自己的女兒）說：「我很痛苦，妳把我的氧氣拔掉，牠們在我身體上折磨我好久，在我身體上不斷地摧殘我！」

但一到了白天，又會輪流發出那三種怪聲音說：「你看我幹什麼，給我喝水！」醫生判斷外婆是得了幻想症或是分裂症，富小姐還跟我說這幾年，整個家族的男性，陸續發生意外而過世，富小姐很害怕地說：「好像外婆在吃這個家族的子孫！」

我去看了富小姐的外婆後，就跟她說：「妳們要趕快把這件事結束，否則會有更多不幸的事發生！」

接著，她的外婆就看了我的大肚子，露出很一副很好吃飢渴的眼神，我當時也不會害怕，只是在心裡默唸「南無大慈大悲地藏王菩薩」，並在心裡想：如果你是惡靈，你就應該要離開這個老奶奶的身體，這個身體不屬於你！

然後我就看到一個畫面，就是三天後她們家在辦喪事，於是我跟富小姐說：「應該在三天後，妳外婆就會離開！」富小姐聽了，一副很難相信地問我：「真的嗎？」

結果三天後的凌晨，富小姐的外婆就過世了，斷氣前的五分鐘，還跟看護說：「這個惡魔終於要離開了，我也要走了，要我的家人不要太悲傷，這麼多年辛苦他們了！」

富小姐事後跟我說，這十幾年都沒有看過外婆的臉相，是這麼的好看與安詳，連額頭上鼓出來的兩個角，也消下去了。

先生得了躁鬱症　應該要看精神科

開香舖之後有段時間，有些人來找我之前，我都會先做夢，夢中的景況，就好像一齣戲，先在我的夢中預演，而夢到的景象，就跟後來發生的真實事件雷同，有的則是充滿著寓意式的畫面，沒有所謂的邏輯性。

王小姐是從事公職的工作，來找我是因為她先生退休後，到了晚上都無法入眠，而且會將衣服脫光光，她實在不知該如何是好，就來問我她先生是不是被惡靈附身，結果我打了卦，看了卦象是順卦，因此我就跟王小姐說：「妳先生可能得了精神躁鬱症，不應該來找我，應該去看心理醫生！」

王小姐表示，要帶她先生來見我，我就跟她說：「妳先生不會來的，他完全不相信算命，也不會跟妳來！」

同時我也從卦象瞭解，她先生會提早退休，是因為人際關係頻出狀況，跟長官同事相處得很不好，才會提早退休，但又正處在一個尷尬的中年期，找不到另外一個工作，所以失去了人生的方向，才會整天抱怨，指責別人的錯，而這種不得志的結果，造成心理的壓力，罹患了躁鬱症。

結果真如我說的，他先生不相信算命，但王小姐勸了他先生半個月之後，終於去看了精神科的醫生，診斷出真的是得了精神躁鬱症，醫生說他先生到了晚上會脫光光跑到陽台上像暴露狂一樣，其實是一種發洩內心壓力的行為。

雙眼如X光　看出腦長瘤

有一段時間，我會去高雄卜卦，因為民國八十年八月游芬芳來找我，她留個學生頭的髮型，我看她時覺得她的頭右斜半邊，是深藍色，左下邊是白色，我剛看還以為她化妝怎麼化成這樣，仔細看，才發現不是，我又看看是不是光線的影響，反覆細看的結果發現不是，我就確定她有病氣，她一坐下來，我就看到一個畫面：她的腦像一朵三瓣型的花。她告訴我她常會癲癇發作，一抽筋就會倒地昏過去把旁邊的人都嚇壞了，但卻不知為什麼會這樣。

我就跟她講，妳不是癲癇，我看到的是她腦裡面有腫瘤，一定要開刀，而且我還跟她說，她開完刀，隔八到十年，還可能要開第二次刀，我就告訴她這是多發性，因為她是一個很容易緊張的人，所以一邊聽我說的時候，手還一直邊按自己的心臟，說心臟跳得很快，我倒一杯溫水給她喝，教她深呼吸，安慰她不要緊張，這時有一個聲音在我耳邊說：「去台大、去台大！」（在三重幫人卜卦的時候，都會有一個聲音在我耳邊告訴我事情，那個聲音聽起來像是一個中年女性的聲音。）我就問她：「妳都到哪裡看病？」她說：「台大。」我就建議她去台大檢查，她還問我該掛什麼科，我就跟她說，外科或是腦科，她還問我開刀會不會有危險，我就告訴她：「不會。」

游芬芳回家後跟她先生說我告訴她的事，但她先生是一個非常鐵齒的人，不相信算命，一副要來找我算帳的姿態，一見到我，就以質問的口吻問我：「妳是怎麼看的？」

我說：「其實你問我怎麼看，我也不知道，我就是用眼睛這樣看！」

他又不客氣地回我：「我們也不能因為妳講一句話，就無憑無據去開刀！」

我說：「那當然，那當然，你應該去找醫生，用醫生的儀器檢查看到底有沒有腦瘤！」

他略帶挑釁的語氣說：「那如果沒有呢？」

我說：「那我三百塊還你。」

他就很不客氣地說：「不只三百塊，妳亂講話，我就告妳，而且我這個人可是會來砸店的！」

我毫不猶疑地回答：「可以。」

當時她太太在一旁很不好意思，一直叫他不要這樣，想幫我說話，說我人很好，接著他就表示，既然來了，那他也要問問看，就問我：「那我現在或是以前的狀況如何？」

我看了他一下說：「以前的狀況，只能用悽慘兩個字來形容吧！」

他一聽我這樣說，那種跩的表情全沒了，愣在那裡問我說：「悽慘，如何悽慘？」

我就跟他說，他做什麼就倒什麼，從來都沒有成功過，因為我看到一個畫面，有兩個房子，即將要拍賣掉一個房子，於是我又跟他說：「你住的房子很大，兩間打通的，你現在沒有辦法，你一定要賣掉一間，可是到最後你連一間也保不住！」

他聽完又不服氣地說：「妳不準，我的債務，只要賣一間房子就可以還清，不用賣到第二間，我賣第二間，我要去住哪裡？」

我說：「你後來還會有一些事業，我勸你要守住！」

他就反問我：「我做什麼才能夠做起來？」

我就說：「我不敢講。」

他不解的問：「妳不敢講，妳看不出來？」

我就說：「是你聽不下去。」

這時他又變得有些爽快地說：「沒關係，當作參考，既然妳講得這麼準，我就試試看。」

我說：「其實你在食品上，可以賺到很多錢，但是你在食品上，都沒有腳踏實地的做，而且你以前在國外做的時候，都是存著很僥倖的心態，如果你那一次在泰國，不要存著僥倖的心態，應該是會被你做起來！」

他一聽我說到這裡，就拍著手說：「真準！」，並表示很佩服我，他佩服的原因，是因為我講了「泰國」兩個字，後來他才告訴我說民國七十四年到七十八年，他在泰國跟人家合夥做生意，做得很大，可是因為一次淹水、一次火災，就讓他一切都泡湯了。

過了半個月，他帶了一盒禮餅，很客氣地來找我：「老師啊，上次跟妳講話很不禮貌，這次特地來謝謝妳！」

他會來謝我，是因為他太太游芬芳經過半個月的檢查，從外科到腦神經科，確定查出是腦瘤，要緊急開刀，他來是要請我幫他太太祈福。游芬芳開刀之後復元也很順利。（但到了民國八十六年，她頭又開始痛，而且一痛起來，眼前就呈現一片黑，再回醫院做檢查，她的腦瘤又長出來，但醫生開藥給她，先用藥物控制，還無需開刀。）

關公圖示解方　三仙女共相助

游芬芳因為覺得我救了她，從民國八十一年起，她就幫我介紹很多朋友來找我卜卦。民國八十一年十月開論緣堂香舖時，有一天游芬芳帶了她的大學同學王小姐來，她告訴我說她先生想要開補習班，想來問我合不合適？

我就憑我的直覺，很快地反應跟她說，不好耶，不會賺錢，但，我還是跟她說，打個卦吧，她就把錢拿出來，但當她把錢拿出來時，我就說：「我覺得妳不是要來問這個問題的！」

她一聽就哭了，她是住在天母山上的大豪宅，公婆也很疼她，她懷疑她老公有外遇，當我聽到這裡，我就「嗯」了一聲，她一聽我「嗯」，哭得更傷心，我就安慰她，不要傷心，我會幫她的忙。

她不知道是誰，但她想要維繫婚姻，因為她有一兒一女，公婆對她很好，也不能沒有他們，她講到這裡我就告訴她：「妳公公在兩年後會過世！」

她一聽哭得更大聲，邊哭邊說：「我公公對我們很好，不能死！」

我就說：「人老了，都會死沒辦法。」

她一直以為她先生是營業員，但我跟她說，她先生不是營業員，每天她先生跟另外三個人一起在貴賓室，四個人中唯一一個女的，很喜歡她先生，而她先生確實也動心了，她聽了就不能接受地說：「怎麼可以這樣！」

接著我跟她形容這個小姐的個性，是天不怕地不怕，還好是剛開始，我就跟她說：「妳先拿妳先生的四件上衣給我。」

當時我也不知為何要她拿她先生的四件上衣，這樣的直覺來自哪裡，連我自己都不知道，不過我還是很肯定地跟她說：「我們關老爺會幫妳。」

隔天一大早她就把衣服拿來了，我拿到衣服時就跟她說：「應該是過兩、三天之後，妳應該就會來找我！」

她一聽用有些緊張及害怕的語氣跟我說：「我希望是好消息，而不是壞消息。」

她還告訴我，以前她先生股票做完，就會立刻回家，但現在都會跟她說，要到別的地方去處理一些事，她先生的這種行為，會讓她胡思亂想，心神不寧；而她先生現在不管什麼時候回來，不是一直睡覺，就是走來走去，有種想偷偷打電話的感覺，她也看到幾次她先生拿著手機在廁所偷偷打電話，她也一直都沒跟她先生鬧開，可是她已經快憋不住想跟她先生攤牌了，我要她不要攤牌，我告訴她，她先生是一個很愛面子的人。

她離開之後，我就把四件衣服放在關老爺前的供桌上，我放的時候，我就在心裡跟關老爺說，我也不知道為何要拿四件衣服，但可能是祢給我的靈感，不過卻發現關老爺的眉毛好像皺起來，快成橫的一字眉了，好像在搖頭了，我又問，那怎麼辦，還缺什麼？

這時，我就請我先生幫我去買旺旺仙貝，並買一樣水果回來，當時只覺得要有點誠意，我講完之後，看了一下關老爺，就發現桌上出現了一張圖，那張圖上是顯現四件衣服是套在一起，折好四件就成了一件厚厚的衣服，糖果餅乾是放在衣服的上面，水果放旁邊，油燈就放在衣服的前面，我就跟關老爺說：「喔，我懂了。」

等祭拜的東西買回來後，我就照著剛才我看到的圖像，將東西一一擺好，我跟我先生點了香，然後請關老爺保佑，將介入王小姐婚姻的第三者行為導正，跟關老爺祈求後，我覺得很累，就坐下來看著窗外，接著我就發現窗外有三個很美的仙女，一個是穿白色，一個是穿粉色，一個是穿水藍色的，衣服的料子是絲綢，而且衣服的料子都會發光，就從我的窗外飛到我的眼前，姿態很輕盈很開心，我就在心裡想：啊，有效了，一定是我擺對了！

那三個仙女還到門口停了一下，接著就不見了，我很高興地跟我先生說：「你有沒有看到，有仙女來我們家！」

我先生就看著我說：「老婆，妳今天太早起來，沒有睡飽。」

太太心碎先生心痛　喝斥敲醒迷途心

隔了三天，王小姐就買了好大一盒的水果以及一盒白蘭式雞精，並包了一個紅包來給我。她拿衣服給我的那天回到家，覺得很累就睡午覺，在夢中看到三個仙女在她家門口，她還形容仙女的臉晶瑩剔透，三個仙女穿的衣服的顏色，就跟我看到的是一樣，三個仙女好像是從畫中走出來，栩栩如生，還舞動著彩帶跳著美妙的舞，王小姐在夢中很高興、很感動。

隔天，她先生說要去股票市場，但她打到貴賓室，卻找不到她先生，那個女的也不在，然後她就打手機找她先生，她先生就跟她說，跟那個女的在外面的咖啡廳吃飯，她掛了電話之後，就到佛堂去跟佛祖祈求，接著她又去睡覺，仙女又出現在她的夢中，景象跟前一天一模一樣，睡起來又去上香，她先生這時就回到家，進家門時很愉快地吹口哨，他先生看她在佛堂，就問她：「妳在幹什麼？」

她說：「我在拜拜。」

她先生又問她：「妳為什麼這麼沮喪，妳是不是不舒服？」

她回答：「我心碎了。」

她先生就問她：「心為什麼會碎？」

她就跟她先生說：「你做了什麼，你自己知道。」

她先生聽了這句話就很沉默沒有說什麼，到了晚上她先生就獨自開車出去，到十二點才回家，她不敢問她先生去了哪裡？

她先生進門就去睡覺，第二天也睡得很晚，沒有去股市，她先生起床後，就主動地找她談，跟她說，昨晚他已出去跟那個女的談好了，表示是跟那個女的去談她心碎的事。

她先生跟她說，那天他跟那個女的出去談得很高興，還一起去看電影，她先生承認，好像有一種戀愛的感覺，但那天開車回家時，卻在一個圓環的地方，差點要撞到一個老人，那個老人不斷地罵她先生，但她先生表示，根本沒有看到那個老先生從那裡冒出來，但那個老人卻在霎那間不見了，路上沒有人，也沒有車，她先生第一次有種被嚇壞了的感覺。

然後又再經過一個紅綠燈時，差點又撞到一隻大黑狗，她先生又被嚇傻了，因為那隻狗也同樣在馬路上不見了，她先生跟她說，他開得很慢，時速只有二、三十，她先生開車回到家時，又聽到她說，她心碎的那句話，就覺得自己的心臟很痛，痛得不得了，後來躺在床上，就慢慢睡著了。

然後就在夢中夢到回家時差點撞到的那個老先生，那個老先生在夢中敲著車窗的玻璃不斷地罵她先生，在夢中老先生罵：「這麼好的太太，這麼好的兒女，真不該做對不起你太太的事！」

在夢中，那隻狗也出現罵她先生，她先生就下車想看清楚，但一下車狗不見了，只看到很高大的關公，神情威武地看著她先生正在過馬路，還問她先生：「穿幾件衣服？」

她先生還在夢中想，關公為何問穿幾件衣服，夢到這裡，她先生就醒來了，發現自己睡衣的釦子都打開了，但卻想不起來為何睡衣的釦子是打開的，她先生醒來後，就開車去找那個女的，講清楚彼此只是限於朋友的關係。

卜卦看前世姻緣　莫造惡因毀幸福

王小姐後來又介紹她一個好朋友來找我，這個人的家庭環境很好，幫助先生白手起家，當先生事業做到很有規模之後，她就請她的好朋友來負責他先生公司的財務，後來她的好友卻跟她的先生發生戀情在一起，她先生表示不會離婚，但也不會跟她的好朋友分手，她就覺得自己引狼入室，原本只是想請一個可以信任的人來處理財務的事，沒想到卻是跟她先生從做財務，而做愛到床上了。

她不敢跟父母講，也不敢跟公婆說，她的好朋友變得像是大老婆，而她似乎是個小老婆，因為公司的帳掌握在這個女的手上，變成她要用什麼錢得要去請款，她為了三個孩子的學雜費去請款時，她的好朋友還會給她臉色看，要她省一點，不要用那麼多錢。

那時我就想看三個人的八字，看他們彼此之間的因果，這是我第一次卜卦想要看看他們之間的因果關係，我就把三個人的名字寫出來，排列的順序，是先寫先生，再寫太太，最後寫那個第三者的名字，才一寫出來，就看到她跟她先生前一世也是夫妻，還有兩個小孩；這一世也是夫妻，然後我看了她孩子的因緣，我一看我就問她，你的第二個孩子壞掉了，她才告訴我第二個孩子到第八個月時，因為臍帶纏繞胎兒的脖子，而造成孩子的死亡。不過我看到她先生跟那個外遇的第三者並非夫妻。

所以我就跟她說，他們不是夫妻，他們會斷掉，她就露出懷疑的口吻表示，那個女的很霸道，她其實有想過離開或是自殺，然而她一想到三個孩子，她就打消了這些念頭，也覺得太便宜這個女生了。

然而她自從留學回國後，很快就結婚了，十年來除了照顧家與孩子，根本沒有任何的工作經驗，就算離開了也不知道自己能做什麼，因此想一想根本沒有勇氣離開，她也考慮過，如果她惹火這個女的，這個女的是否就會把財產全部帶走，想來想去也就變得愈來愈委曲求全。

當時我聽她說的這些狀況，我也不知自己的氣從哪裡來，我就跟她說，既然她先生跟那個女的不是夫妻緣，是這一世造的惡緣，就請那個女的離開。她表示，她沒有辦法，她請我救她，於是我就請她去拿他先生的四件衣服，以及她的四件衣服，我還提醒她要拿舊一點的衣服，因為我可能會將衣服剪破，我才一講完，就突然耳鳴聽不到她講的任何話，那個耳鳴很嚴重，好像有人把我的耳朵摀住，我想了一下發現我說的不對，於是請她拿她與她先生的衣服各兩件，但會再還給他們，才一講完，耳鳴就消失了，事實上，那時候我並不知道要用什麼方法幫他們。

五個杯子疊羅漢　一個杯子長腳到廚房

那天晚上，我做了一個夢，夢到我中午吃完飯，在跟人講話，我看了時鐘是十二點五十五分，講了很久後，在夢中我把一件女生的衣服穿在男生的外面，另外兩件也是一樣，然後把兩件衣服折成一件，擺成一正一反，然後將衣服疊起來，在衣服前面放六杯水，六杯水分成各三杯，排成前面三杯，後面三杯；前面三杯水，寫上她三個小孩的名字，後面三杯水，第一杯寫先生的名字，第二杯水寫了太太的名字，第三杯水寫了外遇者的名字。

當我寫這外遇者的名字時，我在夢中看了一下，只有這杯水是黑色的，其他五杯水是白色的，在夢中關老爺還要我拿一個盤子，先放一撮鹽，再放一撮米，和一和，再倒到第三者的那杯水中，我還問關老爺這樣要做為什麼？關老爺還回答我，我照著做就對了。

接著關老爺要我拿個杯蓋，將第三者的水蓋起來，並且用個盤子墊在這杯水之下，在夢中我還跟關老爺說我去買個有杯蓋的杯子好了，關老爺跟我說不行，我問關老爺這個盤子要用什麼材質？關老爺告訴我要用玻璃的，到時這個盤子是要摔破的，那我又再問，那杯蓋是不是也要玻璃的，關老爺就告訴我，這倒沒有限制。

那時快過舊曆年了，四天後要送神，香舖店會很忙，她是在下午兩點將衣服拿來，我按照我在夢中的方式處理衣服，並找了六個玻璃杯，當我要寫名字時，正在想名字是直接寫在杯子上呢，還是要另外寫時，又聽到一個聲音，要我另外用紙張寫，並告訴我寫名字要用的紙的規格，長八點八公分，寬三公分，黃色的紙，我只好要我先生去買一張大的黃色紙，當我寫到第三者的名字時，第一次寫錯，第二次又寫錯，寫到第三次還是寫錯，我就在心裡想：怎麼老是寫錯？突然我又耳鳴，我就想她跟他們是一家人，就用別種杯子，用那種可以撕得破的杯子好了，但當時我沒有紙杯，於是我就拿飲水機那種白色的塑膠杯，但是可以撕得破，我拉第一個拉太大力就破了，我拉第二個才沒破，我就用簽字筆將第三者的名字寫在塑膠杯上，這次則一次就寫對了。

而杯子明明是白色的，當我將水倒進去時，那個水色居然變得灰灰髒髒的，接著我將鹽與糖丟進去水裡，找了蓋子與盤子，按照我夢中見到的將盤子放在杯下，拿蓋子把杯子蓋住，每天看它都沒什麼不一樣，我都會看看關老爺的表情，但關老爺看來一副沒事的樣子，我就在心裡問：關老爺不知道這樣做對不對？

到送神那天，我去中壢幫人家放供桌，並換個方位，下午我從中壢回來的路途，我就在想那六個杯子會不會有什麼變化，結果並沒有什麼不同。

直到送神的隔天，我一早到香舖店，卻發現前面三個杯子都在地上，先生與太太的杯子疊在三個杯子的上面，就像五個杯子疊羅漢一樣，都沒有倒，水也沒有少，我看了這個景象愣在那裡，並傻坐在關老爺的供桌前，我就在心裡問：關老爺現在該怎麼辦？我先生在一旁看著就跟我說：「老婆很恐怖耶，五個玻璃杯疊在一起……」

這時我心裡也正在想，好厲害的功夫，另外那個紙杯不見了，我大概坐了半個小時之後，決定去找那個紙杯，這時我先生站在靠近店門口的地方，跟我說：「妳要不要先到後面去看看有沒有什麼東西？」

我還半開玩笑，半認真地跟他說：「等一下，讓我先運功一下！」

邊說我還很認真地用雙手做出一個運氣的動作，邊做還邊發出運氣的聲音，接著我就從椅子上站起來，決定到後面去看一看。

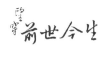

經過後面走廊，那個玻璃盤已經破成三塊在地上，於是我又繼續往後走，我走進廚房，就看到茶杯是放在瓦斯爐爐孔上面，水是乾的，裡面有種燒焦的感覺，我就想先不要動它，走回前面的過程，我的耳朵好像聽到在一個市集中，有男男女女的聲音此起彼落地說：「快，快，去給關公點香，那，接著要怎麼做？」

好像是有一堆市集上的人，正在看這場「六個杯子」的熱鬧，七嘴八舌此起彼落地在議論，我還在心想說：你們很煩，很吵耶！等我走到前面時，我就用擲筊的方式問關老爺：「這地上五個杯子要不要撿起來，我的直覺是要撿起來，對不對？」

一擲就得到對的答案，接著我又問：「撿起來還要不要疊羅漢？」

一擲是「笑杯」，我就自言自語，喔，那不用，我撿起來時，我就把水倒在同一個杯子，走到外面，順手一甩將水灑倒在地面上，我以為我將水全倒光了，結果拿著杯子，走回進店裡面時，我才發現還有三分之一的水，很懷疑地又走出去看著剛倒水的地面，確實是濕濕的，心想：可能要留三分之一，謝謝關老爺，還好沒倒完。

我將五個杯子放在供桌上，於是我又問：「後面那個杯子就放在那裡，不要管它，一切由關老爺處理，對不對？」

又得到一個對的答案，我又覺得問一次不夠誠懇，我就又丟了二次，還是得到對的答案，這時我就想，那往左邊丟第四次看看，結果答案還是一樣，我又往右邊丟第五次，發現還是一樣，我就在想丟了五次，好像一副對關老爺不相信的樣子，為了避免等一下被罵，趕快把半月形的筊放回供桌上，我習慣把半月型凸的那一面朝上，結果我一放上去，筊又自己從供桌上掉下來，掉在地上呈一正一反，我就自言自語地說，好好好，關老爺，我知道六六大順，就是不要管爐子上的那個杯子，我又把筊從地上放回供桌上。接著我與先生就回南部過年。

火燒三角關係　無緣強求引怒火

過完年正月十二，我就接到王小姐由國外度假回來的電話，在電話中謝謝我，她們全家今年在外度假很平安，也很快樂，她跟她先生又再度有了談戀愛的感覺，並且一直說我是神仙，救了她大學好同學的婚姻。

從她口中，我才得知她同學過年前發生的事情經過。

原來在初四時，她同學的先生要拿五萬元給太太過年，但是第三者卻說只能給二萬元，雙方就從這點，引發許多的不快與不滿，她同學的先生和第三者大打出手，初五又再打了一場，那種感覺好像被火燒到，那個第三者被打得很慘，因為她同學的先生，覺得那個第三者對他老婆的態度太過分了，她同學的先生認為，第三者若還要這段情感，就要尊重元配的地位，三個人坐下來談，但是第三者依然要掌控財務大權，因此談判就破裂，於是第三者在過完年，把所有的東西交出來後就離開了，兩年半的三角關係，就在短短一個禮拜落幕。

她同學的先生還跟她同學道歉，她同學的先生覺得這兩年半，彷如一場夢。她同學的先生還說，他夢到關公從供桌上走下來拍桌子罵他，還到瓦斯爐上丟糖與丟鹽，好像變魔術般，火燒得轟轟響，關公丟鹽的時候就罵他不仁，丟米的時候，就罵他不義，他就很害怕地在夢中問關公，自己到底做錯了什麼事？關公就跟他說，他這一生只有一個老婆，三個小孩，沒有第二個老婆，沒有第四個小孩。

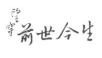

23 孩子橫躺肚中　強壯心跳好開心

對我來說，生孩子是女人天生會的事，因此對於產檢這樣的事，沒有認真地處理，然而在生兩個孩子的過程裡，我才發現我身體的一些特殊狀況，這個特殊狀況，差點讓我在生產時把命給丟了。

我懷第一個小孩時，沒有去產檢，因為我覺得生孩子是女人會的事，肚子大了，該生時再去醫院生就好了，所以到了五個多月時，才發現小孩在肚子裡都是躺橫的，而且腳都是側在一邊踢，踢得我很不舒服，覺得這個小孩把我的子宮拉得很長，到了第六個月，常因為肚子痛從床上爬起來，有種肚子好像要被撐破的感覺，我就覺得不對勁，於是就去三重一家很有名的婦產科醫生檢查。

那個謝醫生一摸我的肚子，就哇了一聲，問我到底是在哪做的產檢，我就告訴醫生，在他這裡做的，醫生聽了就說：「妳只有在這裡驗孕啊！」

我說：「對啊！」

醫生聽完後很吃驚地跟我解釋：「妳這樣很危險，因為妳的孩子在子宮是橫躺，會將妳的子宮撐破！」

接著就幫我照超音波，我看到我孩子的樣子，聽到小孩強壯的心跳聲，我就高興地一直笑，醫生對我的反應不解，就跟我說：「還笑，不過，這個孩子很健壯。」

我問醫生：「是女孩對不對？」

醫生就反問我：「妳怎麼知道？」

我說：「我自己會看啊！」

醫生就說：「妳自己會看？」

我只好指著超音波的螢幕說：「沒啦，我是看螢幕的！」

然後醫生就要我一直喝水，想要藉由憋尿的方式，設法要將胎位轉正，試了兩次，醫生看沒有辦法轉，就告訴我這個孩子很硬，要我下個禮拜再來試試看，可是在幫我驗血後，他就建議我最好到大醫院去生產，醫生跟我解釋我的血壓太低，而且這裡的血不夠，擔心我失血的時候需要用到血，所以介紹我到婦幼生產，一去婦幼產檢，幫我看的醫生也和三重的醫生是同樣的反應：「哇，妳去那裡產檢？」

等到婦幼檢查完後，我一回到家，就自己打卦，知道一定是要剖腹生產。

觀世音送子來　夜市擺攤結善緣

我懷老二前，先連續做了兩天的夢，夢中觀世音來敲我的門，抱了一個兒子，問我：「這個小孩妳要不要？」

我看了一眼觀世音手上抱的孩子，我就說：「不可愛，我不要！」

觀世音又從袋子裡抱了另一個小孩問我：「這個呢？」

我一看說：「好可愛，有酒窩耶！」

觀世音就跟我說：「可是這一個會很辛苦，生產時會有一點危險！」

然後就把那個有酒窩的嬰孩放到我的肚子裡面，我就醒了。

我懷老二時，就乖乖地去給三重的謝醫生產檢，第三個月產檢時，他就說：「妳的體質可能就是如此，妳的孩子都是橫躺著的！」

還問我老大的個性有沒有很拗，確實如此，我老大的脾氣像螃蟹一樣橫著走路，很拗。到了第五個月，他又建議我去婦幼看，他跟我解釋，因為我的血紅素與血小板都不夠，他告訴我，我第一胎是血紅素不夠，這一胎懷疑我的血小板也有問題，血小板有問題會造成血流不止，當醫生這樣告訴我時，我就想到夢中菩薩告訴我這一胎比較困難的話。

我懷老二到第五個月時，我又做了一個夢，在夢中我去敲菩薩的門，菩薩在修法，侍者就跟我說，要我等兩個小時，我就跟菩薩的侍者說：「不行，現在是四點，再等兩個小時，我就來不及去擺夜市了！」

侍者就跟我說：「好，妳去擺夜市，很多事妳不用問，船到橋頭自然直。」

夢到這裡，我就醒來，醒來之後就在想，我怎麼會去擺夜市？第二天還是夢一樣的夢，到第三天，在夢中我又去敲菩薩的門，侍者就跟我說，不要問，就這樣去做就對了。

於是我就跟我先生說，我做了這個夢，夢中指示我要去夜市擺攤。

那時白天卜卦的生意非常好，但到了晚上，卻沒有生意，又因為我做了這個夢，因此開始找擺攤的商品。一位認識的吳師兄介紹我認識啖慧師，我就跟我先生去找啖慧師，去到那裡啖慧師就要我們自己看，師父那裡的二樓東西多到只能用堆積如山形容，找半天，看半天，也看不到我要的東西，當我們要離開時，師父又看著我說：「下次再來！」

這個時候我看到這個師父很不快樂，身上發出暗藍色的光，很暗很暗的藍，藍到幾近於黑色的光。之後，我再去啖慧師那裡補貨時，看到師父正在刮痧，師父身旁圍著許多灰灰的東西，師父就看著我邊跟我用沙啞的聲音說：「我病了兩三天，完全都沒有聲音！」

原來師父幫忙助念，當助念完她看著亡者的臉的那一剎那，嚇了一大跳，師父就覺得背脊冷冷的，感覺有一些東西鑽進來，回來的時候，腳很沉重，背也很沉重，覺得自己揹了很多東西回來，都沒辦法睡，隔天師父就發燒了，我去的時候已是第三天，我看到門口有六、七個，屋子裡有五、六個，每個灰灰的姿勢都是垂頭喪氣，有的嘴巴是開開的，這些灰灰的看起來像是病人的感覺，師父都叫我仙姑，看到我就問我：「我是不是被什麼東西壓到了？」

我就跟師父說：「妳這個刮痧沒有用！」

我就把我看到的情形跟師父形容，正在刮痧的人聽了我的形容，嚇得刮痧板都掉到地上，刮痧的師姐就跟我說，她覺得師父的身體很溼，好像一條魚，都刮不到的感覺，才一剛幫師父刮，刮痧的師姐就不舒服。

當時，我看到地上有一包東西，我就問師父：「這是什麼？」

師父就回答我：「我也不知道，是西藏來的，不知是什麼粉？可以除妖魔鬼怪！」

我就在師父桌上的香爐上將這些粉點上，這個香粉的味道非常的特別，說是香的味道，也不全然是，說是草的香味，也並非如此，我就要師父用這個燃燒的香粉，薰一薰自己的身體，並要師父跟那些灰灰的說：「我是出家人，請他們到有佛堂的地方……」

我講到這裡，就問師父有沒有佛堂，師父就告訴我說五樓有，但師父就露出驚恐的表情跟我說，那些灰灰的不可以到她五樓的佛堂，她很怕，她已經三天沒有睡了，我就跟師父說，她是師父，怎麼這麼沒有膽？

師父就跟我說，她唸佛唸得還不夠，要我跟那些灰灰的說去別的佛堂，我就跟那些灰灰的說，去佛光山好了，師父還反問我，佛光山那麼遠，那些灰灰的到得了嗎？我就跟師父解釋，那些灰灰的兩秒鐘就可以到了。

於是就請師父在一旁持大悲咒，我則幫師父說：「一切有緣無緣的往生者，這個地方不是你們可以留的地方，希望你們到松山火車站旁佛光山的講堂去，或是到我家的佛堂，我家有關老爺，也可以到忠孝東路的善導寺！」

當我講完之後，全部的灰灰的都消失不見了，我就跟師父說，全走了，接著師父也覺得她自己的聲音沒那麼沙啞、喉嚨沒那麼緊，沒有堵塞的感覺，接著她拿了一包東西給我，並解釋是喇嘛給她的，說是可以除妖魔鬼怪。（十年後，我去達賴喇嘛流亡政府的所在地，那裡有一條街叫做達賴喇嘛街，我看到當時我在啖慧師父那裡看到的香粉，是一種很特別的東西，整條街就只有這個老婆婆在賣，那家老婆婆的店同時賣一些餅乾豆類麵條之類的貨品，我遠遠地就看到她坐在店門口，而且看到店內有一個角落，一個老舊的麻布袋發出金黃色的光，遠遠地看本以為是賣黃水晶，但明明是雜貨店，不可能有黃水晶，我就打開這個麻布袋，發現很香，就是當時在啖慧師那裡的香粉，那個老婆婆還用很破的英文說：「Good, good, very very good.」，我就買了一小袋約十碗一百塊盧比，我買完後逛到別的地方，我跟我先生又想多買一些，覺得這種香粉可以救人，於是又再轉回來找老婆婆的店，卻奇怪的是，怎麼找都找不到這家店。）

後來吳師兄，又介紹我去另一家佛教文物批發的商店，我才在那裡看到我想賣的小沙彌。剛開始在我的香舖店賣，賣得還不錯，我先生就跟我說在三重跟二重之間有一個大的夜市，於是就買了擺夜市相關的生財用品，並花了一萬元買了一台身經百戰的中古箱型車，性能很好，外殼很破，停在路邊，別的車也不會來撞，因為撞到我們那輛破車，自己的車可能要大整修。攤位錢是五十元，第一天扣除本錢，只賺了四百五十元，我先生說真的很辛苦，做了半個月後，我又做夢，夢到我跟我先生在不同的夜市擺攤子，生意非常的好。

四頭龍龜聽佛樂　生子災難待化解

我醒來後就跟我先生到台北的夜市去找攤子，挺著大肚子去問那裡有空的攤子，一邊找的時候，我還在心裡默唸：觀世音菩薩既然您指示，您就要讓我找到攤子。當我才唸完，我就問到賣畫的旁邊的攤子是空的，老闆娘就跟我說，這個空攤子是因為今天生病才沒有出來做生意，問了我賣的東西，跟她的沒有衝突之後，就以六百元租給我，那天我總共賣了九千多元。

在台北的這個夜市是從星期五賣到星期天，生意非常好，星期天收攤後，往回家的路上已凌晨一點多了，我坐在車上想觀世音給我指示，要到夜市擺攤，一定有其用意，但是什麼用意呢？

回到家入睡之後，又夢到觀世音抱孩子給我，我還是在夢中還有酒窩的孩子，觀世音就在夢中跟我說，這個小孩有些麻煩。

隔天我醒來，我就想可能觀世音要我去廣結善緣，賣佛法的錄音帶可以讓人有機會接觸佛法，佛珠、小沙彌讓人看了，心情會很好，因此我就跟我先生說：「我生這個孩子會有很大的災難。」

我先生聽了就安慰我：「不要這樣亂想。」

但我還是想可能生這個孩子時我會遭遇到一些障礙。

在台北擺夜市半個月後，在一個賣媽媽裝的店門口，才有了願意固定租給我們的攤子，到那個時候我們才終於有固定的攤位。

第一天當八點多時，我一把攤子擺好之後，出現一個四個頭四個脖子的動物，看起來不像是狗，又不像鴨子，眼睛是圓的，有像狗的耳朵，頭殼是硬的光禿禿的，頭的大小就像葡萄柚這樣的大小，頭的高度是高低不一，身形像烏龜，有一個圓圓的硬殼，四條腿，走得很慢。每天八點到八點十分就會從我擺的攤位前走過去，下雨天牠就不會出來，牠走過我的攤子時都會發出腳摩擦地的聲音，我第一次看到也不覺得怕，顏色是灰灰黑黑的，但除了我，沒有人看到。

第二天我就問我先生有沒有看到前面有四個頭的動物，我先生聽我這樣講，要我小聲一點，免得被人家聽到，會以為我是神經病，但當我第二天再看到這個四個頭的動物時，我開始覺得有點恐怖，怎麼會有四個頭的動物？到了第三天，又覺得牠很可愛，走路像鴨子，還會發出如鴨子的聲音，還在心裡想，是烏龜和鴨子交配而成的嗎？當我這樣想的時候，四個頭同時轉過來看著我，其中一個高度最高的頭，還看著其中一個挑水的小沙彌，我就對牠說，很可愛喔，我先生就看了我一眼，因為攤子前面沒有任何人。後來我發現牠根本不是在看小沙彌，而是在聽我放的佛樂，那天我放的是「清淨法身佛」，牠出現的這三天生意都很好，但三天後就不再出現，我就在想是不是放的錄音帶佛樂超渡了牠，所以牠就不再出現了，我自己還幫牠取了一個名字叫「龍龜」，後來我買到一個香爐，跟我看到的這個龍龜還滿像的。我在夜市擺攤四個月，一直擺到我生產的前一個月。

牆上出現心經　庇佑生子難關

原本我想第二胎就在三重的謝醫生這裡生，因為謝醫生醫術好，人也很敦厚，謝醫師表示，如果驗血都沒有問題，他就可以幫我接生，但是一驗血，他還是跟我說，我的血小板指數非常低，並詳細地詢問我，我都沒有感覺不舒服吃不下嗎？

我就跟謝醫師講，不會，但謝醫生依然堅持我到婦幼去，並要我跟婦幼的醫生說，我的血小板指數不到六萬多，他特別強調我一定要立刻去婦幼檢查，他跟我解釋，因為我的血小板指數有持續下降的現象，擔心我可能有血液方面的病變。

於是我就去婦幼檢查，到了八月份我的血小板指數仍持續在下降，到快要生的時候，醫生就要我提早住進醫院，我在十月十日住進醫院，十月十一日準備剖腹。原本我已被推進手術房了，但一驗血血小板指數已降到五萬多，婦幼婦產科的主任又要護士推我回房間，因為雙十節剛過，血庫的血不夠，他擔心萬一需要輸血，血庫的血是不夠用的，醫生就建議我轉院到台大生，我就轉院到了台大，住了五天，都沒有人理我，只是有人來幫我抽血。

到了第五天，護理長建議我出院，但要我隔天早上來掛一個李醫生的門診，李醫生都是幫疑難雜症生產，並要我包個紅包，於是我就出院回家，那天下午我睡覺時，夢到我的肚子破掉了，血流不止，我就捧著我的肚子，在夢中一直喊：「阿爸，阿爸，怎麼辦？快叫醫生！」

後來就在夢中嚇醒，我起來跟關老爺上香，當時家裡並未供奉關公，關公是在香舖，因此我就對著關老爺寫的論緣堂的那面牆，手拿著兩個筊，問關老爺：「我這個夢有什麼意義？我這一胎該注意什麼，有什麼危險？」

擲筊，一擲下去，兩個筊是站立的，是面對面的站著，都沒有動，也不會倒，我看了就愣在那，我心想不知是什麼意思？

想著想著，突然間那片牆變得透明，我都能看到牆外的人在上上下下樓梯，而我離那面牆距離很遠，好像騰空離開這個房子的感覺，同時我看到透明的牆上寫著心經：「觀自在菩薩，行深般若般羅蜜多時……」是金色的字，在心經的字裡行間，寫著「我佛慈悲」，我又愣了一下，接著就回到我房子的真實現場。我在心裡想，我佛慈悲，表示我會過關，當我這樣一想完，兩個站著的筊就倒下來，我就把筊拿起來，接著回到香舖，去找結緣而來的心經，再把這小小的佛書帶在身上，同時唸了幾次。

心跳一度停止　感覺捲入漩渦裡

隔天我去台大掛號，等了很久才看到李醫生，他開單讓我住進醫院，隔天又照超音波與產檢，生產的前一天我做夢，夢到我的小孩生出來了，然後我看到牆上的時間是十點五十九分。

要生前醫生問我，有沒有打算什麼時候把小孩抱出來，於是我想到我的夢，我就跟醫生說，十點多不要超過十一點，於是醫生就決定九點半到十點間將我推進產房。

生孩子那天早上我很緊張，我的眼皮一直跳，推進手術房時，因為裡面冷氣很強，我冷得一直發抖，李醫生來的時候，表情有些凝重，他安慰我不要擔心，並要我等麻醉科與血液科的醫生來，我就問醫生，生個小孩要這麼多醫生在場？

原來我的血小板指數持續的下降，已經不到五萬了，當準備要生時，我的躺床兩邊各站了三個醫生，每個人的姿勢都是一樣的，一手放在下巴，一手抱在自己的腰上，六個醫生一副開始研究的樣子，他們都在講英文，討論研究了半天。

李醫生就說，快十點半了，我一聽十點半了，頭就有點暈，我發現他們這些醫生還想不出一個適當的對策幫我生產，這時我就聽到麻醉科的醫生講，如果全身麻醉，小孩抱出來可能沒有氣，我聽到這句話，我就忍不住開始哭，李醫生用英文講完一句話後，似乎其他的醫生也認可，我感受到這些醫生準備要動手了，這時我抖得更厲害，護士看到我發抖就來安慰我，安慰我不要緊張，表示有這麼多醫生在場，一定會將我的小孩好好地生出來的，我就跟李醫生說：「我公公在外面，這一胎是長孫，是兒子，只要把我的兒子好好生下來就好了，不要救我，只要我的兒子活著就好了。」

其中有一個醫生在一旁說：「我們要讓他們兩個都活著比較好，我們會盡力的。」

李醫生就走到我的旁邊，握著我的肩膀說：「我們一定會盡力，但是如果有萬一的話，請妳也不要怪我。」

我就說：「我瞭解，我瞭解。」

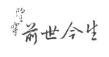

李醫生又說：「有時候是會有萬一，但絕對是我們不願意發生的。」

護士在一旁跟我說：「妳要堅強，妳一定要看到妳的小孩，妳一定要把眼睛睜開好好地看妳的小孩。」

但我還是一直哭，接著我就被麻醉，漸漸地呈現半昏迷的狀態，我還能從我躺的手術床頂上的鏡子，看到我的肚子被劃了一刀，血都噴出來，一直流，我的耳朵一直聽著醫生們說話的聲音，接著我就整個人昏迷了，當我再度聽到聲音，就是護士小姐一直叫我的名字，要我看著她，並跟我說：「妳的兒子生出來了，很可愛喔，妳的兒子是活的，還有酒窩。」

同時我感到我被護士一直打嘴巴，並一直捏我的臉，邊打邊捏邊說：「醒起來，醒起來，快點啊，妳醒起來，不能死啊！」

護士一直邊說，邊打邊拉，我的耳朵聽到護士已說到哭起來了，當時我聽得到，我卻看到眼前是一片藍色的天空，並感受到我掉到一個漩渦中，不斷地被漩渦攪進去，同時我一直叫著：「阿爸，阿爸！」

心裡還同時想，我不能被漩渦攪進去，這樣我就看不到我阿爸了。

這時觀世音菩薩出現，拉著我的雙手將我從漩渦裡拉起來，並像抱小孩一樣將我抱在祂的懷裡，往天上一直飛，一直飛就看到我阿爸，我還跟我阿爸說：「我快拉到你的手了！」

接著我就拉到我阿爸的手，這時我整個人就醒了過來，醒過來時，我兩隻手是拉著護士的手，護士一看我醒過來就一直說：「醒了，醒了，醒了，妳剛死掉了！」

原來剛才我的心跳一度停了，並且不斷地大量出血，但此刻已穩定了，我的肚皮尚未縫合，只是用六根大的釘書針先暫時固定起來。

在恢復室恢復時，李醫生建議我要先進加護病房，並且跟我說：「妳不能再生了，妳再生就沒命了！」

歡喜哭認錯哭　愛深終究要別離

當我睡著又再度醒來時，宣香姐剛好在我身旁，發現我的肚子又大量出血，她跌跌撞撞地去叫醫生跟護士來，接著我又被推進手術房緊急輸血，輸了七包但血又流光了，又輸了五包也流光了，除了我自身的血在流失，輸進去的血也都輸不進去。

我睡著的時候，我夢到我參加閉關，進入一個房間，在這個閉關的房間裡，不論發生任何恐怖的事，或是看到任何恐怖的景象，都不能講話，不能有表情，不能哭，不能有嗔恨心，也不能驚叫，這是一個考驗，三天考驗過後，就能看到真正的光。

當門一打開我就在黑漆漆的房間中，看到我阿爸，我看到我阿爸被兩個人強行帶走，我也不能講話，也不能驚叫，也不能哭，我就在黑漆漆的房間中坐下來，感覺好像我坐在石頭上，觸感還痛痛的，我還跟我自己說，不能嫌痛，接著我就聽到觀世音說：「趕快唸佛，趕快唸佛，妳要不斷地觀想，觀想妳的家人，妳的小孩，觀想妳過去所認識的人，觀想妳累生累世所做的壞事，觀想妳怨恨的人，觀想妳可能在過去世殺害過妳的父母，觀想妳死去的親人……」

我在夢中聽到這裡，就忍住眼淚，跟自己說，我一定要放下，我對我過世的姐姐說，我一直很恨妳，但我又不能恨妳，還跟我自己說，這可能就是我姐姐跟我父母累世的業，我姐姐就是來報恩的，恩報完就要走，所以我不能恨我姐姐。

在這個夢中，我一直想到我姐姐，我爸爸，我媽媽，同時在夢中我也想到菩薩已告訴我生這個小孩會很辛苦，這也是我要去接受的，我一定要忍耐。

在夢中還看到長角的奶奶，在遠遠的光亮處，跟一個師父一起走，我就在心中想，她已經學佛了，有師父帶領了，同時我就在心裡想，我一定要讓我阿爸學佛，將來佛祖會來帶領我阿爸，想到這裡，看到觀世音在黑漆漆的房間裡點起一根蠟燭，光線很漂亮，就跟我說：「妳通過考驗了，妳現在想做什麼事情都可以！」

我就說：「我想看我阿爸，我可以哭嗎？」

觀士音菩薩就說：「可以，當妳哭的時候，妳要記得，哭有兩種情形，一種是很歡喜地哭，一種是認錯地哭，那妳要記得錯一次後，不要再犯同樣的錯。」

我就說：「可是我很愛哭，我想到我爸爸就會哭！」

觀世音菩薩就說：「那是親情沒有辦法，妳非常地愛妳爸爸，妳跟妳父親的緣非常好，但是妳要知道，妳父親年紀已大，有一天，他就會生病，到時就會離妳遠去，那時，妳就要放下，妳要記得！」

我就跟菩薩說：「不行，我還沒有孝順我爸爸！」

菩薩又說：「妳已經夠孝順了！」

那道燭光慢慢地愈來愈亮，我就看到菩薩的臉，很漂亮，菩薩手中抱著三個孩子，右手兩個，左手一個男孩，菩薩就把左手的男孩，給了我隔壁床的女的，我在夢中看了我鄰床的女的，她是很嚴重的小兒麻痺，我從手術房醒來時，已經是晚上九點了，推回三人病房時，我被放到中間這一床，在我隔鄰的真的是一個要坐輪椅的女的，先生也是拄著一個拐杖，我就跟她打招呼稍微聊了一下，她就告訴我她先生是獨子，她想要生兒子，但超音波卻照不出是男或是女，我就跟她說：「不要擔心，妳會生兒子的！」

我出院前，她果真生了兒子並且高興地哭了。

百年關公騎馬探望　夢中得知父親病了

李醫生來查房的時候，跟我說：「妳不要再生了，不要給我找麻煩，妳的血液狀況還要再追蹤，都不能凝固，我們差點被妳嚇死，還好是妳的觀世音菩薩救了妳，真的是奇蹟出現，我做醫生的都只能說是奇蹟，可是不要冒險，沒有每一次都是奇蹟！」

我在醫院住了五天才終於脫離險境，我肚子的傷口經過半年都沒有痊癒，常會從傷口滲血水出來，而且會肚子很痛很痛，晚上都沒辦法好好睡。

這期間，我回南部婆婆家做月子，每天都夢到我婆婆家供奉的一百多年騎馬的關公來探望我，關公還會騎著馬從樓上下來看我，我還跟我先生說：「關公可以用走的，難道一定要騎著那匹馬才叫關公嗎？」

關公只是每天騎馬下樓跟我笑一下，並未跟我說任何話，我還想，關公的那匹馬那麼高大，我婆婆家的樓梯與走廊很窄，每天我都會仔細地觀察，關公騎的那匹馬經過我房間之後，到了前面要怎麼將馬迴旋轉頭，再騎回樓上，我觀察了幾天，都想不透關公是如何將馬迴旋轉頭，因為走道真的很窄。

回到南部做月子的那十天，有一天晚上關公把我叫醒說：「快點起來，妳家出事了！」

我還看了一下，發現這次不是騎馬的關公，是我在台北香舖的關公，到了四點半，我又夢到觀世音菩薩跟我說：「妳爸爸生病了，他中風了。」

我聽了就開始哭，但我一直等到早上八點，才打電話回家，都沒有人接，而且眼皮跳得很離譜，一直到八點半，才被住在我家的管叔接起電話，他剛從外面回來，我要他去找我爸爸，去看我爸爸怎麼了？

管叔發現我爸爸在床上昏迷一直流口水，送醫院檢查是小中風，醫生說，我爸爸血管太硬，連針都很難扎進去，說我爸都沒有油，我爸的飲食一直都是煮一鍋大白菜豆腐，然後就配白飯或是饅頭，每天就這樣吃，一桶油可以用一整年。

我爸中風的過程，還遇到因為看護照顧的疏失，而造成手筋斷掉，然而中風之後，也是我大哥一直在身邊細心地照顧長達五年（直到民國八十七年大年初二我爸往生），才能讓我不那麼擔憂，繼續經營香舖店的生意以及帶小孩。

24 兩人同姓名　藉附身求解脫

我生完老二之後，搬到臨沂街，那時是民國八十三年四月，游芬芳介紹她住在高雄的二嫂卜卦，她覺得很準，因此就詢問我是否可以到高雄去，於是我就從民國八十三年的四月開始每個週末都到高雄二嫂的家去卜卦，二哥從事的是公務員的工作，二嫂是做美容，所以她的同行好友經由她的口碑宣傳，都來找我卜卦。

我第二次去高雄時，二嫂住四樓的鄰居朋友，是在路邊做海鮮炒菜生意的夫婦，他們買了一棟二樓半的房子，買這棟房子的過程也很快速，這棟房子原是一對新婚夫妻住的，但因為要北上，於是就把新屋轉賣，做海產生意的夫婦，看一次就決定要買，因為都已經裝潢好了，所以在半個月後就搬進新屋。

但搬進新屋的隔天晚上，太太炒完田螺這道菜就昏倒在地上，醒來後變得不認識自己的先生，也不炒菜，每天就是出去亂買衣服，亂給錢。例如：常拿一千元給商家，卻不知道要找錢，然後就離開了，或是帶著支票亂開給別人；還好附近的人都認識她是海產店的老闆娘，因此都會主動將支票還給她先生，她先生帶著她到處求神問卜，得到的答案不是說他們侵犯到土地公（因為搬家的時候沒有去土地公廟拜拜），不然就是說因為沒有拜地基主，得罪了地基主。我聽了就跟二嫂說，不會吧，眾神都是慈悲的，沒拜祂們就會這樣，那基督教怎麼辦？

二嫂跟我講這件事時是週末下午的三點左右，二嫂就問我願不願意幫這對夫婦，因為她說他們很可憐，我看了時間後跟二嫂說：「沒有關係，去載他們來，快點，過了五點可能就沒有辦法。」

當時我也不知為何要這樣說，二嫂也跟我說，他們五點半就要擺攤，因此五點之後他們也沒時間，二嫂還告訴我，他先生現在都將他太太綁起來，免得她到處亂跑，亂給錢，可是他太太就會哭啊、叫啊，想要出去，如果再找不出解決的辦法，就要帶他太太去精神科，他認為他太太可能瘋掉了。我還特別提醒二嫂，試試看，但若是超過五點就不用來了。

這時二嫂就去找四樓的鄰居下來她家打電話，電話一接通，先生說，他太太在睡覺，二嫂在電話這頭跟先生說，要他將他太太搖醒，這時我就聽到他太太的大吼大叫聲音從話筒那頭傳過來，此時，我就從二嫂家進門的陽台外面的空中，看到一個畫面：有一張床在一口井上。我愣了一下，心想怎麼會如此？電話那頭的吼叫聲持續著，我就在旁邊跟二嫂說，可能帶不來，但還是再試試看，到了四點半，先生終於用摩托車將太太載來，我就到陽台往樓下一看，他太太在樓下喊：「這不是服裝店，你帶我來這裡做什麼？」

原來她先生騙她要去服裝店買衣服，才把她載過來。

陽台外那個一張床在一口井上的畫面，依然還停在空中，當這對夫婦一上樓進了陽台的門，那位太太一看到我，就一副想要跑走的樣子，但我卻看到兩張臉，於是我就問她：「妳為什麼要在她身上？」

接著在太太身上的那個女的說：「我跑不出來。」

我就問：「妳要從哪裡出來？」

那個女的就說：「她的床放在我的井口上面！」

這時同一個人身上會發出兩種不同的聲音，一個是年輕很好聽的聲音，是附在太太身上的女子發出的聲音，另一個是太太本身略帶沙啞的聲音。這時我就跟她先生說：「你不能鬆手，要把她拉住！」

而我也在一旁拉住他太太，我拉住他太太時，我才發現她全身是濕的，好像是從古井裡爬出來，如一條濕毛巾，這刻我全身開始起雞皮疙瘩，我就抓住她的右手。

我繼續問她：「妳為什麼會待在井裡面？」

那個女的就說：「沒辦法，永遠都跑不出來，我本來還能跑出來，她們把床放在我的井上面，我就跑不出來了。」

我又問：「妳永遠都要住在哪邊嗎？」

那個女的回答我：「時間到，我就會出來！」

我又問：「那妳怎麼會在那個井裡？」

那個女的就說：「我不能講。」

我又再追問：「妳是投井自殺的嗎？」

那個女的聽我這樣問，就開始一直哭，哭個不停，哭的時候，那個太太的臉，就變成那個女的臉，哭聲是兩種聲音重疊在一起，我又再問：「妳是投井自殺的，妳可以告訴我妳的名字嗎？」

那個女的講的名字就是太太的名字，她們倆同名同姓，都叫林淑芬，非常地湊巧，我就很兇地跟她說：「妳是林淑芬，她也是林淑芬，妳以為她的身體是妳的身體，妳不可以藉著她的身體出來，她跟妳無冤無仇！」

挖出地下怨井　釋放怨氣說謝謝

那個女的邊哭邊問：「那我該怎麼辦？那我該怎麼辦？」

我就問那個女的：「那我幫妳做超渡好不好？」

那個女的就一直點頭，後來二嫂就打電話給自己的大嫂請她過來，因為大嫂是佛光山的義工，認識很多山上的師父，大嫂就騎摩托車過來，並且開始對著那個女的唸心經與大悲咒，但唸太大聲覺得有點吵，我就提醒大嫂唸小聲一點，接著大嫂就打電話到佛光山去找師父，那個女的聲音就開始慢慢不見了，然後太太就在沙發上睡著了，還打呼呢！

這時我看了一下時間，剛好是五點鐘，她先生就說：「喔，這就是我太太，我太太睡覺時，很會打呼！」

她先生表示，她太太已經一個星期沒睡覺了，每天晚上都到處亂跑，買東西吃，還會把魚拿起來生吃，把他嚇死了。

接著我就請二嫂拿一個紙杯加溫水，並給我七粒米，這時我感受到好像有人在搖頭，我就把米和鹽放在那位太太的左手上，並將她的手握緊之後，用力拍她握緊的手，邊拍我邊大聲的叫：「林淑芬！林淑芬！」

那位太太醒來的第一句話就是說：「田螺有沒有端出去？」

接著看著我問：「妳是誰？」

她先生就很興奮地喊：「阿芬，阿芬，真的是妳！」

這時我就將米與鹽加入那杯溫水中，要她喝下去，那位太太還問我：「為什麼要喝？」

後來她才從其他人的口中，知道自己這個星期的狀況。（我到高雄的星期五晚上做了一個夢，夢到在我的左手上畫一個圓圈，上有七粒米，還加上鹽，我在夢中，還問關老爺這是要做什麼的，祂回答我，明天我就知道。）

這時我很想點香，也很想哭，而我耳中卻聽到「阿彌陀佛」的唱誦聲，但由於二嫂家沒有香，剛好我先生隨身帶盤香，於是就把盤香點起來，建議那對夫婦要把床挪開。

一個星期後，二嫂打電話告訴我，那位先生找了水泥工來把地磚敲開，那位五十幾歲的水泥工邊敲地磚，邊告訴那位先生，地下一定還有東西，因為水泥工在敲地磚的時候，心裡就一直覺得很難過，而且他做水泥工幾十年，他都是憑感覺，例如：施工的時候，要不要拜土地公，這位水泥工都會有感覺。水泥工在挖的時候，還感覺到土地公在一旁用腳用力地踹地，因此水泥工在挖地時，覺得好像有人在幫他施力。

挖了差不多一個膝蓋深度，在敲的時候，就發出空空的回音，結果挖出一個跟床的尺寸大小一樣的井，一個水泥蓋蓋在井上，於是就請師父來誦經超渡，師父在超渡時就說這口井怨氣很深，還聽到哭聲，師父誦完經後，從口袋拿出兩個十元擲筊問：「這口井是否可以填起來？」得到一個肯定的答案，於是那對夫婦就把那口井填了起來。

據說，師父回到寺院，還繼續幫那口井的亡魂做梁皇寶懺的超渡。

大約兩個月，這對夫婦都不敢回到這個房間睡覺，一直到太太夢到那個女的來跟她說：「謝謝」，這對夫婦才再度回到這個房間住。

點燃琥珀雙淚流　哀怨女魂找錯人

那段日子幾乎每個星期我都會下高雄。五月初到高雄時，經由一對程姓夫婦的介紹，而認識程先生的同事，這位同事姓廖，廖同事的先生每天晚上都睡不著，每天晚上都會看到一個女的，往前走之後，還往後倒退走，不斷地用這種方式，在陽台來來回回地走，看了一個禮拜之後，廖同事的先生變得不敢睡覺，把燈都打開，但還是看得到陽台上的女人走來走去。

接著廖同事的先生到了晚上還會夢遊，她先生會走到電鍋旁，不論裡頭剩多少飯，都會用手抓著吃並全部吃光，有一次剩了半鍋飯，她先生全都吃光光，早上醒過來時，她先生手上都還殘留著飯粒，可是卻不會覺得肚子脹脹的。

隔天早上，廖同事問她先生夢遊的事，她先生完全不知自己半夜夢遊，於是就去尋求醫生的幫助，然而醫生只能開安眠藥與鎮定劑給她先生，但鎮定劑與安眠藥還是沒用，晚上時間到了，廖同事的先生照樣起來夢遊。

那一週的週日早上，我到程姓夫婦家，大約是十點鐘，過了沒多久，這對廖姓夫婦就來了，我一看到廖姓夫婦就覺得不對勁，那位先生黑眼圈已經很嚴重了，非常沒有精神。（前一天要南下高雄的晚上，我做了一個夢，一個男生來找我說他要除魔，我就說除魔簡單，接著從桌子底下拿了一包東西打開，裡面是一顆一顆咖啡色的天然琥珀，我就用筷子夾著點著薰他，那個男的就好了，跟我說謝謝之後，就包了個紅包走了。這包東西是兩年前，我到佛教書局補貨時，敘慧師父因為知道我會卜卦，因此就把這個東西給了我。早上醒來後，我正在整理要帶到高雄的東西時，卻從我的桌子底下滾出這包東西，我看了一下順手放到我的行李帶到高雄來，我也不知我會遇到什麼狀況，這包東西到底可以發揮什麼作用？）

程姓夫婦房子的格局是，客廳有一道牆擋住大門的視線，但我卻像有透視眼般，穿過那道牆，看到有一個女的站在門口想進來，我就請程太太把門打開，程太太有點害怕又冇點不解的問我：「有人要進來嗎？」

我就說：「嗯，請妳把門打開！」

這也是我第一次看到灰灰的，有眼睛卻沒有鼻子與嘴巴的樣子，當時我的直覺是這個女的找錯人了。

於是我就跟程太太借了一雙筷子，夾了一小塊咖啡色的琥珀，用打火機點著它，這是我第一次點燃琥珀，當琥珀開始冒煙時，我就請廖同事的先生，靠近正冒著煙的琥珀聞，結果突然發出啪的一聲，小火花就噴到廖同事先生手的虎口位置，他的一小塊皮立刻被燙翻開來，他被嚇到，人就大力地往後退，手同時也往旁邊甩，差一點打到旁邊的太太，而這時他虎口的皮馬下脫裂下來，我要他趕快去沖水，當時我心裡想：怎麼會如此？當他一沖水回來，竟然看到陽台門口那個灰灰的女的，他就跟我說：「老師，我看到了！」

我就叫他跟著我唸大悲咒，唸到一個段落後，我就叫他唸自己的名字三遍，並請他跟著我說：「請我這一世及累世的所有冤親債主遠離！」

這時除了他太太廖同事在場外，其他的人，都嚇得分別躲進房間裡，當他唸完，眼睛張開的那一瞬間居然哭了，我就問他：「怎麼了？」

他說：「我聽到她跟我說對不起及謝謝！」這時我看到那個女的已從門口消失了。

這個房子的屋主程先生還心有餘悸地問我：「晚上我們還可以住這裡嗎？」

我就跟他說：「可以啦，我的直覺是她找錯人了，不過你們真的救了這個先生，而且她已經跟他說謝謝與對不起，她也走了！」

據說廖同事的先生回去後，傷口在下午就癒合了不痛了，他從星期天　直睡，睡到星期一晚上天黑才醒來，一醒來跟他太太說的第一句話是：「肚子好餓喔，今天是禮拜天，我們出去吃飯！」他太太跟他說，他已睡了兩天了。

芒果樹下等兒子　了結前世母子情

二嫂的美容同行叫阿美，她跟她先生阿信都來找我卜過卦，她從高雄打電話給我，告訴我她姐姐的兒子出去玩回來後，不斷地叫肚子痛，醫生檢查都認為不樂觀，她姐姐的兒子臉一直發黃，肚子也愈來愈硬，希望我能提早下高雄，於是我就在星期六一大早下高雄。

一到高雄，下午就直接去她姐姐的店，她姐姐跟她姐夫是做牛排館的生意，她姐姐告訴我，她兒子出去玩，吃了芒果回來的隔天，就說肚子痛，而且臉愈來愈黃，這小孩在醫院住了一星期才剛回家，說到這裡，她就叫她兒子從樓上下來，當我看到她兒子時，我沒有看到他的下半身，從肚臍以下都是灰色的，這男孩一直說肚子很脹很痛，臉就像芒果的顏色，黃黃的。

當時我心裡就想慘了，我看到這男孩的同時，感覺好像有人用兩隻手摀住我的耳朵，我就故意打個呵欠看會不會好，但還是一樣，於是我就在心裡唸大悲咒，沒多久就好了，阿美的姐姐在一旁一直哭著告訴我，看了好幾家醫院都查不出病因，檢查的結果，只是指出這個小孩脾臟有問題，我就跟她說，要她準備一些拜拜的東西，明天去她兒子吃芒果的地方看一看。

隔天早上，他們夫婦載我去她兒子吃芒果的地方，因為路很狹小，她先生想超車，才超過前一輛水泥車，卻發現對面車道有一輛大卡車迎面而來，全車的人都嚇到，因為根本沒有空間可以閃開，還好前面的水泥車往前開，我們這輛車才有機會立刻鑽回水泥車的後面，那輛對面車道的大卡車，對著我們這輛車將喇叭聲按得又猛又大聲。

當她們夫婦告訴我到了時，車窗就出現一個女的頭，張大嘴巴對著我大吼，我被這個張嘴的女頭嚇到，身體就很自然地往後閃，還撞到坐在我身旁的阿美的姐姐，我撞她那一下還滿用力的，因此她還很關心地問我怎麼了？她手中抱的水果也掉滿了地上。（我在五年前，還在南部做生意時，有一個晚上，我坐在我房間的窗邊，窗外突然出現一個荒涼的景象，在一片荒野的雜草中，有一棵芒果樹，樹上結了很多芒果，就在我發愣看著這景象時，突然窗戶的玻璃上出現一個女子的頭，很兇地張嘴對我吼叫了一聲，我還能感受到她吼的時候的熱氣，接著那個女的頭不見了，然後在那荒野的雜草中，出現一個女的拉著大約十幾歲男孩的手，竄進芒果樹的地底下，那個小男孩跟在後面，還邊喊著「媽媽、媽媽」，接著小男孩也消失在地底中，接著這幅畫面就消失了，窗外的景象又變回真實而平常的巷弄景色，當時我確定我不是在做夢，沒想到五年後，我居然在車窗上，又再度遇到這個女的張大嘴對我吼的畫面。）

這時那個小孩愈來愈不舒服，我就說：「爸爸你跟我下車好了，媽媽就在車上照顧小孩！」

我下車後，爸爸說要帶著我走，我就告訴他我已經知道是哪棵樹了，跟我五年前看到的荒野中的芒果樹的景象是一模一樣，都是雜草叢生，根本沒有一條所謂的路徑，我邊撥開雜草邊往那棵芒果樹的方向前進，同時也邊跟爸爸說：「這並不是你朋友的芒果園啊！」

當我這樣說時，他才跟我解釋，那天去朋友的芒果園玩，因為下雨就提早下山，在回程途中，他兒子說要尿尿，於是就把車靠路邊在這片荒野停下來。

他兒子尿尿完，因為遠遠的看到這棵芒果樹結了很多芒果，在跟他父母說完後，就自己跑向芒果樹，他們夫婦倆也下車看到那棵芒果樹結了很多的芒果，這時兒子就拔了芒果正在吃，她們夫婦也拔了兩個帶上車，可明明是拔了兩個很漂亮的芒果，但是回到家時，那兩個芒果卻發黑了，蟲都跑到車上的椅子，媽媽一看就順手丟出窗外。

那天凌晨兩點，兒子就開始肚子痛，痛了一個晚上，早上就去掛急診。

我一下車時，遠遠地就看到那個女的掛在樹上，我看到她吊死的畫面滿悽慘，是吊死好幾天身體都發脹了。她死的時候留下一個兒子大約是十歲到十二歲，這時我要爸爸不要過來，我自己就走到芒果樹旁邊，在心裡用意念跟她溝通：「妳要帶他走，對不對？」

她答：「對！」

我又問：「他是妳兒子？」

她答：「對！」

我又再追問：「妳以為他是妳兒子？」

她答：「不是，他是我的兒子，我兒子死掉再投胎的！」

她還跟我說，要我不要管這件事，這男孩跟他這一世的父母，只有十二年的因緣，我很疑惑地問她：「是這樣子嗎？」

她又再度地跟我強調，她一定會帶他走，而且是在兩個星期後，我又問她：「沒有辦法不讓他走嗎？」

她說：「不行！」

當時我聽她說得如此堅定，我也不曉得該怎麼辦，就一直地掉眼淚。

她還繼續跟我解釋，她找了很久才找到自己的兒子，現在她的兒子要跟她回去，於是我又問：「妳帶他走之後呢？」

她就跟我說，她的兒子七天後會再出生，也是出生在附近，還特別再提醒我，要我不要管這件事，並告訴我她在好幾年前就跟我說過了，我就跟她說，對啊，我確實看到這個景象時嚇了一大跳，我又問她：「妳都是對我吼叫，我要幫助妳什麼？」

她說：「我求求妳幫我超渡，也幫我這個小孩超渡！」

我又問：「不是因為吃芒果的關係，而是時間到，因果到，也就是這個小孩命到了？」她就對著我點頭。

我看著她問：「我現在該怎麼做？」

她就教我，要我把帶來的食物糖果餅乾倒在地上，這棵樹很深的地下，還有沒挖起來的骨頭，是沒有家屬的，我就試著往地底的深處一看，好像真的有。原來我帶來的東西，是要祭拜地底深處的這些無主的孤魂，於是我就插了三根香，也要站在我遠遠後面的爸爸過來，也上個香。

告之死亡將來臨　無憾告別父母

他一直覺得很奇怪，為何我站在芒果樹前很久，卻都沒有講話，走出來時，我依然很傷心地在哭，爸爸在一旁很急切地問我：「怎麼樣？怎麼樣？」

我就跟爸爸說：「沒有辦法，你們要做心理準備，大概兩個禮拜後，你會失去你的小孩，我可能沒辦法跟你太太說。」

爸爸就問我：「為何會這樣？拜託老師，妳一定要幫我的忙！」

我跟他解釋，這個孩子跟他們的緣只到十二歲，這是定業沒有辦法。

同時我也跟他說抱歉幫不上忙，在他的追問下，我才把我剛看到的，與那個女子溝通的過程跟他解釋。

接著從南部回來，我就直接飛去廣州看風水五天，要回來的前一天晚上，我做夢夢到那個女的牽著那個男孩的手，往芒果樹走，那個男孩的表情是很快樂的，男孩在夢中跟我說謝謝再見，那個女的也在夢中跟我說，我是一個大好人，我就看著他們往芒果樹那裡走，然後就醒了過來，一看錶是凌晨兩點。

我一飛回來，就在機場打電話去問，得知那個男孩在星期五的凌晨兩點過世，也就是我做夢的時間，據說那個男孩過世前，還跟在一旁這一世的母親說：「我媽媽來帶我了！」

還對著在病床旁的這一世的媽媽說：「媽媽，謝謝妳，我要跟這個媽媽走了，妳不要哭。」

他這一世的媽媽，從男孩的眼中看到在床的另一邊，有一個女的，這個男孩的眼睛就好像是一個縮小的電視螢幕，雖然她自己看不到，但卻從自己的兒子眼中看到，確實有另一個女的在一旁站著，這個男孩過世時，是沒有任何痛苦的。**這個男孩這一世的母親，原本很鐵齒，任何神佛都不信，也因為透過兒子的眼中看到另外一個空間的人，從此她不僅相信了因果，同時也成了一個很虔誠的佛教徒。**（後來是男孩的爸爸去問街坊鄰居，才得知大約在四、五十年，這個女的離婚時，要爭這個兒子撫養權，先生不給她兒子，這個女的很恨先生，因此就在芒果樹上上吊，後來她的兒子活到三十九歲過世。）

Chapter 6

奔波南北　掙扎人性慾望間

我就像一個提著皮箱出外看診的醫生，
只不過皮箱裡放的是命理的通書以及羅盤，
找我看診的，包括陰陽兩界，
他們帶著煩惱的因來，
但我卻希望他們能帶著快樂的果離去……

25 卜卦銅板放金光　生意未來必興隆

民國八十四年十月我到高雄，有一個做洋酒生意的人來找我，中、南、北部都知道蜜姐這號人物，是一個很高大的女人，她來卜卦想要問到底要不要買一支紅酒的酒牌，當她丟銅板卜卦時，我發現她的銅板都會發亮，發出一種金色的光芒，原本以為她用的是舊制的五塊錢銅板，仔細看才確定不是，我就知道這個人會賺錢。

當時她還有一個合夥人，我就建議她，不要跟這個人合作，因為我已經看到一個畫面，那個人開始在吃錢了，蜜姐因為跟這個合夥人很好，我當時也不好直接講破我看到的畫面，蜜姐就很困惑地問我，她為什麼不能跟現在這個人合作？我就只好含蓄地告訴她，她的合夥人想要自己做，她的合夥人是一個男的，她聽了就問我，他自己做好嗎？我就告訴她，她的合夥人自己做，會做得好。

我又進一步說，現在拆夥是恰當的，免得以後拆夥，因為你們是親戚，搞到老死不相往來。她就很驚訝地問我：「妳怎麼知道我們是親戚？我沒有跟妳說啊！」

我就跟她說，她可以做大，她的合夥人也可以做大，這樣對雙方都是好的，後來她還帶我去看她新看上的一個店面，她就問我，她在這店面做生意如何？我就告訴她，她在這裡做，做不到三個月或半年，就要換地方，因為生意好到裝不下客人了，我還提醒她，店的招牌先不要做了，反正到時候，她就一定要換一個更大的店面，當時蜜姐聽了，一直說怎麼可能？

但蜜姐依然接受我的建議，與她的合夥人拆夥，就在我幫她看的店面繼續做酒的生意，也把她看中意的紅酒酒牌買下來，除了零售，還做批發，才經過兩個多月，生意就好到不行。過年後，蜜姐又請我去看她找的新店面，新的店面很大，有倉庫、有辦公室，她並將其中一間房間租給我，當我到高雄卜卦的辦公室。

在高雄有了自己固定的辦公室後，我這種往返高雄台北的生活長達兩年，甚至也在這個時候，開始有人從大陸或是國外來找我去看風水。當然來到我面前的人，他們的煩惱也真是生死的大煩惱，甚至有的還牽涉到所謂的前世因果。

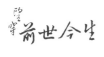

媽祖臉朝地落下　明示要下船休息

在高雄有個家族是做捕魚事業的，同時也是佛光山的大護法，有一天這個家族中的二姐，跟山上的師父說，覺得自己的家族是捕魚的，跟佛法講的不殺生，是衝突的並且矛盾的，她自己心裡也有障礙，師父當時就跟她說，各行各業都有停下來的一天，該停的時候就要停不要去強求，師父的這句話應證在五年後。

船在外海遇到事情，事件的起因是船員賭博，賭輸了，彼此互砍，結果死了兩個，後來這艘船就一直出問題，船的舵會自行地轉動，開到不對的海域去，漁船公司就要被罰款，簡單地說，就是鬧鬼。當時這個家族的二姐來找我去看，我就跟二姐建議，這艘船不要再使用，因為有人在船上不甘願的死，一定會有怨氣。

我到船上去看時，因為船上都是拜媽祖的，我還未走到船頭，媽祖就掉了下來，臉朝地上，當時我覺得神明在用這種方式告訴我：祂也要下船了！

我就問二姐，要不要考慮把媽祖請下來，讓這艘船休息，若是有緣以後再說，無緣不要再出海捕魚，因為媽祖已經要放棄這艘船，二姐還略帶懷疑地問我：「真的嗎？」

但我跟二姐講完的那天晚上，二姐就做夢，夢到在辦法會，有師父在唸經，請媽祖下船，於是媽祖就從船上走下來，還跟船再見，二姐就把這個夢告訴我，我就建議她看個初一或十五的時間，把媽祖請下來。我們看好日子的前一天，二姐又夢到死掉的兩個船員，一直在哭，而且下不了船，在夢境中媽祖走了，他們一直要拉著媽祖，媽祖就回頭跟二姐說：「妳去請師父，或是邢老師來，她知道原因在哪裡。」

當我再度去船停靠的碼頭，遠遠地我就看到很多灰灰的，有的是別條船的，這些灰灰的就在船與船之間，跳來跳去，同時我也看到二姐船上死的兩個船員灰灰的魂，很傷心、很徬徨，口中唸唸有詞地說：「我要回去，我要回去，妳將我帶回去！」

那時我身上只帶了天然的琥珀，於是找了一個放在媽祖旁的小碟子，問了那兩個船員的名字以及住家的地址，分別寫在一張紙上，我就在心裡唸：天神，地神，媽祖，我是佛弟子邢渲，這是二姐家的船，因為這兩個工人在船上過世，請媽祖與佛祖，引領他們回家。

接著我就將天然的琥珀加一些香粉放在小碟子上，用打火機點燃，在點的過程，這兩個灰灰的魂看到我，就跪在我的面前，一直跟我說謝謝，我就看著他們說：「我帶你們去跟媽祖謝謝。」

但他們卻跟我說：「我們走不過去的。」

我聽他們這樣說，心裡很納悶，覺得他們也非惡鬼，只是因為賭博而互砍致死，他們以前也拜過媽祖，我就跟他們說：「媽祖會原諒你們，你們有試著走過去嗎？」

他們告訴我，他們就是走不過去，我就要二姐喊他們倆的名字，並說：「走，去拜媽祖。」結果那兩個灰灰的魂就可以走到媽祖這邊，我要他們用手很虔誠地拜媽祖，而我點的香希望可以引領他們回家，拜的時候，不到兩秒鐘那兩個灰灰的魂就不見了。

這是我第一次在船上處理亡魂，我再次發現人死之後，都是需要有人給予適當的引領，才能去到他們該去的地方，而不會一直在時空中無明與無助地徘徊。事後，我就建議二姐不要勉強再使用這艘船了，並跟她說她會賣到好價錢，但二姐覺得這艘船還滿新的，用不到一年，也替他們賺很多錢，所以當有人來買船時，開的價碼也不錯，二姐就猶豫是否真的要將這艘船賣掉，於是就跟買方說等三天後再答覆是否要賣。

結果二姐連病了三天，而且還做夢，夢到自己變成一條人頭魚身的魚，被捕起來裝在車上去市場賣，大家在殺魚，一條又一條秤重，一條又一條的殺，然後就快要殺到她了，她在夢中一直叫：「我是人，不是魚！」

但卻站不起來，不論她怎麼叫，旁邊的人就是聽不到她的叫聲，她在夢中嚇到尿床，這個夢連續夢三天，到了第三天還是同樣的夢境，但她在夢中喊叫時，看到一道金色的光，觀世音把她救起來，並把她的魚皮脫下來，才變成一個完完整整的人，這時那艘船就跑掉了。當二姐早上睡醒，就立刻通知要買船的人，趕快將船拉走，原本要買方付修理船的馬達五萬元，二姐也不要買方付了。

26 房子上方一團黑氣　天色彷如暗夜來

我遇到有些滿離奇的案子，在處理的當下，我常會有天外飛來的靈感，知道處理的關鍵點在哪裡，旁邊的人常會問我，我都不會怕嗎？當然，從小到大我都沒有因為陰界的事而怕過，我只擔心我幫不到，沒辦法讓來找我的人，煩惱的來，快樂的離去。

有一個很胖的李太太，先生過世好多年，有一兒三女，她來找我是因為她有一個平房租給別人都很不平安，李太太在講這個過程時，邊講嘴還邊發抖，她一直說被那個，被那個……一直講不出「那個」到底是什麼，在我一直追問之後，她才吞吞吐吐地說：「被鬼強姦！」

終於講出這句話時，還很害怕地問我：「會不會被聽到？」並跟我解釋，這兩年租給四個房客，每個平均都住不到半年，有的病懨懨，住不到半年就病死了，空了兩個月，有人要租，但嫌房子舊，於是李太太就去粉刷，重新油漆。房客住進來頭一個月、第二個月都按期給房租，到了第三個月房租不給，到了第四個月，不僅房租不給，還會動手打人，房客很兇地跟李太太說，這個房子有鬼，到了晚上飯菜都會騰空，在屋子空中飛來飛去，感覺好像有兩個人在互丟這些飯菜。後來房客半夜又看到同樣的景象，還被一鍋湯潑到，被潑到時，房客萬萬沒想到那早該涼的湯，居然是熱的，房客被潑到那鍋湯之後，就一病不起，房客就不滿地跟李太太說，這房子鬧鬼，還付什麼房租？隔了兩個月，那個房客就搬走了，等李太太發現時，屋內的東西全被搬個精光了。

第三個住了兩個月，房客半夜就跑了，還是鄰居打電話給李太太，李太太才知道房客又跑了，第四個住不到一個禮拜，就告訴李太太，要她請出家人來唸經，因為她一個晚上被鬼強姦兩三次，還是不同的色鬼。

聽完後，我就跟李太太約了隔一個星期去看她的房子。

這一次看房子的經驗，的確令我嚇了一大跳。我到了李太太房子的附近，那是一個星期六的下午，車子快到時，我開始頭暈，起雞皮疙瘩，我從未遇到這種感覺，在車上遠遠地望向李太太的房子，散發出來的氣是黑色的，感覺好像她的房子是在晚上，隔鄰的房子則還是白天，那天是她女兒開車載我們去，我就要車子停在巷口，因為那條巷子很窄，下車之後，因為我急著想上廁所，原本想要先跟鄰居借廁所，但卻這麼巧，鄰居都沒有人在，李太太後來就說，她家就有廁所，幹嘛跟別人借？當時，我心想，好吧，該面對的就要面對，我就把我的包包打開，正在找東西時，李太太就問我：「老師，妳在幹什麼，妳在找護身符嗎？」我確實在找護身符，通常我身上都會帶金剛冥沙，或是檀香油，若兩個都未帶，我身上還會帶一條紅線或是一條五彩線，但是那天我居然什麼都沒有帶，只帶了一盒很小盒的印泥。

我看到這個印泥時，才想到我前一天做的夢。我夢到一些人在排隊，拿很多的衣服，關老爺就拿一個四方型的章，印上印泥，將人家拿來的衣服打開，並將章蓋在衣服裡，在夢中我還記得一個女生，沒有帶衣服，關老爺看了一下，關老爺就用右手指沾上印泥，蓋在這個女的胸前。

我在心裡想，關公是用右手，那我應該就用左手，事實上我也不知為何要如此做，但就覺得應該要如此，於是我就用左手沾了印泥，壓在我的胸前，壓完之後我就想萬一左手沒效怎麼辦？於是我又用我的右手沾了印泥，壓在我的胸前，李太太看我這樣做，就跟我說，她也會怕，所以要跟我一樣這樣做，也幫她女兒壓了印泥在胸前，當我一幫她們倆蓋完紅色的印泥之後，房子上一大團的黑氣就不見了。

生前習性魂魄相隨　面對已死陰風遠去

於是我就跟她們說，可以去她們家上廁所了。她們家的廁所是一個木板隔間的廁所，很窄沒有迴身的地方，坐在馬桶上，手都可以摸到廁所的門，而廁所的門跟廚房的門是相對的，廁所和廚房相對，這是水火相望，加上整個房子只有兩個窗戶，通風很不好，根本沒有所謂的住家品質。

上完廁所之後，我在廁所內看到第一個死掉的房客的魂還躺在房間的床上，我就在廁所內看了一下，這位房客在死前可能多喝了一些酒，再加上這個房子的空氣不流通，因此是缺氧造成死亡，我上完廁所，要打開門卻打不開，這時就有三個灰灰的站在廁所的門口，拉住門不讓我出去，三個都是男的，長得都很都像一副無家可歸的樣子，我看著這三個灰灰的，我心裡就想：人的習性，如果在死之前都沒有機會調整，或是懺悔想要改變，生前有什麼不好的習性，死後依然會魂魄相隨。

這也是我第一次看到灰灰的，把手放在褲襠裡，不斷地做出自慰的動作，還發出猥褻的聲音，我就看著這個灰灰的說：「你很噁心耶，沒有禮貌！」

那個灰灰的，一聽我這樣說，就發覺我可以穿透木門的隔板，看到他們，之後這三個灰灰的就不見了，可是我的門還是打不開，這時我乾脆坐在馬桶上，同時我也聽到李太太跟女兒在外面說：「老師怎麼在廁所這麼久？」

李太太又在外面半開完笑地喊：「老師，妳在裡面生孩子喔？」

我也不敢跟她們說，我看到了什麼，或是門打不開，就講我是來這撇金條，把鬼臭死。

接著十二個灰灰的又來到我的廁所門外，我就說：「哇，你帶那麼多人來喔，那又怎麼樣？把我的門打開，否則待會兒你們就走著瞧！」

外面十二個灰灰的聽到我這樣說，每個都露出驚訝的表情，嘴巴都變成O字型，我體會到這些灰灰的覺得驚訝的是，我居然「真的」可以看得到他們，接著我又說：「我是人，我不是跟你們一樣，是灰灰的，你們也不應該在這個房子裡，因為你們已經死掉了！」

這些話我講的非常的小聲，我就指著中間的那個說：「你還在那邊摸，你生前這種個性，死後還沒有改，很奇怪耶！」

這時我發現站在最後的那兩個灰灰的，是戴著手銬與腳銬的，因為他們的表情是喝醉酒，很慌張茫然的表情，我的判斷是這兩個戴著手銬腳銬的灰灰的，應是被處決而死的，我又再度地強調：「你們都死了，這個房子跟你們無冤無仇，你們不能來這個房子！」

站在中間那個灰灰的就對著我說：「亂講，我們沒有死，我們怎麼會死！」

有一個灰灰的還接著跟我說：「我還很年輕，我怎麼會死！」

我就說：「我門關著，你們看得到我，我也看得到你們，你們不是死了，那你們是什麼人？」

我一講完這句話，十二個灰灰的又一閃不見了，又過了兩三秒鐘這些灰灰的又回到廁所的門外，其中五、六個的表情是哭泣的表情，我就說：「幹嘛要哭？你們知道你們死掉了，這樣好了，你們把門打開，我幫你們超渡，唯有超渡你們才可以離開這個房子！」

接著我就把我台北的地址唸出來，要這些灰灰的記得地址，並答應他們我一回台北就會幫他們超渡，我強調要他們離開這個房子，不要再對房客做出不好的行為，我特別指著那個做猥褻動作的灰灰的說：「特別是你，生前喜歡對人家性侵害，現在還是喜歡對人性侵害！」

我一講完，他就一閃不見了，這也是我第一次發現灰灰的聽到自己死掉時，那種恐懼與哀傷，於是我又對著灰灰的說：「不用擔心，我一定會做到我說的。」結果門就打開了，走出廁所時我已全身是汗，李太太和她女兒嚇得站在門外看著我。

李太太還告訴我，外頭的太陽烈得要命，但是不知為何她們站在外面就一陣又一陣地發冷，還感受到從裡面吹出一陣陰風。

回來台北後，我去承天禪寺幫那些灰灰的，以及那條街上的左鄰右舍的冤親債主，馬路上的各類蟲

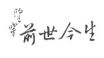

蟻等寫超渡的牌位，當我這樣寫時，師父就覺的我寫的都跟別人不一樣，就問我是不是都看得到，我就說是，師父就重新拿了一張大張的黃紙，要我全都寫在同一張紙上；另外，我請了兩個出家的師父來家裡做超渡，在我們家超渡時，那十二個灰灰的都有來，他們還「呼朋引伴」，多來了十個，那一天來的灰灰的，清一色都是男的灰灰的，連超渡的師父都看到，師父還跟我說：「今天的功德很大，都有迴向到。」師父還告訴我，整個客廳都坐滿了。

上香髮上一把火　答案分明免卜卦

做超渡的那天下午，有個女的來卜卦，看到家中在唸經，就問我她可不可以上香，我就說可以，結果她在點蠟燭時，她的頭髮燒起來了，我看了嚇壞了，她就開始拍頭髮，連師父都停止唸經，幫忙將她頭上的火花拍熄，那時我很納悶為何會如此？

當她把頭上的火花熄滅之後，進到辦公室卜卦，我才知道發生了什麼事。

原來她愛上一個有婦之夫，比她爸爸還老，這個人是她老闆，她會來找我，因為聽說我很厲害，就要我幫她看她和這個爸爸情人是否有婚姻，她並不想做小的，還有就是她想知道，她跟爸爸情人的老婆，什麼時候去談判會對她有利？

我聽完之後，我就回答她：「我想妳不用問了，妳是第三者，小姐，妳長得這麼美，有三四個都在追妳，剛剛妳在外面已有答案了，從來都沒有人上香會去燒到頭髮。」

她就跟我說：「這是巧合，我頭髮很長，而且追我的人都沒有錢。」

我就跟她說：「住在我家樓上的太太，頭髮長度也到屁股，來上香也從未燒到頭髮啊！」

她就開始發起脾氣來，並對我說：「妳是什麼老師，我今天付錢，妳居然告訴我這種答案！」

我說：「妳今天可以不用付錢。」

接著她就很生氣地站起來走了，她走到門口的時候，還回頭跟我說：「我會叫人來砸妳的店，我跟妳講！」

接著過了一個星期，那天因為我人不舒服，正在睡覺，睡到一半有人來按門鈴，一個女的表示，她是沒有預約的，我開門時，覺得這個女的滿眼熟的，經她一說之後，我才想起來，一個禮拜前，她是陪燒到頭髮的那個女的一起來的，她就跟我說，她的長髮朋友被車撞得很嚴重，昨天她去看了她，她朋友請她代她來上香，她也是來問自己的感情事情，說到這她就開始哭了，她說：「我也很害怕，我跟的那個男的三年了，他也是有老婆的。」

我就問她：「妳看到妳的朋友，被撞得很嚴重，所以妳很害怕？」

她就邊哭邊點頭，並表示她看到自己的朋友，頭髮著火的那一剎那，她覺得是報應，接著我就說：「我真搞不懂妳們現代人耶，妳也不老啊，我都快大妳二十歲，妳不會告訴我妳也愛上三十年次的？」

她就跟我說，她的阿那答是二十九年次，也是她的老闆，她是他的祕書，她老闆每個月給她十萬元的生活費，我聽到這之後，口中唸唸有詞地說：「喔，主耶穌基督，喔菩薩啊！」

她就不解地問我：「老師，妳到底是什麼教？」

我說：「只要是勸善的都可以！」

但因為那天，我感冒很嚴重，一方面精神狀況很差，一方面又是怕傳染給她，因此我就要她改天再來卜卦。

兩個星期後，她又再預約來卜卦，她來的時候已豁然開朗，她告訴我她兩個星期前，離開這之後，她連續做夢都夢到我，我在夢中跟她說做人的道理，我是帶著菩薩與出家師父在夢中說服她（她是一個天主教徒），要她不要做壞事，因此十天後，她就把老闆情人送給她的東西以及存摺，全還給他了，她來找我的時候，已經五天沒有跟她的阿那答見面。

那天她還帶了一籃水果謝謝我，還告訴我她的長髮朋友不敢來，並問我她的長髮朋友可不可以再來，我就告訴她可以，並表示，我家的關老爺是很慈悲的，隔天在沒有約的情況下，她跟她的長髮朋友就來我家跟關老爺上香道歉。

關老爺下桌踩步　驅臭改善空間品質

找到臨沂街這個地方的一樓當成我的住家兼辦公室，是找我卜卦而認識的人介紹的，不過這裡的地下一樓是做成衣設計的工作室，氣味很臭，一直以為是有人剛上過大號，或是有人剛放過屁，後來才知道不是。

有一天晚上我睡覺時，聽到有人在外面走來走去，起來看，原來是關老爺，關老爺走過來時還撞到我，關老爺跟我說：「不好意思，把妳吵醒。」

我立刻說：「關老爺您太客氣了。」

關老爺接著告訴我：「沒有辦法，還是要找人來抽糞槽。」

我說：「抽後面的糞槽啊？」

關老爺說：「對啊，後面的糞槽一、二十年都沒有抽過。」

我心裡就在想：有讓您覺得很臭？

當我這樣想時，關老爺就回答我：「沒有，沒有，只是覺得樓下的人很可憐。」我聽了就說：「好，我去找抽糞槽的。」

講完之後，我就去睡了，隔天醒來，就一直想跟關老爺的對話，到底是夢還是真實的？

結果我在我的桌上看到一張紙，上面寫了一個電話，我一看不是我的字跡，是類似用毛筆以左手寫出來的電話號碼，結果一打去，是「萬通」通馬桶與抽糞的專業公司，接電話的人真的很專業，問了我幾個問題，就判斷應該是糞槽太久沒有清快滿出來了，還告訴我抽糞槽的管子很大，應該不會花太久的時間。於是我就跟樓下工作室的老闆講，要抽糞槽的事，她的員工在一旁聽了，都猛點頭，她遲疑了一下問我：「妳們樓上很臭嗎？」

我就告訴她：「我樓上壓根兒不臭，是關老爺受不了了，說妳們樓下很臭，很關心妳們。」

她一聽，有些訝異地說：「真的啊，關老爺真是神通廣大。」

我就跟她說，昨晚關老爺為了糞桶很臭，走來走去想辦法解決事情，最後我就跟她說好，抽糞槽的錢一人一半。

但大台北要晚上十點之後，才能抽糞槽，晚上抽糞槽來的時候，因為抽糞槽的軟管長不長、短不短的，剛好在關老爺的供桌附近，因此要再接一條軟管，我看軟管的接縫就在關老爺旁邊，就一直很擔心在抽的時候會綁開，我看到關老爺的五官似乎都擠皺在一塊了，我就在心裡跟關老爺說：關老爺，沒辦法，長不長，短不短，就要在您的桌邊再接一條，您要保佑，絕對不能噴出來，左邊是噴到您，右邊是噴到房間門口，也可能直接噴到我的辦公室，我的房子就變成「屎厝」了！

我問老闆娘他們有沒有凸槌過，她告訴我，有，因此還得幫忙洗房子，我心裡想，我的神明在這裡耶！她這時，還對著我的關老爺說，請關老爺幫忙保佑，軟管不要綁開。

結果打開糞槽的蓋子，才發現已成了千年糞槽，硬到有如水泥地，老闆就跟我說，這棟房子從蓋好到現在，糞槽都沒有抽過，好不容易，兩個彪形大漢用很粗的鐵棍挖破了一個洞，硬如水泥蓋的表層就掉下去，軟糞就噴了出來，還噴到其中一個彪形大漢，我一看，心裡想做這樣的工作真是不簡單，很辛苦。之後，抽糞抽了將近兩個半小時。

在抽的過程，我看關老爺的身體姿勢，往軟管接縫的反方向傾斜，好像時時擔心軟管的接縫會綁開，我還要我先生看關老爺的姿勢與表情，我先生也說，真的，關老爺也怕怕的。

後來我搬到忠孝東路大約半年後，又再度遇到「滿糞」事件。有一天我做夢，夢到我要上廁所，但廁所的門卻一直打不開，在夢中我先生也在旁邊幫我的忙，由於廁所的門是喇叭鎖，用銅板就可以打開了，但是在夢中就是怎麼都打不開，於是我不斷地敲門問：「誰在裡面？」

結果一個聲音說話了，它說：「我在裡面！」

我一聽，是馬桶在說話，心想：對啊，馬桶一直是在裡面啊！夢中我就在門外一直笑，同時也從夢中笑醒了，我心裡就想，今天一定會有事。

白天，我也同樣一直卜卦，到了下午五、六點，我先生一打開廁所的門，突然大叫一聲：「老婆……」

接著我就聽到他把廁所的門用力地關了起來，我就問他什麼事，他就告訴我，大便滿出來了，滿到地上。我跟我先生說，我們要發財了，我先生不解又噁心地問我，為何我們老是會遇到這樣的事？

於是，我又再度打給萬通，老闆就說：「喔，老師妳去到哪兒，我都有生意可以做。」結果這裡有五個糞槽，從來都沒有抽過，總共抽滿了三車，才弄乾淨。

27 兩世深仇大恨　關老爺搖頭觀看

民國八十三年有一天晚上我做夢，夢到外面有一團黑煙進來，在夢中我以為是著火了，我躺在床上爬不起來也叫不出聲音，覺得自己的雙手被黏在床上，我想要叫醒睡在我身旁的先生，也無法開口，那股黑煙感覺侵蝕了整個空間，擴散在客廳的地上、牆上，就快要擴散侵蝕到我的房間，我看到關老爺的手變得很長，擋住那股黑煙不讓它繼續往我睡的房間擴散，同時在夢中，我看到關老爺的臉充滿著怒氣，我就看著關老爺生氣的臉然後被嚇醒。

嚇醒的時候，我看了一下錶，是凌晨兩點五十分。

我起床上廁所，之後站在關老爺的供桌前，跟關老爺說，可能會有一個很麻煩的案子發生。

隔天要近中午時，我正在想，中午要吃什麼，那天中午一直到兩點，都沒有人跟我預約，剛好是一個空檔，但大約十一點半，卻有一個歐吉桑出現，他頭髮灰灰白白的而且亂七八糟，感覺他已六神無主到了極點，他拖著一個女生進來，並且口中還邊說：「來啦，來啦，阿爸帶妳來！」

我一看那個女生就有問題，從父女倆的穿著看起來，家庭的經濟環境應該還算不錯，那個女生穿著毛衣，然後在外面穿著夏天的薄背心，兩隻襪子也是不一樣的樣式與顏色，全身搭配得亂七八糟，完全可以看出這個人已經無神了，她一走進門時，我可以感受到她的抗拒，接著她就問我：「妳是誰？我怎麼會來這裡？妳是我爸爸的朋友，對不對？」

一說完就神經神經地笑起來，但一會兒又很正經地跟我說：「我們要來拜拜嗎？」

她爸爸就要她坐下來，她一坐下來，就把兩腳打開成一個大字型，完全跟她嬌美的聲音與長相難以連在一起，一會兒她又會把腳跨在桌上，她爸爸就很不好意思地趕緊將她的腳從桌上拿下來，從進來之後一會兒很淑女，一會兒又很流氓的樣態，我心裡就想，她可能是被「上身」了，可是我怎麼看卻看不到裡面的東西，我只能看到她的心臟跳得很快，腦動得很快，同時她的手也很不安地到處翻我桌上的東西，甚至翻我桌下的東西，她父親就在一旁不斷地阻止他女兒說：「不要這樣啦！」

她父親告訴我，她女兒結婚的第二天，就完全不知道自己是誰了，甚至在大馬路上就脫衣服，坦胸露背地，要不然就是拿錢到街上亂買衣服，結婚的第三天就被夫家送回娘家退婚了，夫家也把陪嫁的一棟房子退回給這位父親，因為他們是熱戀兩個月結婚，所以當女的精神異常之後，男方就誤會以為女方的家這麼大方地陪嫁一棟房子，是因為女的有精神上的隱疾。但是父親卻告訴我，因為他女兒很孝順，又很能幹，幫家裡賺了很多的錢，他很疼愛她，所以結婚時才為他女兒準備這麼厚重的嫁妝。但卻沒想到一結婚女兒卻整個人走了樣。

我聽到這裡就跟父親說：「那我們來上個香好了。」

才一講到上香，他女兒就發出很生氣的低吼聲，並一直敲桌子，這時他父親就拉住女兒的手，我就跟關老爺上香：「請關聖帝君，幫助這個女生！」

講完我就將香插到香爐中，才一插上去香就熄掉了，我就想香怎麼會熄掉？於是我就再點香，但這時打火機卻點不著，我覺得很奇怪，突然一陣大風吹過來，我心想從哪裡來的風啊？當我回頭找風來的方向時，卻發現坐在離我大約有七米遠的那個女生，正在用嘴吹熄打火機的火，我愣了一下，同時我供桌上的兩個油燈也熄了。

這時我發現關老爺在皺眉頭，同時搖頭，我心裡邊想關老爺怎麼會搖頭，一邊要打開抽屜找出另一個打火機，當我正在拉抽屜時，那個女的就將我的抽屜硬推回去，我的手差一點就被夾到，當我又再度拉開抽屜時，整個抽屜卻滑落到地上，抽屜裡的東西，也散落滿地，我抬頭發現關老爺後面貼的那張紅紙發黑。

這個女的站了起來，她爸爸很緊張地拉住她，她很氣憤地用雙手扯破身上的兩件衣服，我就看到裡面還穿了好多層衣服，這時卻從她的口中發出很兇悍也很粗壯的聲音，以台語很憤怒地對著我吼：「妳不可以管，這是妳不可以管的，連帝君都不敢管，妳更不可以管！」

我聽完這段話，全身起雞皮疙瘩，愣在「很兇悍也很粗壯的聲音」的面前，我就反問：「她是你的冤親債主嗎，你為什麼要上她的身？」

我一講完這句話，就跟她父親說：「阿伯，你要把她抓緊喔！」

她父親就告訴我，她力氣很大，他快要抓不住了，我看「那個女的」像一頭蠻牛一般不斷地扭動身體，接著「很兇悍也很憤怒的聲音」又說：「我已經找了她兩世……」接著這個女的開始哭泣，邊講邊哭泣：「妳知道嗎？我很可憐，我懷孕時『她』把我推進井裡……」

寧不轉世誓報仇　如落井中雙手濕

原來兩世前，這個父親的女兒是個男的，為了別的女人，將已有身孕的太太丟入井中，當時井中水的深度，是到「她」（就是上女兒的身的魂）的腰，她就站在井中，因為沒有東西吃，而被活活餓死，到了陰間找不到自己的名字；當時這個父親的女兒，也就是兩世前的丈夫，為了怕她報復，還丟了一張符咒到井中讓「她」（就是上女兒的身的魂）永不超生，最後還把井也填掉，我聽到這裡心裡直發毛，心想怎麼有人這麼狠啊！

「她」跟我說，觀世音菩薩也勸她不要報仇去投胎轉世，但是她跟菩薩表示，她太可憐了，懷著孩子，站在井水裡，吃井中的草與虫，想是否可以有機會得救，但在井中喊了十三天，依然沒有人來救她，最後是被活活地餓死，因此她不要轉世堅決要報仇，我聽到這裡，開始冒冷汗，覺得自己全身濕濕的，我問她：「一定要這樣子嗎？」

附在身上的那個她就肯定地回答我：「對！」

回答的同時還推了我一下，我整個人跌倒在地，我爬起來時，那個女的父親不斷地跟我說：「不好意思，對不起……」

我跟父親說：「我沒辦法幫你處理，關老爺的香也點不起來，我卜個卦好了。」我就拿起半月形的筊，才一拿起來，就發現我的手掌都是水，而且水珠不斷地滴到桌上，我被這個現象嚇到，於是我就把筊一正一反放回供桌，我只能跟父親說：「沒有辦法，看緣分了，你可能要去找別的地方想辦法！」

父親聽到我這樣說，眼淚就從眼眶掉出來，問我收費多少，我說沒幫上忙不收任何費用，他跟我說謝謝的同時告訴我，他在帶他女兒來這裡時，已被騙了十幾萬了，當我看著他帶著女兒離開後，我坐著整個人還是不斷地冒汗，心裡很難過心很痛，我心裡想我有什麼資格被稱之為老師呢？來到我這裡的人，都會很快樂地走出我的家門，但為何這次連關老爺都搖頭呢？

我想到這裡，就想再上香，但香依然是點不著。

我先生回來時，我就把剛才發生的事跟他說，我先生看著我不斷地冒汗的樣子，有點不知如何是好，問我該怎麼辦？我要他點三支香，但是香都點不著，我先生以為是香太潮濕了，就又從櫃子中拿一整盒新的香，但新的香依然點不著，我就看著我先生說：「關老爺今天不辦公。」

接著我就站起來跟我先生說，我要去上廁所，但是我才走過關老爺的供桌旁，我就已經尿失禁尿出來了，我被這樣的狀況嚇了一跳，就去房間清洗乾淨換了衣服，躺在床上休息時，整個人就好像冰塊遇熱化水一樣，整個身體不斷地出水，並且全身僵硬，都沒有辦法翻身，也沒有力氣講話，我先生不斷地幫我擦著身體，但是我整個人從頭到腳冒水的速度，讓我先生不管怎麼擦，整個人就像浸泡在水中一樣，我先生既害怕又難過地問我：「要不要送醫院？」

我用很微弱的聲音跟他說：「送醫院也沒有用，可能要兩三天。」

我也沒辦法進食，我先生就用吸管讓我喝點水。

追討兩世苦中苦　放下怨恨甘願承擔

我除了不斷地冒水，同時也開始昏睡，昏睡中，我感覺我好像站在井中，奮力想要將蓋在井上的石頭搬開，但是卻搬不開，整個人濕漉漉地站在井中，不斷地吶喊，但是卻沒有人來救，我就在井中一直哭，一直哭，我醒來時，我先生就告訴我，我在昏睡的同時還不斷地哭，然後我先生就扶我起來幫我換衣服，我整個人就像植物人一般，全身無法動彈，呈尿失禁的狀態。三天中，我只醒了三次，在昏睡中，我還夢到我不斷地追我爸，我阿爸在我前方，但一片黑漆漆地，我也看不清楚前方阿爸的背影，邊追還邊喊，在夢中，就是一直追不到我爸；到第三天時，我依然夢到我在追我爸，接著就被一雙很柔很溫暖的手接住，並帶著我往天上飛去，我因為這雙手，而得以飛出四周都是黑漆漆的空間，我抬頭一看是觀世音菩薩，我看著菩薩的臉，菩薩跟我說：「這不是妳有辦法解決的事情，也因為妳受的這個苦，幫助她解脫了。」

菩薩一說完這句話，我就從夢中醒來，我醒來時，我先生坐在床邊，握住我的手說，跟我說：「老婆，老婆，怎麼辦？」

我就跟我先生說，我要起來洗澡，我先生就扶著我坐起來，整個人完全好了，我先生還不相信地看著我，洗完後整個人非常舒服，好像沒發生什麼事一樣；但事實上，我的衣服在那三天不斷地換，三天來，洗衣機洗我濕掉換下來的衣服，都洗了五次，還是有一堆衣服，像小山一般，堆在洗衣籃中；整個彈簧床床墊像是泡了三天的水，只好將床墊靠立在牆上，用電風扇吹乾，我和我先生先打地舖睡在地上。

我醒來的那一天那個女的就死了。

我會知道我醒來的那一天那個女的死了，是那個女的做二七的時候，她父親打電話給我，在電話中跟我表達謝意，告訴我他女兒站在浴室的洗手盆前，洗手盆內大約只有幾瓢水，她女兒整個臉卻埋在水中溺斃而死；他父親告訴我她要死的前一天晚上，大約十二點，他女兒坐在床邊突然平靜下來跟她父親說：「阿爸，你要跟邢老師說『謝謝』，要記得喔！」

但一說完這句話後，整個人又像失神瘋了般，亂抓東西，亂剪東西，他父親原以為女兒快好了，就想去上香，但香也是點不著。

再隔兩週後，晚上我睡覺做夢，夢到那個女兒來敲我的鐵門，在夢中我還起來開鐵門，她跟我說：「邢姐，我只能跟妳說幾分鐘的話，我終於知道在井裡的生活是怎樣了。」

我就跟她說：「我並沒有幫上妳的忙，但要對懷小孩的那個女的講，要她放下怨恨，對妳來講要了了這段因果。」

她就回答我：「妳不要想沒幫上我什麼忙，這不是妳能夠解決的，這是我們兩個要解決的，我還是要來跟妳說謝謝，也要謝謝關老爺，妳也不要怪關老爺不幫忙，這不是一般神仙可以管的，不過我終於解脫了，我要去走我的路。」

在夢中她轉身走兩步路，就從空間中不見了，等我醒來時，我是站在我家鐵門前，這是我第一次夢遊，鐵門是關著的，我一看時間，是半夜兩點十分。

之後我走回房裡躺在床上，然而當我一躺回床上，我就開始落淚，我覺得好辛苦喔，追一個人追了兩世，為的是報仇。

28 不知已死　做鬼搞怪嚇死人

有一次我為了要說服一個人打消她自殺的念頭，足足跟她說了五個小時的電話，從凌晨說到早上五點多，將她從頂樓的陽台說到她下樓回到房間，說到她打消自殺的念頭，說到她想開了，等掛電話時，我發現我不僅聲音都沙啞了，因為都沒喝水講太多話，人也整個虛脫了，一回到房間躺下去，立刻就昏睡。

我發現人都有很固執的性格，一旦固執起來，要溝通真的需要高度的耐性與智慧；灰灰的鬼也很固執，因為他們也曾經是人啊，但相較之下，灰灰的鬼要溝通，只要以真心相待，是不需要長達五個小時。

柯姐的弟弟柯貫道，他和他太太結婚兩年都沒有懷孕，他們到處去拜拜求偏方都沒有用，我就跟他們說，不要急，他們一定會懷孕，結果真的他們懷孕了，因此柯貫道夫婦非常地感謝我。有一次柯貫道的太太就介紹她的同學，要我去看她同學的家，她同學冉梅娟是做家庭理容院，到了晚上，梅娟都聽到有人走動的聲音，並且也聽到剪刀的聲音，連續兩個禮拜梅娟都無法入睡，隔天早上，卻發現剪頭髮的剪刀都被弄壞了，有的剪刀的刀刃還被插在桌上，綠色的髮卷還被剪刀從中間剪開，臉盆也被弄壞。

於是我就去梅娟的家，一看房子結構是從前門可以看到後門，而後門又對著另外一戶人家的前門，這一家的前門也是對著後門，因此若是四扇門同時打開，視線就可以從這一頭，穿過四扇門，看到另外一頭的馬路，這在風水上，稱之為「相串屋」，一般來說，容易具穢氣，若是三扇門串在一起，在風水上，易造成精神緊張或是得心臟病。我看完房子的結構之後，我就要梅娟去問她家後面的鄰居，最近有什麼事發生。

梅娟表示跟那戶鄰居不太熟，只知道是一個老太太帶兩個孫子，還有一個女兒，都是晚上出門，白天回來，當我正在跟梅娟說話時，老太太剛好從家中走出來，看得出來是剛哭過，梅娟就去打招呼，關心地問老太太怎麼了？

從老太太的口中才知道，女兒這幾天都沒有去上班，一直喊著要自殺，都沒辦法走路了，也不去看醫生，我就跟老太太說：「我去看看妳女兒好不好？」

她就告訴我：「她也不開門，只有我送吃的，她會吃。」而且老太太端食物的時候，她女兒也只是開了一個門縫，把食物很快地像用搶的搶進去後，又把門關上。

我聽了心裡就想，怎麼會這樣？這時梅娟就跟老太太介紹我是一個老師，她自己也是因為房子怪怪所以才找我來看一看到底要如何處理，老太太聽了梅娟的敘述，她告訴我們，她的房子到了晚上，好像有人拿菜刀，發出菜刀跺東西的聲響，還有鍋鏟炒菜的聲音，老太太推測，她的女兒可能是因為這樣而生病，她女兒自己關在房間裡也不開門，只是不斷地在房內喊：「我要死了，我要死了……」

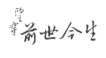

於是我就到老太太的家，上了二樓站在她女兒的房門外敲門說：「小姐，我是邢老師，我已看到兩個好朋友……」

我的視線可以穿透門看到房內的狀況，一個灰灰的坐在化妝台的椅子上，一個站在房間的一角，兩個都是女生，看起來兩個都是車禍過世的，這時我就把金剛冥沙灑在手上，也請老太太將孫子帶到三樓的佛堂，於是我又繼續說：「小姐，請把門打開，裡面有兩個灰灰的好朋友，她們已經往生了，不知要去哪裡，我要請她們出來。」

小姐就在房內跟我說：「她們很可惡，都不讓我出去，只要我踏出這個門，我就會死。」

我就跟她說：「她們在跟妳玩的啦，她們在嚇妳的啦！」

她還告訴我，她肚子很餓，東西都不是她吃的，都是那兩個灰灰的吃的，吃得滿地，我就在門外，對著兩個灰灰的女的說：「小姐，小姐，妳們兩個出來，我手上有金剛冥沙，我答應一定幫妳們超渡，我灑金剛冥沙時，妳們就往上面走，上面有佛堂，妳們去求佛祖，如果有因緣就告訴我妳們的名字，這不是妳們的家，她也不是妳們的姐妹，老奶奶也不是妳們的媽媽，這個房子也不是妳們可以待的，我現在打開門，妳們最好是出來，不然，我用降魔法，或是金剛杵，妳們可能就會很糟糕，但師父是慈悲的，我們會用超渡法幫妳們超渡。」

接著我就聽到哭泣的聲音，那個哭聲，就好像指甲劃過玻璃的聲音，尖銳刺耳，充滿著淒厲的哀傷，接著門就打開了，我感受到一陣很大的風力，把我撞了一下，我邊唸六字大明咒，邊拍打手上的金剛冥沙，接著走進房內，把燈打開，一看滿地的食物與東西，打翻的菜飯全在地上，地都是黏濕濕的，整個房間都是飯菜發餿的味道，我就看到床上老太太的女兒，整個人很瘦，看到我，哭得很傷心，她的身體被她自己咬出很深的齒印，手指頭也被她自己咬破流血，後來我就跟老太太說，要她請親戚朋友們來幫忙打掃，趕快帶她女兒去醫院打點滴，先煮點稀飯給她女兒吃，因為她女兒太久沒吃東西了，不能一下子就吃固體的東西。

我處理完老太太家裡灰灰的朋友的事情，請我來的梅娟家的灰灰的朋友，也同時離開了，事後我心想，怪不得我的本能直覺是要先處理隔壁的莫名的「怪事」，這家處理好，梅娟家的怪事也就自然連帶地解決。

Chapter 7

困坐天賦　建佛學院　慧眼漸開

這麼多年，有時候即使我講得準，看得準，
明明已預告會發生哪些狀況，
然而人卻無法控制自我的欲念，
那種感覺就如飛蛾撲火，我常看了又氣，又惱，又心疼，
同時也對自己的特異功能，有種無力的挫敗感……

29 找不到兇手　家屬登門求破案

當愈來愈多人來找我之後，有些人對於我看風水，或是卜卦，他們覺得我似乎沒有理論基礎，對於我講的、我預測的難免抱著懷疑，然而這些懷疑終究抵不過事後驗證的事實。

因此當許多別人認為不可能，事後被驗證的事實不斷發生後，來找我的人就像滾雪球一般，愈滾愈大。但是有些人來找我幫忙，卻發生這件事在當時沒有辦法有效地解決，而事件本身的痛苦與殘忍，也讓我在這個過程不斷地流淚，不斷地在心裡自問：為什麼？為什麼要遭遇這樣的事情？意義與價值何在？人的良知與良心又到哪裡去了？

然而，我的這些疑惑與不平，一直到後來我遇到我佛法上的父親——大堪布貢噶旺秋仁波切，從他身上學習到：正因為受苦，才能使我們的心變得溫柔，變得有包容力，才能感同身受眾生渴望幸福的心是一樣的。然而我對於擁有跟老仁波切如此深奧的生命領會與實踐之路上，我依然還是一個剛起步的學生。

下面這個真實的案例，應是我踏上這條「正因為受苦，才能使我們的心變得溫柔，變得有包容力」學習之路的一個開端，我永遠記得失去女兒的父親那種無語問蒼天的悲痛，以及不解老天為何如此安排的無助，而當時已是兩個孩子的母親的我，能夠感同身受這份痛苦，但對於自己所幫的有限，心裡更是抱歉，並且對於人性的殘忍，充滿著無解的問號。

那事件是發生在我剛搬到忠孝東路沒多久時，很多東西還未歸位，仍放在客廳裡，有一天，沒什麼人來卜卦，我先生也不在家，下午兩點左右，窗外是剛下過雨的陰天，氣溫涼涼的，我正在我的辦公室跟高雄的朋友打電話，這時我聽到電鈴聲很大聲地響起，我就要電話另一頭的朋友等一下，順手把電話放在桌上，走到客廳往外看，一看沒有人啊，接著就一陣涼風吹過來，我又轉身要走回辦公室時，我注意到關老爺的表情，我就問關老爺：「咦，您怎麼這麼傷心？」

我一講完這句話，關老爺前的蠟燭就熄掉了，又是一陣涼涼的風吹過來，但我還是走回辦公室繼續講我的電話，我還問電話那一頭的朋友，剛才她有沒有聽到電鈴聲，她還跟我說有啊，她還說電鈴聲很大聲呢，還問我誰來找我，我就跟她說門口沒有人，但我們倆也不以為意，繼續剛才被打斷的話題，才說沒多久，又聽到電鈴聲響起，我又再度問電話那頭的朋友，是否聽到電鈴聲，她告訴我有啊，我就跟我朋友說，不要管，再等一下，又再等了一會兒，電鈴聲又再度地響起，我就跟我朋友說：「這回可能是人啦！」

我心想我先生可能忘了帶鑰匙，我就跟朋友說，再聊，就掛了電話，走出辦公室要去開門。我打開門，是兩位男士，其中一個胖胖的男士就問我：「我們是要來拜訪邢老師。」我就跟他們說，我就是，接著就請他們進來，在客廳的沙發上坐定，我坐下時，還看了關老爺一眼，關老爺的表情依然很悲傷，我就問他們：「你們剛有來按門鈴嗎？」他們倆就有點訝異地問我：「剛剛，多久前？」不知為何我猶豫了一下，沒有再說些什麼，他們倆其中那個胖胖的就開始自我介紹，說是劉美玲的舅舅，我就反問：「劉美玲是誰？」

他就解釋說：「老師，妳可能沒有看報紙，美玲她好幾天前，在學校死掉了。」據他陳述，最後看到劉美玲的也是一個老師，這位老師騎著摩托車，看到劉美玲提著一個水桶正要去洗車，接著就沒有人再看到劉美玲了，那天是星期六；之後劉美玲被發現的時候，是躺在停車場附近的一堆沙子旁，已經斷氣了，三角褲被脫下來罩在頭上，窒死的原因，是被一些沙子摀住嘴鼻，因為她掙扎要呼吸，沙子就進入呼吸道，令她窒息而死。

警方要追查是誰殺的，但都找不到頭緒，舅舅又指出，劉美玲的爸爸（也就是在座的另外一名男士，一直都沒有開口說話）去一個濟公廟問，他們告訴劉美玲的爸爸，因為劉美玲死的時候很恐懼，因此看不清楚也講不出話來，只是那個濟公說劉美玲，一直喊著「爸爸，爸爸……」然後一直哭，舅舅說到這裡時，坐在一旁的劉爸爸就哭了起來，濟公告訴劉爸爸，劉美玲是在要被強姦的狀況下死的，但法醫驗屍的報告是，處女膜並未破，是腎臟被踩破。

我聽完劉舅舅的敘述，我就難過得不得了，忍不住就哭了起來，我邊哭邊問現在劉美玲放在哪，劉舅舅就告訴我，是放在殯儀館，我跟他們說：「我去看一下。」我就打電話要我先生回來，但這時我才想起來要問劉爸爸是從事什麼工作，他就告訴我他是一個「局長」，我反問：「什麼局長？」

經他解釋完，我才明白他當的官還不小，我只好跟他解釋，因為我都不看新聞，所以有些事我搞不清楚，劉舅舅這時既好奇又不解的問我：「妳都不關心國家大事喔？」

我就跟他們解釋從民國七十四年後，我不再主動地看報紙，因為報紙都是一些社會不好的新聞，不像我小時候，社會上發生一件無頭命案，就是一件不得了的事，但是現在這些搶劫、殺人等等看了很令人心痛的事件，卻天天佔滿大部分報紙的篇幅，不過我還是會看電視新聞。

我從劉舅舅的口中得知這是這幾天報紙報導的一個很大的命案，於是我就去找了一副太陽眼鏡要戴出門，我才一戴上太陽眼鏡，就看到劉美玲站在我家門口，當我看到那一刻，我又把太陽眼鏡往上推到頭髮上，跟劉爸爸說：「我看到你女兒了，但我看到的是她穿黑色的衣服白色的領子，戴一個方帽子。」

劉舅舅聽了我的描述，就立刻反應說：「那就是她的大學照，靈堂就是放這張相片。」這時劉爸爸又哭了起來，邊哭邊說：「美玲啊，美玲啊，妳一定要請邢老師幫妳破案，拜託關老爺……」

這時我就跟劉爸爸說：「她不見了，她聽不到你說的話。」這時我就跟他們表示，待會兒到殯儀館時，要請他們清場，結果去的時候，真的是很多的新聞媒體正等在那裡要訪問劉爸爸。

耳朵聽到孩子笑聲　兇手醉中說出口

我一進殯儀館內，看到劉媽媽，才一握到劉媽媽的手，劉美玲的牌位就從第三層的架子上掉了下來，這時劉媽媽就哽咽地說：「美玲啊，妳知道老師要來，妳要顯靈，讓老師幫妳的忙找到兇手。」

我就安慰劉媽媽，要劉媽媽把劉美玲的牌位放上去，劉舅舅就對著牌位說：「美玲，我現在點香，邢老師要祭拜妳。」才一說完這句話，牌位又掉了下來，劉舅舅又將牌位放上去，才一放好，又掉了下來，這時我在心裡跟美玲溝通：我已看到妳了，我也不能待很久，但我會到現場去看一下。

當劉爸爸又將牌位放好，我就上香，上完香後，我跟劉爸爸他們表示，要再回我家談，在回家的路途，因為要閃避媒體，中途還換了另外一輛車，我就跟劉爸爸解釋這也是我不看政界人物的原因，我跟劉爸爸說：「因為我只是平凡的小老百姓。」

在路中，我跟劉爸爸說，我在殯儀館時，看到很慘的畫面，耳朵聽到劉美玲很慘的叫喊聲，劉爸爸就很痛苦地摀住臉，無法想像自己的女兒死的時候是如何掙扎。

當回到我家，大家都坐在客廳時，我就安慰劉爸爸：「這也是妳女兒的命，她生於未時，死於未時……」

劉爸爸聽到這裡，就很訝異地問我：「妳怎麼知道她死於未時？」

我就跟他解釋，在他們來按我的電鈴前，劉美玲已在兩點十分來按過我家的電鈴，這個時辰，就是未時，劉爸爸就問我為何他女兒的命如此苦？

我就跟劉爸爸說，他的女兒很乖，就當作女兒是來報恩，此刻就是父女緣了了，現在最重要的是如何破案。

我就跟劉爸爸說，要他們準備一個臉盆，臉盆內要放三分之一的水，要劉美玲的妹妹每天晚上睡覺前，看著那盆水，叫劉美玲的名字，劉美玲的妹妹三天後若做什麼夢再告訴我，三天後，我們要到現場去叫魂。

當我講完這句話，關老爺的供桌動了起來，我就覺得不對勁，去上香，然後我就跟劉爸爸說：「關老爺說要現在就去買個臉盆，然後到現場去。」劉爸爸就問我：「現在？現在就要去嗎？」

於是我們就去買了一個臉盆到劉美玲出事的現場，當時天色已漸漸變暗了，學校一下課就沒有什麼人，一走到學校的停車場，感覺陰風森森，當走到停車場的沙堆，也就是劉美玲身亡的現場時，我把臉盆放在地上，這時我就跟亡者劉美玲說：「劉美玲小姐，我是邢老師，可能妳現在很害怕，可能都聽不到我的聲音，因此我要妳爸爸跟妳說，妳要跟著這個臉盆回家，然後告訴妳這一世的妹妹，告訴她妳怎麼死的，我們要把兇手找出來。」

這時我的耳朵就聽到笑聲，聽到兩個小孩子的笑聲，大約十來歲但還未變聲的小孩子，當下我聽到小孩的笑聲，我也不敢講，還提醒劉爸爸：「你不要哭，因為你哭，會影響我的陰陽眼和我聽到的聲音。」

一直到我們走出停車場，我才跟劉爸爸說，我聽到的笑聲，但他覺得這就是學校啊，當然會有孩子的聲音，但是我依然很肯定地跟劉爸爸表示，我聽到的兩個孩子的笑聲，是跟這件事有關。

事後我還是請劉爸爸卜個卦，結果卦象一卜出來，我就跟劉爸爸說，這個案子應會膠著七、八年左右。（這個案子一直拖了七年，到前年才破案，在這七年的過程，劉爸爸只要遇廟，都會進去拜拜，一直祈求神明希望能幫助破案。七年後會破案，是兇手長大了，一個當時是五年級，一個當時是國一的中輟生，當時這兩個男孩在家看黃色漫畫與A片，看完後引起性衝動，兩人就出去尋找獵物，剛好就看到劉美玲提著水桶走進停車場，於是就在性衝動的驅使下，對劉美玲強行施暴；七年後當時的小男孩已經長大了，他們是到KTV唱歌，喝醉酒之後，自己講出來的。當破案之後，我才明白為何我當時耳朵聽到的是小男孩的笑聲。）

30 感同身受　又吐又腹瀉

民國九十二年十月八日下午兩點四十三分陳美綉來卜卦，她是要問她先生王運福的健康狀況。

那天中午，我吃得滿飽，下午陳美綉一進來坐下，我就突然很反胃，於是我立刻跟她說：「請等一下！」

我就走出我的辦公室，衝去廁所把我中午吃下的東西，全部吐光光，這是我卜卦這麼久，從未發生的狀況，當我再度回到辦公室坐下來，還未等她開口問事情時，我已在她身旁看到一個畫面，一個瘦瘦的，留著稀稀疏疏三分頭的人，我一看他是個病人，同時我也看到陳美綉在我眼前，用手不斷地拍胸脯跟我說，她很緊張，因為從未卜過卦，我安慰她不用緊張，接著她跟我說，她要問她先生的狀況，並將她先生的出生年月日給我，一邊解釋她先生已在九月二十六日住進馬偕醫院，一邊說，她雙手還不斷地捏揉著一張衛生紙，她要我老實跟她說，她先生會不會……她還未問完，我已明白她在問她先生是否有生命之危，我就斬釘截鐵地回答：「會，我跟妳明白講，妳要有心理準備……」

當我話講到這裡的時候，我就開始肚子絞痛，我心裡就想，這個人為何會讓我又吐又想要腹瀉？接著我看到陳美綉的情緒很不穩，我就問她：「陳小姐，妳家是不是有人有很嚴重的憂鬱症？」

她聽了還是拍著自己的胸脯回答我：「有！」

她告訴我她哥哥住院一段時間，她自己也有，當她一講完之後，我的耳鳴就好了，但，我還是受不了，得去廁所腹瀉。

當我又再度地回到辦公室，才一坐下，我又看到她旁邊，那個男的畫面又出現了，我就跟她說，她先生是胃癌，她流著眼淚就問我：「有沒有關係？」

我就反問她：「自古至今有哪個國王總統不死的？」

她依然很激動地跟我說：「老師，不要啦，不要啦……」

我就跟她解釋，她先生不會很快死，但終究要面對死亡這個關卡。

這時我看了他們夫婦的八字，我就跟她說，他們夫婦的情感普通，他們倆常在爭吵，當她聽我這麼說時，她也承認，他們夫婦常為小事在爭吵，然而當她先生生病時，她自己就反省是否因為對她先生的疏忽，才讓她先生沒有及早注意到自己的身體狀況，因為她先生在民國九十一年時常發生胃痛的現象，常說要去看病，但都沒有去看，她也說要陪她先生去看，也沒有行動，直到九十二年才去檢查，檢驗報告一出來，已是胃癌第三期進入第四期。

負面習性是因　胃癌是結果

陳美綉就問我她先生為何會得這樣的病，當她這樣問的時候，我就看到一個畫面，畫面中，她先生穿著短褲短上衣，拿著一把彎月型的鐮刀，他看到任何動物就殺、就砍，甚至還亂砍樹與植物，而且一砍完，就很開心地一直笑，那種感覺是為了好玩。

我跟她說，因為她先生在過去世任意殺害動物與毀壞東西的負面習性很重，她不解地問我：「他是殺豬的嗎？」

我跟她解釋我看到的畫面，並跟她說明這是他要承擔的結果。當然，若是不相信佛法的人，不相信輪迴的人，對於我所看到的，我所解釋的，通常都很難相信。但我也不會勉強別人相信，因為一個人信仰任何宗教，都有屬於其個人的緣分。

我拿計算機算了算，跟陳美綉解釋，她先生應該會活到六十六歲到七十二歲間，當然這個歲數不包括意外，意外包括病死和自殺，因為人有想不開的時候，當我解釋時，她就問我，她先生會病死嗎？我聽她這樣說，我就跟她講：「那我們來打個卦好了。」

事實上當我這樣講的時候，我心裡有些猶豫，常常來找我的人不用卜卦，我都已經看到所有會發生的事情經過與結果，但來的人，都已準備好，常就等著問我：「我要開始了嗎？我要開始了嗎？」我就覺得不讓來的人丟一下銅板，好像令對方覺得不滿足，也會覺得不準。

於是陳美綉一卜出來，我就跟她說，她先生的生命是在六十六歲最危險，然而我還是告訴她要有心理準備，因為她先生正要接受化療，這個過程是一個漫長而痛苦的過程，我鼓勵她要支撐好自己，不要病人還未倒，她自己就病倒了，她聽我這樣說，就告訴我，她確實很害怕，甚至在醫院時，全身都會忍不住地發抖。

我聽了就跟她說，我會盡量幫她，因為她先生要化療，若有機會要放生，我會通知她，她也表示同意。

我教她，當要放生時，她自己要到市場去看，若被抓的是青蛙、蛇、烏龜等，因為被抓很痛苦，她要買下來拿去放生，當把這些動物放生之後，看著牠們蹦蹦跳跳地遠去時，她要對著牠們說：「願放生的功德，迴向給我這一世的先生王運福，能夠藥到病除。」在這個過程中，我幫她先生放生泥鰍一百隻，麻雀八百隻。

雖然醫生告訴她，她先生只剩六個月的生命，但是我的判斷是會長一些，大約可以再活一年。

有緣相扶持　安撫死亡焦慮

陳美綉在這個過程中，常來找我，一個星期可以打許多通電話給我，有時候一天會打六到八通的電話，她非常地焦慮，不論是否要換醫院或是換醫生等這類的大小事，都會打電話問我，在這期間我還告訴她，她先生還會回去工作一段時間，而她先生確實在過完民國九十三年舊曆年之後，就回到原單位上班。

到了民國九十三年四月份時，她又來找我，她一走進來時我嚇了一跳，因為我看她頭上頂了無形的「兩顆粽子」，左右各一顆，就好像古時候的人梳的包包頭，我還以為我眼花，仔細一看也不是，確實

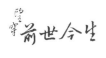

是兩顆粽子，她也發現我用奇怪的眼神看她，她就邊撥整自己的頭髮邊說：「我今天很沒精神！」

然而當她正在撥整她的頭髮時，她頭上那兩顆無形的粽子是不會動的，我又聽她說，她都睡不好，晚上常睡不著，她問我她是不是生病了，會不會比她先生先死，我就跟她講，她是太緊張了。

大約是在六月十四左右，我正在山上八關齋戒中，陳美綉就打電話上山找到我，告訴我她先生又發燒了，她很擔心，我掛了電話後就去請教老仁波切，西藏人的占星學是很嚴謹而精準的，老仁波切甩動他手上的佛珠之後，告訴我發燒沒有關係，但這個人的病不容易好，我就問老仁波切：「這個人活不久，是不是？」

老仁波切依然用很慈祥的眼神看著我說：「我也是快死的老頭。」

陳美綉認識我之後，只要一找不到我，就會很緊張，因此不管我去閉關，或是去印度，我都一定要給她可以找到我的電話，她才會安心。

日子好過難過　勇敢承擔是解方

端午節過後一星期，大約是六月底，她打電話給我，告訴我她先生肚子發脹，我一聽全身就有種不好的感覺，全身的毛細孔都在冒冷冷的氣，我就問她：「妳先生是不是吃粽子？」

她就反問我：「老師，妳怎麼這麼厲害？是啊！」

我接著又問：「他不是吃一顆，是吃兩顆？」

她跟我說沒錯，我就跟她說，這兩顆粽子會要了她先生的命，她一聽就哭不停，我就跟她說，馬上送她先生進醫院，一到醫院醫生一檢查，醫生也跟她解釋，吃饅頭喝水撐死的故事。

她就一直請我救她先生，但是我依然要她做好她先生會死的心理準備。

這次，她先生在醫院裡住了兩個多月。

到了九月，我去印度齋僧，喇嘛舉行天麻除障的儀式，於是就去剪了白色、紅色、綠色、藍色、黃色的布，每綑布又剪成Ａ４紙的大小，上面印著佛經的經文，掛在清境的高處，這些布一部分掛在蓮花生大師出生的地方，一部分掛在學院。

那天，我們一行人去蓮花生大師出生的地方，把這些印有經文的布掛起來，那天的天氣，是霧茫茫的，我覺得好像身處仙境，這些布掛好之後，我就對著天空喊著需要被祝福的名字，一個名字一個名字，一一地對著高高的天喊，但是喊到陳美綉的先生時，我卻突然忘記她先生的名字。

照理講我應該是很熟悉她先生的名字，因為她每個禮拜都會打無數通電話給我，而且我在印度時，她依然可以打電話到印度，輾轉跟我通到電話，當時我就設法努力地想，依然想不起她先生的名字時，我就在心裡想：慘了！

只好對著高空喊：「陳美綉的老公，你藥到病除了，我在這裡幫你祈福，你要堅強喔！」

我喊到這裡，我心裡想：唉，你都快死了，我還要你堅強！

於是我又對著高空喊：「菩薩，希望您能很順利地接引他，最主要陳美綉能夠接受，不要崩潰！」

王運福在住院的期間，我請陳美綉拿老仁波切的書及簡介給他，王運福看了很感動，要陳美綉捐了一萬元捐助學院學生的伙食與生活費，而有一次我帶著喇嘛到他們家去念經灑淨，當陳美綉外出處理事情時，我謝謝王運福的捐助，幫了學院大忙，他卻告訴我：「這只是區區小錢，我太慢認識仁波切了。」他說的時候眼眶都紅了，其中一個喇嘛也是佛學院的校長之一，就以藏文跟他說（一旁有懂中文的喇嘛幫忙翻譯）：「人都有屬於自己的修行，做人都有很多的辛苦，不管你今天日子是好過，或是不好過，你都要去觀想，這是你應該要去接受的。」我聽了眼淚就忍不住掉下來了，這時王運福還遞給我紙巾，安慰我不要難過，而我看著他，發現他一直吞口水，強忍著不掉淚，這時我問他：「你害不害怕？」他回答我：「我知道，我會做準備的。」

當我再度看到王運福時，他從醫院請假來我的辦公室，他做了化療，頭髮變成稀稀疏疏的三分頭（就是陳美綉第一次來卜卦時，我看到她身旁畫面中他的樣子），我就跟他說：「啊，你看起來很莊嚴，像出家人的樣子。」

他點點頭，同時我也看到他的右後方，發出兩條靛藍色與青綠色的光。這次，他跟陳美綉來跟我家的關老爺與佛上香，沒多久就離開。

我一直覺得我看到王運福時，有種似曾相識的感覺，我老是覺得要幫這個人的忙，但是最重要的大事卻忘掉，除了在印度忘掉他的名字外，同時我也忘了他的出殯日。（我會用計算機算命，是因為民國七十九年的十二月，我坐在辦公室整理東西，我看到另一個我坐在我的左手邊，拿了一個黑色計算機正在算，我就好奇地湊過去看了一下，才發現另外一個我，正在教我如何用計算機算命，因此我就很仔細地看著，當我看懂之後，另外一個我就不見了。那一年的聖誕節，就有一個人送了我一台黑色的計算機，這台計算機很準確，而且幫我賺了很多錢，因此即使後來殼都裂開，我用封箱用的棕色膠帶黏著固定繼續用，雖然看起來有些不體面，但因為它是我的第一台計算機，情感很深因而都捨不得丟掉，跟我比較好的朋友，每次都要我換一台，我都不願意，期間還有人送我新的計算機，我很感謝地放在櫃子裡，依然還是用我這台用膠帶貼補的黑色計算機，直到民國八十九年才讓它退休。）

親人過世手腳慌　牌位不安恐懼生

因為我相信任何的神佛都是慈悲的，因此有些人覺得是忌諱的事，我卻覺得只是一樁舉手之勞的小事，我的家人看我如此地坦然與坦誠，也就只好順著我的意，支持我的選擇。

我認識徐瑗、徐珮、徐瑋姐弟三人有很長的一段時間，徐瑗是個很孝順的女兒，當時她來問我她爸的事，因為她覺得她爸爸脾氣愈來愈不好，人也愈來愈消瘦，當時我跟她的感情已像姐妹般，有時候來問我任何事，她都會用這樣的語氣跟我說：「有什麼直講沒有關係，媽的，我都有準備了！」

這一天，我要開始講之前，我就先告訴她：「今天我不會跟妳開玩笑，妳要準備，他日子不多了。」

徐瑗雖是大剌剌的個性，這時聽我如此說，沉默地看了我一下，才開口問：「妳不要嚇我！」

我說：「我不會嚇妳，大約是十到二十天內。」

徐瑗一聽不能接受地反問：「有這麼快啊？」

我除了鼓勵她要堅強，同時我還教她，人從彌留到斷氣該注意的事情，以及該要處理的事項。同時，我也答應她，她爸爸不論是半夜或是任何時候發生事情，都可以打電話給我。雖然我認識她們姐弟三個，但是我卻沒有見過徐爸爸，徐爸爸都是聽子女講我神準的故事。

有一天早上六點二十五分電話響了，徐瑗打電話告訴我，徐爸爸走了，我趕到徐爸爸住的安養院，接著就幫忙處理助念與喪葬事宜，然而在處理喪葬事宜的過程，令她們姐弟以及徐媽媽最為難的一件事，卻是牌位的問題。

由於兩個女兒已嫁出去，兒子結婚和太太孩子住在中和，徐媽媽一個人住，若是家裡要設個靈堂徐媽媽會害怕，因為全家人都未遇過親人過世的狀況，徐媽媽就說：「如果家裡設靈堂，不用半個月，我也順便出殯好了。」

牌位放在兒子家，徐瑋又表示，他常常不在家，又不會拜怎麼辦？

我一聽就說：「來啦，放我家啦！」

他們全家人都露出不可置信地表情問我：「真的嗎？」

我說：「真的，我家佛堂這麼大，佛桌又這麼大，在旁邊弄個桌子，陽光又照得到，徐爸在我們家一定很熱鬧的。」

我講到這裡，徐瑗的眼淚就一直掉，覺得我為何對他們家如此的好。

借人生有福氣　借人死得庇佑

我就跟徐瑗說，放在我家要做七，喇嘛修法都很方便，而且離佛祖最近。

牌位放在我家的當天晚上，我就夢到徐爸，在夢中他告訴我，他最擔心徐珮這個女兒的婚姻以及兩個外孫的未來，並且還提到他生平的骨董收藏，以及一封發黃的信封內裝了去算命寫的算命紙，他在夢中告訴我，那個算命師沒有把他的命算好。

接著就跟我道謝，表示生前一直沒見過我，沒想到死後牌位放在我家。（後來徐瑗跟徐瑋真的找到那張發黃的算命紙，他們子女從來都不知徐爸去算過命，上面他們勉強看得懂的幾個字，就是不順，與不發。）

徐爸出殯的前一天，我又夢到他，他告訴我他家有一個很倒楣的花瓶，這個花瓶到哪裡誰就會倒楣，我做完這個夢，我也沒跟徐瑗提我夢到徐爸的事，然而徐爸出殯完之後，有一天徐瑗就跟我提，她家有一個倒楣的花瓶，它到誰家，誰家就有事，基本上她認為這個花瓶來我們家，可能就沒事，沒想到她在跟我講這段話的時候，正帶著這個倒楣的花瓶往我家的路上來。

徐爸的牌位放我家，我媽覺得自己家人過世牌位放家裡沒辦法，但是別人家的牌位，我媽就覺得心裡怪怪地犯忌諱，我就婉轉地跟我媽說，牌位它們放在該放的地方，這只是一個紙，這個紙貼的相片是方便喇嘛超渡，我鼓勵我媽將徐爸當作朋友，當作我們的阿公，每天來上香，徐爸一定會保佑她平安，台語有句俗話：「借人生有福氣，借人死得庇佑。」我就跟我媽說，她到了這個年紀，是需要有人多庇佑她的健康與平安。

之後，有一天半夜，徐爸就在我房門外叫我：「邢小姐，邢小姐，老師，老師！」，我聽到這個聲音就起床看，發現房門外沒有人，我就走到佛堂發現佛桌上的油燈，那天忘了在下面放個瓷盤裝水，其中一個油燈已經燒光了，底部因為太熱整個熱融而黏在下面那塊布，另外一個油燈已倒了，油燈的燈芯已在外面，我一看嚇壞了，萬一睡到早上，可能連佛堂都不見了，我就趕快處理妥當，才安心躺回去睡。

才一躺回去，徐爸又出現在我的房門口，他告訴我，下次不要這樣放，太危險了，他花了九牛二虎的力氣才把我叫醒。徐爸百日之後，我就再也沒有夢到他了，經過兩年，我想或許徐爸在佛的國度很忙，沒時間連絡了。

錢奶奶幫忙　女兒明白算命價值

這麼多年，我幫人卜卦、看風水，開棺撿骨，有時候會遇到有些人對我那種不客氣與不屑的態度，都會讓我的心很難過。

甚至有些同行的人，還認為我並未有學理基礎，只不過是個江湖術士，或是在心底覺得我只不過是個開棺的工人，我面對這樣的態度，剛開始我都會有種被傷害的感受，後來我仔細想一想，我確實是個開棺的工人，只不過不是自己親自去挖。

我女兒讀幼稚園大班回來的時候，告訴我，同學問她，她的媽媽在做什麼？我女兒還邊說邊哭，我就問她，為什麼哭？她就跟我說，她告訴同學她母親在算命，同學就笑她，我聽了又問她，她覺得算命很丟臉嗎？她說，不會，可是她又說，同學在笑我，所以她很難過。

到了小學二年級，我又再度問我女兒，她的同學知不知道我在做什麼工作，她就回答我同學知道，但是告訴我有個同學的媽媽說算命都是騙人的。

當天晚上，我剛好跟一個也是卜卦成為好朋友的錢媽媽聊天，（她以前是啟聰學校的老師，已經退休了）我就跟錢媽媽講到我女兒的狀況。

因此錢媽媽藉著請我們去吃飯時，跟我女兒說：「錢奶奶是讀過書的人，以前還是個老師，我來找妳媽媽算命都沒有打折喔。

我找妳媽算命，我也不是傻子，如果妳媽騙人，我不會和妳媽媽做了很多年的朋友，我女兒也要靠妳媽媽來勸導，而且，這麼多年，錢奶奶還偶爾來算一下，看下一步該如何走，妳媽媽是有能力的。」

我女兒聽完錢奶奶的說明，心裡才真的比較釋懷了。

Chapter 8 望穿前世 遇苦樂 見眞心

如今，我卻常想，
如果有最、最、最先進的攝影技術，
能將我眼中所看到的景象，
拍攝下來讓人們可以看到，
那麼是不是就沒有人會選擇做壞事了呢？

31 鐵齒不信變家人　乾媽一認哭鬧止

在卜卦的過程中，我一直都是抱著我能幫忙，就盡我所能的幫到底，所以來卜卦的人也因為我的這份心意，和我成了好朋友，這其中還有最後我變成他們孩子的乾媽。

我的辦公室還在臨沂街時，在一個秋涼的午后，俞珠慧因為朋友介紹，想來找我卜卦，但因為朋友只告訴她地址沒有告訴她電話，所以她就直接來到我的辦公室，坐下來後，我看到大門外有一個胖胖的男的走來走去，我就問她：「外面是不是妳先生？」她說：「是。」

我說：「妳先生這麼鐵齒。」

她表示，她先生願意開車載她來，但是壓根不願意進來，而且她先生一到門口，看到關公對著門口，就覺得是什麼宮或是道館之類，覺得很奇怪，我聽了說：「不會啦，妳先生過十分鐘後就會進來了。」結果我跟俞珠慧講不到十分鐘，他先生就自己走進來坐在她旁邊。

她告訴我，她的第二個孩子從八、九個月開始，一到了黃昏就開始哭，而且哭一整晚，一整夜，哭得聲嘶力竭，哭到吐，哭到腹瀉，哭到臉都發青了，還是扯著喉嚨不斷哭，一直哭了五、六個月都不停，到現在已經換了五個保母，當她這樣說時，我看到一個小嬰兒的畫面，以及一個長得很像布袋戲偶的三太子，我就問她：「妳的兒子鼻子上有一個黑黑的胎記嗎？」

這時她先生莊留寶也在一旁很訝異地看著我，一副覺得我怎麼知道的表情。同時我跟他們夫婦說，他們的兒子可能是三太子來投胎的，很頑皮，而且很好動，會很麻煩。

他們來找我時，這個孩子是俞珠慧的母親在幫她照顧，晚上要一直抱著到天亮，全家人整晚輪流抱，但依然哭，搞到全家人都快發瘋了，他們夫婦一聽這孩子哭，全身都發麻。到最後每天都不想下班，一看到天要黑了，心中恐懼得不得了，因為得要回家面對一個哭得很恐怖的小娃兒。

當時我也不知哪來的直覺，我就建議他們要幫這個孩子認個乾媽，俞珠慧就說：「有啊！」

原來她大姐帶這個孩子去認觀世音做乾媽，我就說不行，一定要找個會講話的人做乾媽，而且生肖要是屬龍、屬牛、屬羊、屬雞，也就是要長角的，這時莊留寶就問我：「雞哪有角？」我就解釋雞有大雞冠，也是角。只有長角的人，才能讓這孩子服氣。

後來我才知道，原來懷這個孩子時，他們夫婦剛好被人倒會負債許多，覺得再生一個孩子根本養不起，原本想去把孩子拿掉，到了婦產科醫生一聽他們只有一個孩子，便不幫他們做小產手術，要他們回家再想一想。

當天，我就跟他們夫婦說，找到適當的乾媽，再回來找我。

然而找了快半年，都沒有找到，因此俞珠慧又抱著小孩來找我，她問我：「邢老師，我可不可問妳，妳是屬什麼生肖？」

我就答：「我可不可以不講？」

她就說不行，然而我又不能講謊話，因此我就告訴她我屬牛，她一聽就說：「原來乾媽就在眼前。」

當天一認完我這個乾媽後，這一天晚上，這個小孩就不哭了。

這個小孩一直到小學五年級，到了晚上都會莫名其妙的怕，他媽媽就說：「打電話給乾媽。」我一接到電話就安慰他：「不要怕，已經跟關老爺上過香，關老爺到你們家去了。」他一聽我這樣說，恐懼的情緒就漸漸消失了，才能好好地入睡。

習性穿越六百年　美食熱情成障礙

就因為卜卦我又多了一個乾兒子，接著俞珠慧的姐姐哥哥都找我卜卦，也從卜卦變成朋友，彼此在人生旅程上相互支持與鼓勵，於是又從朋友變成像家人的情感。

這樣從卜卦到認識一家人，除了俞珠慧之外，還有陳巧玲全家人，我會認識陳巧玲是因為她在中華工程公司工作，我受她公司的下游包商蘇老闆之邀，去工地看風水，她因為對我很好奇，於是就來找我卜卦。

她原本也不知要問什麼，只是對我充滿好奇心，剛開始我覺得這個人個性很跩，並且與人之間，築上一道很高的城牆，她只要感受到一點別人對她的敵意或是嗅到一絲傷害的味道，她就會立刻反擊，因此我也不太敢跟她開玩笑，經過一年多，漸漸熟了後，我發現她是一個熱心腸而且是個很直的人，即使對她不好的同儕，她也看對方不爽，然而對方只要一有事需要幫忙，她依然會不計前嫌地助對方一臂之力，不瞭解的人，還以為這個人跟她是拜把的交情。

然而在和她交往的過程中，我也看到我和這個人在六百年前，是並肩作戰的同袍，她對於食物的熱情跟六百年前是一模一樣。六百年前，她會去山野打獵，把打獵回來的動物當作加菜的食物，有一次半夜她還獵殺一條大約粗十公分的蛇，把同袍全都叫醒，要我們幫忙處理以及烹煮，當時我還跟她說：「不能等明天嗎？」她回我一句：「那就不新鮮了。」

陳巧玲也表示，她什麼奇特的食材做的美食都享用過，而陳媽媽因為很疼孩子，加上她很愛吃生猛海鮮，所以到了假日都會買活的魚蝦螃蟹等回來現殺煮給她以及其他的小孩享用。

由於我堅信佛法中的不可造殺業的戒律，雖然這些動物，有其各自的因緣才成為動物，但是我心裡一直覺得陳巧玲自己對美食的熱情，不要牽連到陳媽媽因為愛子女，也跟著造殺業，而且陳媽媽的腳一直都不好，我看到陳媽媽因腳的不適，而造成走路緩慢與辛苦，我心裡就更難過。

但我一直鼓不起勇氣跟她說，一直到有一天晚上我做了一個夢，在夢中我看到各種被殺的魚蝦等海鮮，看了心裡好難過，在夢中我還在想今天是超渡法會嗎？同時我也聽到我的背後有個聲音：「妳轉過身來看我，不要看那一邊！」

這個聲音聽起來是關老爺的聲音，但是我一轉身卻看到觀世音菩薩的臉，可是我還是忍不住又轉身看著那些被殺的海鮮，這時還看到陳巧玲在那些被殺的海鮮之間叫我，我就從夢中驚醒過來。

我醒來之後，決定把我夢到的以及我的想法，打電話跟陳巧玲說，她聽完之後也欣然接受我的意見，並且很委婉地跟陳媽媽說，已經吃得很好了，不需要再吃活的，吃得如此地豪華，若是要買海鮮就買已經斷氣，不要再買活的回來現殺。

陳媽媽聽了也接受女兒的想法，不再買活的海鮮回來。

之後，陳巧玲為了母親的腳痛，除了自己為母親放生之外，若是遇到放生時，她只要有空，都會幫忙當司機將要放生的動物，載到適合牠們的自然生態環境去放生，說也奇怪，陳媽媽多年的腳痛，也漸漸地好了。

詢問前世恩怨　豁然開朗放下恨

因為陳巧玲，我認識了她的大哥、二哥、大姐、二姐、三姐、爸爸、媽媽他們全家，每個人都來找我問事業、財運、小孩的教育以及感情。我也和她們全家人有著如家人般的情感。

陳媽媽與陳二姐跟我情感親近後，她們請我幫她們看前世今生。

陳媽媽想瞭解前世今生，是因為陳爸爸從大陸回來後，陳媽媽跟著陳爸爸一起白手奮鬥，而擁有了小有規模的事業與家產，但是陳媽媽為家、為孩子、為陳爸爸這麼辛苦，卻好像得不到老伴的信任，兩人老是為錢該如何處理，鬧得一肚子氣，所以陳媽媽說要搞清楚到底和陳爸爸是什麼因緣。

而陳二姐想要看前世今生的原因，是因為覺得陳爸爸對她不公平，五個孩子除了她，陳爸爸都給其他四個孩子，一人一棟房子，唯獨陳二姐沒有，而且她和陳爸爸最常起口角衝突，父女倆常吵到要斷絕父女關係，因此陳二姐也想瞭解自己和陳爸爸的前世因緣。

看前世因緣的那天，陳大姐與陳二姐陪著陳媽媽一起來，我就把我的六個羅盤放在桌上，陳媽媽還說，如果看完了或許可以做個決定，也許離婚算了，省得這麼老了彼此還不斷地爭吵。

我一看羅盤，我就跟陳媽媽說：「您本姓不姓白！」

陳媽媽很驚訝地點頭稱是，並告訴我，她是滿族人，祖先來到漢人之地就取漢人的姓，滿族人又喜歡以顏色當自己的姓氏，所以才會姓白。之後我又看了羅盤，問陳媽媽說：「您原本是住在岡山，您的父親是發瘋而過世的。」

陳媽媽更是驚訝，她父親是在海軍教書，剛到台灣時確實是住在岡山的海軍眷村，陳媽媽的父親確實是因為精神上的狀況而生病過世，原本還對我有一些懷疑的陳媽媽，就對我說的有關她和陳爸爸的前世今生的事，能接受與相信了。

陳媽媽四世前，是海中的大海龜，被捕之後，有一個男的（這個男的後來做了陳媽媽四世的父親）將海龜救下並放回大海中，於是這隻大海龜為了報恩，就轉世成為這個男的女兒，因為很孝順，所以父親做的任何安排，身為女兒的陳媽媽都接受，也因此在父親的安排下，前二世的陳媽媽以十三歲的年紀為了沖喜，嫁給一個五歲的男孩（也就是這一世的陳爸爸），她就像帶小弟弟一樣，哄他、寵他、照顧他，然而這個小男孩到了十三歲依然過世了。

另一世，陳媽媽又再度聽父親的安排，和這個小男孩再度地訂親，兩人的年齡依然是相差八歲，但是這個小男孩卻在十七歲時，又為了救要溺斃的雙胞胎哥哥，而跟哥哥一起死在水中。

當我講到這裡，我看著陳二姐跟她說：「在前世，妳就是妳這一世爸爸的哥哥。」當時是弟弟的陳爸爸，事實上很怕水，但是看著哥哥在水中喊救命，奮不顧身地跳下水去救哥哥，但是哥哥卻在水中騎在弟弟的背上，兩人才會一起淹死。

陳媽媽聽到這裡，就說自己怎麼這麼慘，跟陳爸爸結了三世的因緣，前兩世都是這麼的悲慘，這時陳二姐卻跟陳媽媽說：「妳應該很高興才對啊！」

接著陳二姐就跟我們說，她有種豁然開朗的感覺，終於明白和父親之間為何老是相看兩不悅，她當場告訴我：「從此我要對我『弟弟』好一些，不要再跟他計較了！」

因為陳二姐瞭解到前一世，她的弟弟為了救她而送命，算是有恩於她，因此當她聽完這前世的因緣之後，她的不平、她的恨心、她對手足的不滿，從小到大沉重的心結，也就漸漸解開與放下了。

這時我跟陳媽媽說，因為前兩世陳媽媽都大陳爸爸八歲，陳媽媽對陳爸爸的態度，就像對小弟弟一樣，總是哄騙地對待他，因此這一世陳爸爸對陳媽媽講的話，有時候都有有種不信任的不安全感，那種前世被哄騙的感覺，依然還留在潛意識的深處，然而陳爸爸和陳媽媽的情感是很深厚的。

看前世的因緣告一段落時，我就想到陳媽媽一進來說，看完前世因緣之後想要離婚的想法，我就問陳媽媽：「陳媽媽那我們要不要幫您把離婚的事辦一辦？」陳媽媽立刻說：「年紀都這麼大了，還離婚，會讓人看笑話的。」

32 得到古羅盤　夢見馬上戰將

多年來我幫人家看風水，我常是一走進一個房子裡，我就覺得自己成了一個羅盤，並且同時看到這個空間的擺設與規劃，哪邊對了，哪邊又錯了，所以也看到許多人看不到的細節，這些細節可能連住在這裡的屋主，或是在這個空間上班多年的人都不知道；我會很快地告訴屋主，這個房子該如何調整，然後再打開羅盤去測量整個空間，常發現跟我一進到這個空間所見所感是一樣的，有些人也常會問我，我是怎麼運用羅盤看風水，有時我真的很難用言語去形容，我只好回答，打開羅盤「用心」地看，聽的人都聽得一頭霧水，對我有些懷疑，但是我就會說，只要照著我講的去調整，之後就會感受到整個空間磁場的變化與不同了。

我看風水時，常可以看到一個空間，或是一塊地過往的經歷與歷史，當然我一定可以看到這個空間是否有灰灰的東西。

大約在民國七十五年時，在南部有一個老阿公在田裡撿到一個古羅盤給我，當天晚上我就做了一個夢，夢到我穿著中國古代的戰將衣服，我的體型高大，態勢很英勇，騎在馬上帶領大隊的人馬打仗，早上我醒來時，還在想為何我會做這樣的一個夢？

當我決定從南部回來台北時，不斷地做夢，夢中我拿著羅盤在房子的門口看風水，每次醒來我就想，我不會轉行去拿羅盤吧？

那時偶爾去南部的朋友家做客，看了朋友住的地方，我都可以感覺到要怎麼調整會比較好，但我並不明白為何我會知道。

接著在我快回台北前，又夢到我有六個不同大小的羅盤；等我回到台北的一個禮拜天，去逛公館時，看到一個地攤上有三個羅盤，我就蹲在地上看著羅盤掉眼淚，掉眼淚的原因是因為我回到台北的家後，就有種直覺，覺得我會開始走「羅盤」的人生。

民國七十九年九月四日，我買了第一個羅盤，看著那個羅盤，很自然地我都看得懂，那種感覺好像我以前就是吃這行飯的，羅盤看著看著，卻發現羅盤上出現我爸中風躺在浴室，以及躺在病床上的畫面，我被這個畫面嚇壞了，從此我就很少用我的第一個羅盤。

我有好幾個羅盤，其中一個羅盤是我從大陸花了十塊錢人民幣買回來的，我大約用了四年，有一次我在卜卦時，它就掉到桌下，並且從桌下滾出我的辦公室，當時我心裡還想桌下我放了這麼多東西，怎麼可能滾出去，而且羅盤滾時還會轉彎，我就半開玩笑對著我的羅盤說：「你滾出去，就不要給我滾回來！」

等我走出辦公室撿起來時，卻發現羅盤的針壞掉了，雖然壞掉了，不能再扮演看風水的功能，但是卻能用來看出一個人的病氣。

另一個是一對律師夫婦他們到香港去玩，買回來送我的，羅盤是裝在一個綠色花紋的木盒子裡，木盒子裡有年曆書與灑掃圖，大小剛好，攜帶很方便，但是這個羅盤卻在我最近去北京看風水時，中間的指針壞掉了，接著這個羅盤扮演的角色功能也是幫人看病氣，取代上一個壞掉的羅盤看病氣的角色。

有一次我夢到一個好大的羅盤，大到可以把一個人擋住，結果我去大陸時，有一次逛街時走進了一家店，店主是個老先生，他其中的一個眼睛是凹進去的，而且沒有眼球，是一個很特別的人。

他一看到我，就從裡面拿出我夢中夢到那個可以把人擋住的羅盤，這個羅盤是清朝乾隆皇製作的羅盤，這個老先生告訴我，他做了一個夢，夢到要把這個羅盤送給我，還說：「這個羅盤沒有人會用，也沒有人敢用，沒有人敢買，更沒有人看得懂，因為這個羅盤會走路！」

因為太大，我只好抱著它上飛機，當我經過機艙內的每排座椅時，每個人都轉過頭看我手上的大羅盤。我到現在也沒有真正地開始好好使用這個直徑超過五十公分的木製羅盤。

不用打卦問　國際官司必贏

民國八十六年的六月，有一天晚上我很空閒，就想整理辦公桌上的東西，看了我身旁的圓型木羅盤一眼，想要整理一下有關羅盤的事，但是又不知道要記什麼。

才只寫了一點，就在羅盤上看到一個畫面，有一個梳著包頭的老太太跟一個中年婦女在按我的門鈴，但是一轉眼畫面又不見了，我就在心裡想這是我的幻覺嗎？

隔天下午，真的就有一個梳著包頭的太太跟一個中年婦女來找我，我看到她雖然沒有像羅盤上那麼老，但就是我在羅盤上看到的那個太太，她自我介紹說她叫蔡雪鑾，先生姓黃，她的氣質很好，也覺得她的環境不錯，當時我心裡有個直覺，她正在打官司，她就問我：「要怎樣問？」

我就說：「妳直接問，但，妳是不是在打官司？」

她覺得很意外地問我：「妳怎麼知道我在跟人家打官司？」

我說：「我也不知道我怎麼會知道的。」

她就問我說：「那我這個官司會怎麼樣？」

我就說：「妳這個國際官司會贏！」

她露出不敢相信的表情，「嗯……真的，還是假的？」

我說：「我跟妳保證，妳會來謝謝我的。」

她就回答我：「如果真的會贏，我一定來謝謝妳！」

我又強調：「妳一定會贏，不用卜卦！」

然而她卻說：「我還是要卜卜看吧！」

我聽了就要她拿出銅板，結果卜出一個大壯卦，我就跟她解釋：「妳的願望會成，官司繼續打就對了，而且很快。」

接著她還問我，她要不要換律師，我就跟她說，她不要換律師，免得光是律師費，就會讓她花很多錢，她一聽我這樣說，就嘆了一口氣告訴我：「律師費已經花很多了！」她要離開前，還在我家的佛堂對著佛祖發願，如果她這個國際官司打贏，一定會來答謝我。

結果到了民國八十七年年初，官司就打贏了，而且錢也如數地拿回來。

同年八月，她就親自來說要謝謝我，當時我已在支持老仁波切的學院，因此就邀請她一起支持學院的生活與伙食費，她當時聽我講得既不是很清楚又不是很完整，然而為了當作對我的感謝，就捐給學院一些錢。

心中問號多　捐助真假難辨

民國八十七年九月我去印度齋僧回來，我發願要在學院的一樓之上，再加蓋二樓做為貴賓室，於是我又召集願意一起支持學院的人合力促成，當時是一股六千元，這時我已稱呼蔡雪鑾為黃媽媽，她聽我這樣說，心裡想：不知是真的還是假的，但若是假的，業障也是她要承擔的，騙這種錢的人，也不會有好下場！

當時我並不知道黃媽媽心裡是這樣想，因為她接著又問我要如何捐助的細節，我就跟黃媽媽解釋：「如果經濟許可，可不可以多一點？」

黃媽媽就問我：「多一點是多少？」

我不好意思地說：「一股六千，六千、六千地募款真的很辛苦，那就六萬，或多一點十二萬……」

我一講完就有些尷尬，是不是講太多了，但是黃媽媽很爽快地跟我說，她就捐二十萬，我聽了簡直不敢相信，我很少碰到這麼大方爽快的人。但同時也因為黃媽媽拋磚引玉地帶動，我們很快地就募到款，學院的二樓也就順利地動工。

到了十二月時，扎西喇嘛告訴我有一個好幾世的老法器，是老喇嘛修過法的，現在要賣掉，我就詢問黃媽媽，有一個老法器要賣但是很貴，她一聽，就說：「好啊，這個法器老不老，我是無法辨別，但是能用錢買到的福報，是個大福報！」

我聽了心裡就有種說不出的感動，很少人會像黃媽媽這樣去想事情，就像我每次拿到老喇嘛手中的古天珠，我都很感恩，因為這個天珠是一代一代的傳下來，每一代的喇嘛都用手一邊觸摸，一邊以恭敬虔誠的心，唸咒修行，這個天珠裡留下幾百千萬次的佛號與咒語，而我只是用金錢，就把這個天珠、這個福報買來；況且要我拿著這個天珠天天唸咒唸佛，我還不見得做得到，但這顆天珠所展現的是，一個修行人對靈性修為的堅定決心，與對生命的慈悲心與愛，而我卻用金錢就可獲得，對我而言這真的是大福報。

到了民國九十二年黃媽媽跟我講，要把那個老法器轉贈給我，讓我藉此可以幫助更多的人，但是我並未接受這個提議。

在我認識黃媽媽之後的這些年，她的生意也經過低潮，但是她覺得自己在佛祖面前發過願要幫學院，因此即使她手頭很不方便，對學院的支持也從未打過折扣，她的那種重承諾的風範一直讓我非常非常地尊敬。

我們的情感也變得愈來愈親近，她告訴我，我支持佛學院建新校舍，以及學院的生活與伙食費，長年來堅持不間斷的那種毅力與堅持，是她從未看過的，她曾跟我說，她覺得一定曾和我有一世是母女關係。

黃媽媽也常要我看一看我跟她前幾世是否曾是母女，我就說：「不是前幾世，就是這一世。」

33 頻頻向人借路 子孫出路受阻

民國九十三年三月份有一天下午，那天是星期五，隔天要八關齋戒，我正在寫菜單，並想人員要怎麼安排，黃媽媽突然打電話給我，請我幫忙一件生意上的事，雖然難度很高，但我還是答應想辦法幫她的忙，我也不知為何每次都願意幫她的忙，所以我就想看一看羅盤，看我跟她到底是什麼緣分？

結果，我卻從羅盤上看到一個很奇怪的景象，一個房子在一個半山腰，等我看清楚，原來是家族式的塔位，共分了三層，庭院的地有些龜裂，旁邊沒有路，當時我心裡想，我怎麼會看到這一個畫面？我就想，再看清楚是姓什麼的，結果一看，是姓蔡，這時黃媽媽又打電話過來，我就問黃媽媽她的母親葬在哪裡？她就告訴我，放在家族墓，裡面放了她的阿公、母親以及姐夫，我就在電話這頭不解地問她：「怎麼這樣放？」

她也不解地反問我：「那，不然要怎麼放？」

我就將我看到的畫面告訴黃媽媽，並且向黃媽媽解釋，在風水上，有阿公就有阿媽，有媽媽就有爸爸，但是黃媽媽家族的塔位，放了阿公，旁邊卻沒有阿媽，放了媽媽，旁邊卻沒有爸爸，而爸爸卻是土葬，葬在家族塔位的後面，在風水學來講，很容易不是孤，就是寡，因此若是阿公先過世，就會在阿公骨罈的旁邊，先壓一個紅紙條，或是紅布，或是用紅油漆寫紅字，表示這個位置是留給阿媽的。

我就打電話給多年來，一直跟我配合開棺撿骨的林師兄，請他安排一天陪我去看黃媽媽家族的塔位。結果，要去看墓園的前一天晚上，我就夢到有一個光頭的老先生在我房門走來走去。隔天我就問黃媽媽她家有誰是光頭，她就告訴我是她阿公。

我帶了羅盤去，一去到現場，我就開始頭暈，接著我的羅盤指針不斷地轉動，都量不到東西南北的方向，林師兄用他的羅盤一量，就告訴我地走山已裂開了（整座山移位了），往前一看，遠遠地有個電塔剛好沖到黃媽媽的家族墓園，等於是有煞氣，就像我羅盤看到的，完全都沒有路，要上去黃媽媽的家族墓，要跨過其他的墳墓，也沒有階梯，階梯也不見了，再加上那天有點雨，黃媽媽與黃媽媽的姐姐年紀都六十幾歲了，黃大姐的腳又是跛的，黃二姐與二姐夫身體也不太好，林師兄也五十多歲了，要走上去都得老人家牽著老人家。

我是當天最年輕的，然而我卻以狗爬式手與腳著地的方式往上走，還隨時都覺得要滑下去，因為要借過其他墳的墳頭，因此邊爬還要邊說：「對不起，借過一下！」

黃媽媽自己也說：「以前都有路啊，怎麼變成這樣了？怪不得子孫都沒有路可以走！」

原來黃媽媽的大姐二姐的小孩，事業都不順利，黃媽媽那陣子也正經歷事業低潮。

打開骨罈甕，黃阿公的遺骨已受潮發黑，我把黃媽媽姐夫的骨罈甕小心翼翼地放進大的塑膠帶，才一放進去整個骨罈甕就像剝香蕉皮般，四分五裂地全垮了，我一看，還好現在處理，否則再拖半年，整個骨罈甕就裂攤在塔位裡，遺骨就全暴露在外了。黃媽媽和黃大姐看了這個狀況，就一直謝謝我。

床鋪五行不對　女兒要嫁難

從小到大，我都覺得我和長輩特別有緣，只要他們要我幫忙，通常我都不會拒絕，除了黃媽媽之外，沈媽媽也是對我很好的長輩。

我會認識做布匹貿易的沈爸爸與沈媽媽，是因為沈媽媽要我去他們家看風水，他們家滿大的，同一樓層有兩戶，其中一戶是兒子與媳婦住的，另一戶是沈媽沈爸跟三個女兒住，我是看沈爸與沈媽的這一戶，我就發現沙發的方向是錯的，我就用羅盤量了一下，跟沈媽解釋，沙發的背對著另一戶兒子的房間，這樣婆媳感情不好，同時他們家的陽台特長，又在陽台打門，稱之為串口，這樣口舌會比較多。

沈媽一聽就說，很準，因為她講的話是好意，但聽到媳婦耳中就變得很不中聽，接著我看三個女兒的房間，床鋪擺的五行順序與睡的方向都不對，我就跟沈媽講，再這樣睡，三個都會嫁不出去，因此我就調整這三個女兒的床。（當時，沈媽的大女兒沈仲芳，在我來他們家看風水前，曾有事先來找我問她的姻緣，她有一位外省籍的男朋友交往多年，人長得又高又帥，但卻沒有主動提結婚，再加上沈媽反對，所以來找我問她跟這位男的姻緣該怎麼辦？

於是我開了羅盤，看他們倆是不是有夫妻緣，結果就看到他們結婚，第一胎是兒子。我又將兩個人的八字合一合，也發現他們是滿合的；因此這次來沈媽家看風水，沈媽問起大女兒的姻緣，我就跟沈媽說：「她喜歡就好了，這是她的命！」接著我就跟沈媽表示，這個男的結完婚，會愈變愈好。）

當我看完沈媽家的風水後，沈媽就將沙發轉向，也發現全家人的心情變得開朗許多；同時將陽台的門封起來，婆媳之間的不快也沒有了，三個女兒的床也按照適合的五行調整過後，先是她的媳婦結婚兩年多，終於懷孕，並且大女兒的男朋友也主動開口提婚事。

老一輩善行　生意得到蔭佑

後來我幫沈爸的爸爸也就是沈阿公修墳。

這塊墳地是以前買的私人地，整個地勢是斜坡狀，幫沈爸沈媽處理地理風水的外省人李伯伯，當時在挖這塊地挖到一個人的身高深度時，發現了另一個墳墓，墳墓下有一個水溝，等於這個墳墓是架在一個水溝上，李伯伯（他一直幫沈媽媽家處理風水的事宜，沈媽媽一直將他當家族的長輩禮遇對待）就想這墳已不知是誰家的了，因此就打算丟了，但是沈媽卻覺得既然有緣買了這塊地做為沈阿公的墳地，於是沈媽就將墳打開，發現是女骨，撿骨之後，就將這個無名的女亡者放到一個適合的塔位，當成自己家的祖先祭拜，可能就是沈媽的善行，使得沈爸與沈媽的布匹生意得到蔭佑，北上做生意也是愈做愈發；接著將地整好之後，把沈阿公安葬在這塊私人墳地上。

去年沈媽全家去掃墓時，覺得墓地的地有裂開的感覺，因此沈媽就問我，是不是不好？

沈媽跟我講的那個晚上，我做了一個夢，我夢到我自己開車，好像是在找一個地方，在夢中我將車停在一個停車場，下車後，站著四處看看，就發現附近是墳墓，然後就聽到一個銅鈴鐺響的聲音，接著看到有一個老先生從斜坡下走上來，跟我打招呼說：「妳是邢老師，我就是沈阿公啦，謝謝妳對我們一家大小都很好，我的墓就在那裡！」（後來我聽沈媽的小孩形容，沈阿公晚上騎腳踏車都會在腳踏車上綁兩支小的手電筒，並且會在褲管綁上銅鈴鐺，這樣晚上騎車時，不僅亮度增加，而且褲管的銅鈴鐺會不斷隨著腳踩踏板，而發出聲音，如此一來便可以增加夜晚騎車的安全度。）

隔天，我醒來之後，就打電話給沈媽趕快去看沈阿公的墳地，當我跟沈媽到沈阿公的墳地現場時，看到的景象就跟我夢中的一樣，停車場的斜坡下方就是沈阿公的墓地，我就站在墳地前往裡面一看，跟沈媽講骨頭化得還好，但裡面有水，不過因為這塊地的磁場不錯，我建議沈媽將墓做成坐龍座扶龍首的墓型，可以庇佑後代子孫。

當我開墳時，裡面確實是潮濕的，我就跟沈爸、沈媽說：「今年阿公換新家，你們阿公很愛子孫，一定會保佑子孫，所以想懷孕的，接著就會懷孕，生意營運不佳的，都會轉好！」清明節一撿完骨，墳地一整好，沈媽的大女兒就懷孕了。

34 關老爺夜裡上課　幫助更多人

民國八十七年有一天晚上，我一個人在我卜卦的辦公室，正在寫命盤，突然有一個惡魔坐在我前面，臉是一般人臉的兩倍大，臉是灰灰綠綠的顏色，但是只有一個眼睛，一個嘴巴，當時我還以為是反光，結果牠真的就坐在我前面，還對著我呼了一口氣，我還講：「很臭呢，你嘴巴很臭！」

我一說完，那個惡魔就突然摀住自己的嘴巴，還對我眨眼睛，一副很疑惑的表情，想我怎麼會看得到牠，我就說：「我看得到你啊，我不怕啊，只是我覺得你的嘴巴很臭，沒衛生，沒刷牙！」

結果牠嘴巴就變得很小，我說：「你不用嚇我。明天，我要去南部開墳，你是要阻止我去做那件事嗎？」

牠就從喉嚨發出類似動物的叫聲，還夾雜口水的聲音，我看著牠繼續說：「你不用阻止我，我一定會去開那個墳，這跟你有關嗎？我不知你為什麼要坐在這邊？如果你要待在這裡，那你到佛堂去好了，不要在這邊！」

結果，牠就站起來到佛堂去，隔天我起床之後，牠還是待在佛堂，牠留在佛堂大約有兩年的時間。

我辦公室的辦公桌是一張大約八十公分長，五十公分寬的桌子，而且非常的重，有一段時間，每天早上起來，我就發現桌子是歪的，接著我就在地上做記號，果然第二天起來，桌子真的是歪的，而且桌子上又寫了一大堆的紙，上面都是我自己的字跡，然而我看著這些紙上寫的東西，我覺得我好像得了失憶症，完全沒印象，我只好一張一張慢慢看，並把紙上寫的整理到我的通書上。例如：有一張紙上就寫著，要求姻緣的，種桃樹，桃樹下面放一張黃色的紙，黃色的紙上要寫生辰八字與姓名，要在水日的那一天，將整棵桃樹拔起來，把黃色的紙放進盆裡，不能在日正當中時做，午時大忌，也不能在傍晚，因為氣太弱，也不能在雨天與陰天！

寫進通書三天後，就有人哭哭啼啼地來找我：「老師，妳有什麼好方法讓我嫁出去？」結果我用這個方法嫁了好幾個人。

有一天晚上我睡得很熟，待在我家佛堂的「獨眼龍」就把我叫醒：「喂，喂，妳起來，看誰坐在妳的位置上？」

我就醒來，把我的房門打開，就看到我的辦公桌前坐著我自己，我看到這幕景象嚇了一大跳，大約將近兩百公分高的關公站在我旁邊，教坐在辦公桌前的我一些東西，那種狀態好像關公口述，坐在辦公桌前的我，就按照關公的教導一一地寫在紙條上；關公穿的不是戰袍，關公的右手撐在辦公桌的桌面上，祂的手非常的大，我坐著時，高度只到關老爺的腰，我看到這一幕就想原來關公很巨大，手又那樣撐在我的桌面上，才有這麼大的力氣，可以將我如此重的辦公桌移動成歪歪的。

我在房門口看到這一幕，也不敢出聲，就把房門關小一點，心想不要讓祂看到我，我應該快點躺下去睡覺，我躺下去睡著但一會兒又醒過來，心想，我剛是夢遊嗎？於是又起身走到房門口，卻發現辦公室沒有人，但是辦公室的燈是開著的，我就假裝走出房門要喝水，去動一動辦公室的門把，發現依然上著鎖。

隔天，我先生就跟我說，我昨天忘了關辦公室的燈，我就告訴他，我昨天起來燈也是開的，而且我還看到「另一個我和關老爺」，我先生聽了就回我說：「妳看到鬼！」

這種狀況一直從民國八十七年持續到九十年，就好像關老爺在讓我短期進修，關老爺教了我好多好多方法。而且都是教我之後，隔幾天就有人來找我，剛好就需要用到前幾天關老爺教我的方法。

關老爺對我而言，就是我的老師，論緣堂也是祂幫我取的，這麼多年我一直體會「論緣堂」這三個字，真的是「有緣來討論」，沒緣即使先預約了，也不會來！

之前辦公室在忠孝東路時，預約人的姓名與電話我都是寫在一塊大的白板上，結果有一天早上起來，白板上預約的人的姓名與電話全被擦成一個「之」字型，我一看心裡就想誰擦掉的，我就問我先生為何把白板上的字擦掉，他就很無辜地反問我：「我怎麼可能擦掉？」

因為擦成這樣，我根本不知道預約的狀況，因此也不敢出門，我還跑去問關老爺：「關老爺是不是您擦的？」

關老爺卻露出一副關祂什麼事的表情，但我還是跟關老爺說：「雖然您不承認，但我還是認為，您要我把預約的人的姓名與電話寫在紙上！」

當我跟關老爺這樣說時，我覺得祂一副我硬是賴給祂，氣到鬥雞眼的表情。不過後來我經過幾次改良後，把預約的紙設計成又便利又好收藏的Ａ４大小。

答案見真章　多問增煩惱

民國八十九年三月九日，有一位電視製作人來問我選情的狀況，她來問我她支持的人會不會當選，我卜了卦之後，我就告訴她不會當選，並且告訴她支持者的得票率，大約是三成五到三成八左右，那位製作人聽了很難過，就問我那怎麼辦？我就回答，沒有辦法。

接著十五日到台中去看風水，看完風水後，餤慧師與朋友就帶我繞道去豐原的慈龍寺看住持常露師，我看到常露師非常地慈祥，那天我們就在寺中用素餐，用完餐之後，常露師就請我多待一會兒，請我等沈小姐回來，他跟我說沈小姐就是沈智慧立委，並且大略介紹了沈智慧的近況，但我聽完之後，我就直接跟常露師說：「我不看政治，也不看什麼立委，我只看需要看的人！」

常露師就回答我：「她很需要看，幫她看一看好不好？」

我就問：「那她要看什麼？」

但常露師沒有回答我的問題，一直到一點半時，沈智慧打電話跟常露師說，她會搭兩點的飛機趕回來，我就跟常露師表示，我無法等她了，因為我要趕回台北接小孩，他們四點半下課。

這時常露師就跟我說：「真是不好意思，沈小姐想在電話那頭問妳問題！」

常露師就把電話遞給我，結果沈智慧問的問題，跟三月九日來問我的製作人的問題是一樣的，我在電話這頭一聽到這個問題，我就告訴她，我不回答這類的問題，但她是一個堅持的人，就堅持還是要我看一看，這時我就拿著電話跟燄慧師小聲地表示，這樣很為難我，這時燄慧師就把電話接過去，用較圓融的方式跟沈智慧表示，要她問問題，我只需要回答是或不是就好，當然答案是令她很訝異與失望。

善行傳家訓　勝過好風水

隔幾天，沈智慧來找我，我就跟她表示，我可以幫她看看她辦公室或是住家的風水，但不要再問我那天電話中的問題。

由於我聽師父說過，沈智慧對出家人很恭敬也很幫忙，還有她很孝順，不論多晚回到台中，不論多累，都會先回去看父母親，由於這兩個因素，所以她找我幫忙，問些問題，我都會幫她的忙，而且我不會拒絕。

選舉完後，她請我到她清水的老家去看一看，以及去醫院看她的父母，當時她母親因為糖尿病住院，她的父親則是帕金斯症也同時住院。當我在醫院看到躺在病床的沈媽媽時，我看到她氣的顏色是粉紅色的，這也是我第一次在醫院看到一個生病的人的氣是這種顏色的，這種氣的顏色是堅強的顏色。

去到沈智慧的清水老家，還坐在車上未下車，我就看到一個老先生，頭上有一個髮髻，還插了一個古銅色的髮簪，髮色全是銀白色，雙耳滿大，飽滿且長，遠遠地看就看到這位老先生的大耳朵，頭型如飽滿的鵝蛋，背很駝，雙手放在背後走來走去，而且走路的節奏，如踩著輕快的小舞步，當車停妥之後，我從後照鏡看了一下，發現這位老先生不見了。我覺得他可能是地主公（就是曾經住在這個地方的人）。

我一走進屋前的大庭院，就發現有一棵好大好大的榕樹，樹幹大約有三百公分的寬度，而且不斷長出新的氣根，已成了新的樹幹與樹枝，取代陸續腐朽的舊的樹根，繼續支撐著這棵巨大的榕樹；沈智慧覺得這棵樹會保佑她及全家人，我看著這麼高大的樹，我真的體會到前人種樹後人乘涼的感受，我站在樹下往樹頭看，感覺這棵樹很美，好像是一個美女，不像我看過有些樹長得粗粗壯壯，感覺就是像一個男人。

我站在下面往上看，這棵樹就如一位留著長髮的美女，而且左青龍右白虎，這棵樹的右邊比較茂盛，我就覺得沈智慧家會出女官，而她父母給我的感覺，也是母親很堅強，父親很慈祥，她父親是軍醫，一輩子都在幫助窮苦的人，窮人家來看病她父親都不收錢。

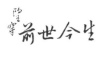

沈智慧的家，有一個靈應公的小廟，我看到這個廟發出金黃色的光，傳達出一種很喜悅的氛圍。但我也覺得奇怪，她家怎麼會有這樣的小廟，她告訴我說，是他們把小廟搬家的，我就跟她講這個廟以前應該是在樹下，她覺得很意外地問我，我怎麼知道？

她告訴我說她在七、八歲時，常頭痛，而且會看到白白的半身人飄來飄去，她就覺得很害怕，再加上當時附近也不安寧，沈智慧的母親就去問附近神壇的三太子，三太子說要設個小的廟拜拜，於是她的母親先在大樹下先設個小小的廟，就像一般在路邊都會看到的土地公的小廟，附近的鄰里都可以來拜拜，沈智慧小時候，都會負責早晚上香，有一次附近有一個人來她家看到樹下這麼小的廟，就說：「這麼小，不知有沒有神，不知準不準？」

那個人回到家，就開始拉肚子生病，醫了三四天，也醫不好，因為這個人就是沈媽媽的乾女兒，每天都會來沈家，沈媽媽覺得這幾天沒有看到這個人，就去問，才知道發生什麼事，沈媽媽要這個人帶水果來拜拜，跟靈應公說對不起，結果那個人一拜完，病就好了。

這個小小的廟要翻修之前，沈智慧可以感應靈應公希望的方位，結果小廟翻新擴大之後，沈智慧就跟她媽媽說，廟的坐向應該要偏東一點，整個坐向差了一分，沈智慧覺得跟這個靈應公有一種莫名的默契與感應。

每到了靈應公靈應媽農曆四月二十生日時，她們家都會設普桌，讓大家一起來拜拜。今年因為沈智慧不在國內，趕不回來，就由沈智慧的弟弟來拜拜擲筊，但都擲不出結果，把家族所有的人找回來拜，再擲筊，依然沒有結果，後來她的弟弟才想到是沈智慧不在家，於是她的弟弟就跟靈應公靈應媽上香說明，沈智慧出國前已稟報過靈應公靈應媽不能回來的原因，一說完一擲筊，才得到一個順杯。

十七年前當沈智慧第一次選立委之前，她家的天堂鳥種了十年都沒有開過花，牛角花種了五年也都沒有開個花，一棵龍眼樹種了十幾年，也沒開個一朵龍眼花，一棵種了很久的芒果樹，也都沒有結過芒果。

選的那一年，院子裡的每一枝天堂鳥，以及牛角花都盛開，龍眼樹也開花結果，芒果樹也結了纍纍的果實。要選立委前，沈智慧都會去跟靈應公擲筊，靈應公答應她會保佑她當選。

然而不論是她家那些很特別的樹，或是靈應公的庇佑，我都覺得是由於沈智慧的父母對人的善心與善行，才會累積給後代子孫的福氣，這也是我卜卦看風水這麼多年的體會，我覺得命和運以及風水調整，都只是佔次要的地位，最主要還是一個人的思想與心腸，是否處在真心關懷他人的善的軌道上。

指名來修龍　石頭龍顯威風

靈應公後來又從大樹下，以原尺寸移到進大門的左手邊，坐向是坐龍看虎，有一天，沈智慧就打電話告訴我，靈應公牆上以小磁磚拼貼成的一隻龍，龍頭部分磁磚脫落，不知該怎麼處理，因為那種樣式與尺寸的磁磚已經沒有了。

並且在電話中還告訴我，她擲筊問靈應公與靈應媽，指名要我親自下去看一看，於是隔天我就搭飛機到台中，去到她家，我看了一下，就跟沈智慧說，那就重新畫一隻龍好了，要沈智慧擲筊問，結果怎麼問，都沒有回應，這時我全身就起雞皮疙瘩，並且同時還刮起風來，外面的大榕樹也搖晃得很厲害，後來我就想到，在台南天都進門的牆壁上，有個九龍圖，龍是立體凸出在牆面上的，我就請教寵物靈塔法會的嚴先生這個九龍圖是哪裡製作，才知道是大陸的師父做的，於是我就問靈應公與靈應媽是否可以請嚴先生幫忙，製作立體石雕的龍，結果靈應公與靈應媽就答應了。

因為只是一個小製作，就量了尺寸，請大陸的師傅雕，尺寸大約是一百二十八公分的長度，六十八公分寬的石頭龍，非常地重，雕好之後再讓人幫忙帶上飛機，輾轉從大陸帶回台中清水的家，剛好趕在靈應公與靈應媽的生日前，安置好在靈應公與靈驗媽的牆上，安裝好之後，新的石頭龍的龍首，威武生風地看著大門的方向，而且那頭石龍的石材還會發亮，感覺這隻龍活靈活現的神采。

35 鐵齒多疑問　大小雜症每次問

我遇到很多人當初都是所謂「鐵齒」，然而在家人或是朋友一再地說我的事情之後，才勉為其難地來找我，對於我說的話，也抱著半信半疑的態度離開，一直到事後我講的話一一驗證之後，才又回來找我，也愈來愈相信我，並且和我的情感變得很好，有時我就變成像他們的心理治療師。

汪鵬就是其中一位。

汪鵬是韓國華僑，中學之後才到台灣念書，我是先認識他太太。他認為算命或是拜拜這類的事，都是斂財騙人的，他太太死求活求好多次之後，才願意來批個流年，但是要來之前心裡不僅排斥，卻也有說不出的緊張。

汪鵬第一次看到我，覺得我很兇，尤其是我的眼神，因為講一講話，我常會確定對方是否聽懂我講的話，我就會安靜地看著對方的臉，因此有些來找我卜卦的人，都覺得我的眼神很兇。

批完流年後，他也覺得只不過如此而已，然而事後，有些我講的事情就一一被驗證，例如：她太太的投資，真如我說的賺到錢，或是他太太原本沒打算換工作，但是卻因為我說會換，沒多久他太太就真的換了工作，因此漸漸地，他一遇到問題，就會打電話來找我。

當他第三次親自來找我時，我發現他有種莫名其妙的擔心，講話老是講不到重點，我一問之下原來家中諸事不順，妹妹生病，父親在韓國的布匹生意也做得不順，弟弟經營的生意也不佳，因此汪鵬就主動地請我到他韓國的家去看風水，以及看看他過世的奶奶葬的地方，是否安好適合。

去韓國的前一天，我正準備要帶去韓國的東西，我準備了八卦、古銅錢、五彩線、紅線、金剛冥沙、香、油燈，當我把油燈都準備好後，我就發現好像還少了些什麼，我就坐在那裡想，突然聽到一個銅鈴噹噹的聲音，我就想就把銅鈴帶著好了。

這也是我第一次到韓國，我一到韓國的機場，已是晚上了，我看到好多灰灰的東西，肢體殘缺不齊，臉部的表情充滿著恐懼，有的還不斷邊驚叫邊奔跑，我看了好難過很想哭，我就小聲地告訴我先生，我先生要我不要講，免得引起汪鵬不舒服。

他弟弟來載我們，當我坐上車時，開到他奶奶墓地的附近時，我就告訴汪鵬他奶奶的墓地附近有個小湖，他們兄弟倆一聽，想了半天，都覺得沒有，但我堅持說有，他的弟弟又再細想之後，才說好像有，汪鵬當下覺得我似乎擁有一雙千里眼。

空間無風黯淡　住久病痛上身

到了他家，是一個所謂三角窗的店面，也就是L型，兩邊都臨街，並且兩邊都有客人可以進出的門，門面算是滿大的，側邊的大門剛好對著屋內另一個矮門，也就是門對門，這個矮門人要進出，都要彎身趴在地上用爬的，進入這個矮門，就是汪媽媽看電視休息的起居室，也是要到二樓所要經過的一個空間，而且要上二樓的門，也跟矮門對門，因此就有三個門是門對門的；到了二樓，有三個大房間，光線非常地暗，感覺陰森森的，我一上二樓經過第一個房間後，我全身都在起雞皮疙瘩，而且空間是暗到完全看不到裡面，他妹妹就住在二樓的最旁邊那一間，這時我看到三個穿著立領，但沒有頭灰灰的東西，我原本以為是掛在牆上的襯衫，但一會兒其中兩個不見了，當開燈之後另一個灰灰的也不見了，因為汪鵬一直都沒有告訴我他妹妹生什麼病，這時我就問他：「你妹妹是不是不太好，你妹妹是不是生病了？」他才告訴我，他妹妹的精神狀況時好時壞，讓他們全家擔心死了，但也束手無措。

我就問他妹妹是不是也「看得到」？

他就跟我說，他妹妹整天說，有人要帶她走，有人在叫她，但汪鵬不相信有鬼，只覺得他妹妹是幻想。但他妹妹因為知道他要帶老師來，就像小孩子怕生一樣先躲起來。

我就跟汪鵬解釋，這個空間沒有窗戶，太缺氧了，風水最基本的要件之一，就要空氣先流通，在這麼缺氧的空間住久了，人遲早都會生病的，並且我也建議他在每個房間隔間的頂端，都做一排氣窗，讓並排的三個房間的空氣，可以前後貫穿與流通，並且改善空間的照明設施。

汪鵬帶我去吃完韓國烤肉之後，再回到他家時，我們從側邊的門進去，我就看到有一個女生，長得很美但膚色很白，坐在剪布臺旁邊。汪鵬的媽媽則坐在這個女生旁邊，牽著她的手，那個女生很不安，並且不斷地撥弄她的長髮，汪鵬就介紹我跟這個女生認識，原來是他妹妹，我就跟她說：「不要緊張，我是很可愛的！」於是大家就坐下來閒話家常，我發現她一直想要逃跑，一直不想面對面地看我，而且兩眼無神。

封門留財路　種樹蔭子孫

汪媽媽問我為何他們現在會生意不好？

我建議他們側邊的那個門可以出貨，但不要讓客人從這個門進出，我還進一步解釋，客人從側邊的門進出，生意都不會成交，這時他的父親聽我這樣說明後，就仔細地想一想，覺得有點道理，他父親還說，近來客人特別會從側邊這個門進來，於是他父親就決定將布都放到側邊的門，如此客人就自然不會從側邊的門進出了。

我建議在布店掛個八卦，他父親一聽，露出遲疑不決的表情，我拿著藏傳佛教的十輪金剛給汪爸爸看，並解釋上面圖案的吉祥意義，他父親一看還滿喜歡，也就同意將這個十輪金剛的八卦掛在店門口，用來鎮宅避邪擋煞。

講到這裡，他妹妹就想要離開一樓，我就問他妹妹要不要帶我上去看看她的房間，她一聽我這個話，又停住坐下，但接著她母親就陪她先上二樓休息；而我看到一些畫面，我跟汪鵬描述他妹妹在國外的生活滿浪漫的，每次情感遭遇挫敗，就陷入低潮，甚至想要尋死，汪鵬就告訴我，每次談戀愛都是男生甩掉他妹妹，我就跟他說，他妹妹個性太拗了，並且告訴汪鵬只要找一個真心愛他妹妹的人就好了，因為他妹妹這個病要病很久，同時我也建議他妹妹回台灣就醫。

我看到他妹妹會嫁給一個台灣人，並且我很慎重地跟他說，他妹妹要馬上進醫院，因為我看到她的背，冒出類似蒸氣火車一陣又一陣的黑煙。

之後我又到樓上跟他妹妹聊了一下，我跟她講，她的病要好要靠她自己，她太容易鑽牛角尖，而且太求完美了，他妹妹就問我，她可不可以不結婚，我告訴她，她很害怕寂寞與孤單，所以需要一個伴侶，我告訴她，她的婚姻將會很美滿。

隔天，我跟汪鵬一家人去看他奶奶的墳，我看了一下，覺得地理風水都不錯，而且一到了他奶奶的墳前，我就看到墳前有一棵好大的大樹，事實上現場是沒有那棵樹的，因此我就建議他在奶奶墳前種一棵大的金錢樹，並且種樹前，我先給他一些東西埋到樹下。

心煩電話來　祈福求平靜

我去韓國回來之後，才一過完舊曆年，汪爸爸的生意就明顯變好，妹妹也在醫院治療二個星期後，回到台灣醫病，還嫁給一位很愛她的人，生活過得很好，而他的生意也愈做愈好，因此汪鵬從不相信，覺得我是一個普通的算命師，到現在一有大小事，都會打電話問我，包括房子要買在哪裡，要如何裝潢，他都一律如實地去做，而且還會跟他太太說，這是老師交代的事，一定要如此，並變成比他太太還要相信我。

慢慢地他跟我之間就愈來愈親近，甚至比當初介紹他來找我的他太太還要親近；當他賺到錢後，因為看我一直支持佛學院，因此就主動地成為學院的不定期支持者之一，雖然他說，只是很小的錢，但只要願意捐助，我都非常非常地感謝。

他有時一天會打三到四通的電話，只要一煩就會打電話給我，他會在電話那頭跟我說：「老師，請妳幫我燒個香！」通常我一掛電話，我就會請正在卜卦的人等我一下，我立刻到佛祖與關老爺面前替他燒個香，有一次他又打電話來要我幫他燒個香，沒想到我一掛電話，對面正在卜卦的人，剛好又是上次也遇到汪鵬打電話來時的客人，因此我電話一掛，坐在我對面的男士，就主動地說：「請！」

當我燒完香回到座位時，那位來卜卦的男士就說：「那個男生，他已把妳當作神，不對，是當作心理醫師了。」

佛法中學管理　重做學生磨個性

我不覺得我是什麼心理醫生，只是因為有緣，我在這些人的人生旅途上，會相互陪伴走過一段人生之旅，而張榮農也是其中一位。

我認識張榮農時他三十三歲，當時他在公家機構任職，不論職級或是薪資都是令人羨慕，而且房子車子都有了，外界的人都覺得他過得很好，事事如意，然而當時他正遭遇到情感挫敗，因此只有他自己明白，自己過得非常地不快樂，而他的學姐介紹他來找我。

他發現我不是一般的命理老師，只是建議人如何消災解難，而是去支持他面對，從情感的困境中去放下自尊的傲慢，去學習用心瞭解一個人及懂得對他人付出，因此他就常打電話給我，跟我訴說情感上的苦與煩惱，當時剛好我要去印度，我就邀請他跟我一起去，**那一段旅程，他覺得雖然吃得不好，住得也不好，然而他終於能開懷大笑，他發現人不見得要擁有許多物質或是多高的社會地位才能得到快樂，每一個當下，一個溫暖的笑容，一個簡單的問候，一幕自然的景色，都能與內在的快樂之心相遇。**

他從印度回來之後，開始接觸佛法的經典，並且安排一些師父講經的活動，他發現佛法的一些基本哲理，與管理學的價值體系是有相通之處，這些都影響到他當時在體委會如何當個主管，他自己也覺得，過去在農委會工作，別人只是肯定他的能力，然而不會懷念他這個人，可是他在體委會當主管時，由於去了印度，以及受到佛法經典的影響，因此他發現自己待人處事，不再是想著自己可以獲得任何好處，視野與格局都變大了，管理帶領團隊時，想的是自己可以多付出的是些什麼，當他在體委會正處在黃金巔峰的狀況時，我建議他去考管理學院的博士班，這個領域跟他過去所學有很大的差異性。

他考上政大企管博士班時，指導教授就要他辭去工作，專心念書，但是要他捨棄正處巔峰的公務人員的生涯，讓他有很多的掙扎，他來問我，我就跟他說，辭掉吧！他又接受我的建議，辭去工作，開始沒有收入的博士班學生生涯。

在這個過程裡，他愛爭第一的性格，無用武之地，因為同班的同學不僅年齡比他年輕許多，加上他又不是商學院的本科系，因此在起跑點上，在課業的競爭與表現上，就差了別的同學一大截，他因而常打電話給我，除了訴苦並且數度想放棄，而每當他提到要放棄時，我就不理他匆匆掛電話，而他似乎也明白我的心意，面對困難就是得去學習解決，並且鍛練自己更有韌性的性格，他也沒有因為我匆匆掛電話，而不跟我聯絡了。

當他願意選擇去面對學習，聰明的他很快地就找出自己在學習上的特長與不同於別人的強項，到要畢業前，他可說是迎頭趕上其他同學，連他的指導教授都對他刮目相看。

我看過他的前世，得知他有兩世都是寡母，很辛苦很有愛地將自己的孩子撫養教育長大，就如我認識的他，是一個情感豐富與敏感的人，然而我跟他說有關他的前世，他聽了之後，也沒有特別興奮或是特別失落，只是很平靜說告訴我，那只是過去，現在才是最重要的。

我聽他說，現在才是最重要這句話，心裡有種異常地感動與溫暖，**雖然我常幫很多人看前世與過往，但看完之後，如果不能用心領會，從中學習，那所知道的前世也不過是一個有距離的故事，如果對於過去與前世，能用心放在心中領會與學習，前世過去種種，才能成為現在此刻生命的寶藏。**

現在充滿著各種選擇，要做正面快樂的選擇，或是痛苦負面的選擇，全在自己的性格與想法中，我想，連諸佛菩薩都只能從旁以慈悲與智慧提醒，選擇還是在「現在此刻」的每一個人的手上。

【十年心路後記】

全台第一例雙面肺腺癌，歷經生死大關，我挺過來了！

在《望穿前世今生》出版後至今十年，我經歷了許許多多，最想分享的，便是這段期間從罹癌，到戰勝病魔的心路歷程。

我從沒想過會和「癌」產生關係。我是一名風水師和陰陽溝通者，我的工作就是助人排憂解難。不少人因心疾病苦來詢求解決之道，期望從前世今生的角度來探詢因果；而我就像心理諮商師，為人尋找內心的安定。

我其實並非百病不侵，我也會生病，也想過某一天會面臨死亡，肉身終會消滅。自然循環是每一個人最終的命運，在看過聽過無數生與死後，更明白這個道理。只是，我從來沒想過這個問題會來得這樣令我措手不及。

民國九十六年五月底的那天微熱，我們開著冷氣、蓋著薄被睡覺。由於白天的工作總是忙碌，讓我一向都注重晚上的睡眠素質。約莫半夜兩點多，我感覺被搖醒，睜開眼睛便看見關老爺站在我床邊，神情有些憂愁。

我揉揉眼，問了一句：「帝君，今天要上課嗎？」掀開被子就要起床。

一直以來，關公總不時來到夢中，教導我各式各樣的知識。這些知識成就了現在的我。

關老爺看著我，眉頭微皺著，表情嚴肅悶悶地說：「妳生病了，快去做檢查！」他說完就離開了。

我連開口要問的機會都沒有，納悶地看著祂離開。我有點迷糊的又再摸回床上繼續睡覺。可是，我連被子都還沒拉上之際，觀世音菩薩就出現了。

全身散發明亮白光的千手觀音從我眼前漸漸靠近，越來越亮。觀世音菩薩的千手像是輪轉著的光芒，映著她一身白衣袂袂。慈悲的面容，兩隻手打了手印在胸前，祂看著我的神情平和安詳，讓人安心又溫暖。祂對我說：「邢渲，妳生病了，這次妳要好好的面對妳的身體和生命。」菩薩說完就漸漸淡去消失了。

我突然清醒過來。轉頭看看身邊還在呼呼大睡的吳師兄，我放心了不少。過去兩、三個月來，天氣一變，他吹了風就咳，有時候劇咳好一陣子才能停下來，叫我如何能不擔心。我在思量，難道關老爺跟觀世音菩薩是想點醒我注意吳師兄的身體？我平躺下來，蓋好被子，天氣微涼讓人感到舒適，一陣睡意襲來，閉上眼，我又沉沉睡去。

隔天醒來，我依然記得昨晚的事。我看著吳師兄如常的忙著他的事，不時清清喉嚨，偶爾輕咳一兩聲，看起來還好。為了不節外生枝，我把自己的憂慮放在心上，如常的過了好幾天。

終於，我還是先開口向他建議一同去做健檢，並告知關老爺曾經來找過我的事情。

他一聽，瞬間臉色大變的問：「怎麼了？妳看到我會發生什麼事嗎？」

我說：「沒有怎麼樣啦，關老爺只是叫我們去檢查。」

聊著聊著，我們都清楚當時一些高消費健檢費用都是一些公司的員工福利。我安慰吳師兄說辛苦工作那麼久，給兩人發發福利也是應該的事情。我打電話給相熟的一位醫師，談好健檢項目和健檢時間。

健檢了整個下午後，我先換好衣服單獨在診療室等醫生討論結果。我一眼便看到燈箱上掛著一堆密密麻麻像螞蟻般的小點組合成的片子，而三位醫生正看著片子討論，情況有點詭譎。

我忍不住問：「我的情況不妙對不對？」其中一位醫生點了點頭，問我要不要等吳師兄進來再一起談，我笑著表示可以直說。結果，我被告知從片子上左邊肺部，可以看到一些暗影。在那些密密麻麻的小點中，藏著一個可能來自所有人都害怕的訊息——我，可能罹患癌症！

接著，相熟的吳醫師眼眶泛紅走了過來，預備跟我說明狀況。她的樣子讓我有了心理準備，但是，我還是強行鎮定笑著說話。後來，為了確認狀況，我又陸續接受更精確的檢查。十天後，正式被宣判：我的左側肺葉裡有一個〇．八公分的惡性腫瘤，我罹患了原生性的肺腺癌。

台大和榮總的醫師要我仔細考慮是否馬上開刀摘除。可是，我那個時候早已安排九月要帶團到印度去參訪護持多年的佛學院。我不想更動行程。再說，我相信關老爺和觀世音菩薩的提醒已讓在腫瘤還很小時就被發現，也許是上天的暗示，要我活下來繼續未完成的任務。我堅信自己不會有事，因緣流轉，凡事都會有最佳時機。

當我從印度回到台灣後，醫生又發現我右邊肺葉也有一個腫瘤，但同樣也是可以切除的小腫瘤。可是，兩側肺葉同時發現原生癌，我是台灣的第一個病例。實際上，醫生們對眼前棘手的狀況是有點慌張的。他們一方面催促我盡快開刀，避免腫瘤擴散；另一方面也擔心兩側同時進行導管介入治療手術切除病灶充滿許多不確定的風險。

雖然我不理解醫療上的細節，但是，關老爺早已讓我知道自己兩邊肺葉都有癌細胞。確診後的我倒是更加篤定。但相信科學的醫生大概不太能相信我的經歷吧！

民國九十六年十月二日，在醫療團隊的協力下，我的手術很成功。本以為就此平安無事，誰知道真正的考驗才正要開始。當時全身插滿管子的我在麻醉退去，甦醒後要拔除呼吸器自行呼吸時，居然一度吸不到空氣，全身無法控制地劇烈抖動。那種無法呼吸、瀕臨死亡的感受，現在回想來還是心有餘悸。

地藏王菩薩和我的上師在我覺得即將氣絕的生死關頭之際，先後現身為我加油。但是，我依然感到無法呼吸，也看到一個短頭髮、臉色慘白、沒有五官的女「灰灰」，站在床邊彎下身體和我距離非常近的面對面，我只感到生氣並不害怕，在心裡大吼，叫她別想占據我的身體！一片混亂時，我的阿爸也出現了。

我記得阿爸八十歲即將離世的前一天，我已預知。阿爸當時說怎麼就只能活到八十？我為了安慰阿爸，也為了自我安慰，因此對阿爸承諾會替他活到一百一十八歲！可是，當時躺在病床上跟死神搏鬥的我卻連一百一十八歲的一半都還沒活到啊！當我看見阿爸，並聽見他親暱地喊我的小名時，我既難過又歉疚地哭喊著「阿爸！」然後，我就在那一瞬間吸到了空氣。重生後的第一口氧氣！

我記得，當時幻象中的時鐘定格是在八點零五分，後來，我也確認了被推出加護病房的時間確實是八點零五分。成功挺過了連醫生都覺得不可能的手術之後，我的右半身幾乎是癱瘓的。全身插滿了十一條管子的第三天，我覺得自己若不爬起來，肯定活不下去。靠著關老爺入夢來教的氣功，我的身體神奇地快速復原，我竟成為戰勝台灣第一例雙面肺腺癌的第一人。

罹癌這件事，我完全沒有怨天尤人，心裡只想著，幫助過這麼多人、看過這麼多案例，唯獨沒親身經歷過罹癌這件事，現在我不但感受了、挑戰過，還成功戰勝病魔，我可以更感同身受地幫助更多人！

分享這十年間發生的這段經歷，不論你是否正身受病苦，或是陪伴重病的家人，我想跟大家分享的是，重病或許可怕，但過程慧提醒、告訴我們很多事，只要心存善念，心存感恩，凡事樂觀，一切都會有好轉的機緣！

邢渲口述、春光編輯室　撰文

國家圖書館出版品預行編目資料

望穿前世今生（十週年典藏紀念版）／邢渲著 .-- 初版 .-- 台北市：春光出版：家庭傳媒城邦分公司發行；民105.11
ISBN 978-986-7848-22-2（平裝）

296 94013453

望穿前世今生（十週年典藏紀念版）

作　　者／邢渲
採訪撰文／周飛芃、春光編輯室
責任編輯／張婉玲

行銷企劃／周丹蘋
業務主任／范光杰
行銷業務經理／李振東
總 編 輯／楊秀真
發 行 人／何飛鵬
法律顧問／台英國際商務法律事務所　羅明通律師
出　　版／春光出版
台北市104中山區民生東路二段 141 號 8 樓
電話：(02) 2500-7008　傳真：(02) 2502-7676
部落格：http://stareast.pixnet.net/blog E-mail：stareast_service@cite.com.tw
發　　行／英屬蓋曼群島商家庭傳媒股份有限公司城邦分公司
台北市中山區民生東路二段 141 號11 樓
書虫客服服務專線：(02) 2500-7718 / (02) 2500-7719
24小時傳眞服務：(02) 2500-1990 / (02) 2500-1991
服務時間：週一至週五上午9:30～12:00，下午13:30～17:00
郵撥帳號：19863813　戶名：書虫股份有限公司
讀者服務信箱E-mail: service@readingclub.com.tw
歡迎光臨城邦讀書花園　網址：www.cite.com.tw
香港發行所／城邦（香港）出版集團有限公司
香港灣仔駱克道 193 號東超商業中心 1 樓
電話：(852) 2508-6231　傳眞：(852) 2578-9337
E-mail : hkcite@biznetvigator.com
馬新發行所／城邦（馬新）出版集團　Cite(M)Sdn. Bhd
41, Jalan Radin Anum, Bandar Baru Sri Petaling,
57000 Kuala Lumpur, Malaysia.
Tel: (603) 90578822 Fax:(603) 90576622 E-mail:cite@cite.com.my

封面設計／黃聖文
內頁排版／極翔企業有限公司
印　　刷／高典印刷有限公司

2005 年（民 94）8月3日初版
2016 年（民 105）11月29日三版32刷
Printed in Taiwan

售價／350元

ISBN 978-986-7848-22-2

廣　告　回　函
北區郵政管理登記證
台北廣字第000791號
郵資已付，免貼郵票

104台北市民生東路二段141號11樓

英屬蓋曼群島商家庭傳媒股份有限公司

城邦分公司

請沿虛線對折，謝謝！

遇見春光・生命從此神采飛揚

春光出版

書號：OC0015X　書名：望穿前世今生（十週年典藏紀念版）

請於此處用膠水黏貼

讀者回函卡

謝謝您購買我們出版的書籍！請費心填寫此回函卡，我們將不定期寄上城邦集團最新的出版訊息。

姓名：________________________

性別：□男　□女

生日：西元________年________月________日

地址：________________________

聯絡電話：____________　傳真：____________

E-mail：________________________

職業：□1.學生 □2.軍公教 □3.服務 □4.金融 □5.製造 □6.資訊

□7.傳播 □8.自由業 □9.農漁牧 □10.家管 □11.退休

□12.其他 ________________________

您從何種方式得知本書消息？

□1.書店 □2.網路 □3.報紙 □4.雜誌 □5.廣播 □6.電視

□7.親友推薦 □8.其他 ________________________

您通常以何種方式購書？

□1.書店 □2.網路 □3.傳真訂購 □4.郵局劃撥 □5.其他 ____________

您喜歡閱讀哪些類別的書籍？

□1.財經商業 □2.自然科學 □3.歷史 □4.法律 □5.文學

□6.休閒旅遊 □7.小說 □8.人物傳記 □9.生活、勵志

□10.其他 ________________________

為提供訂購、行銷、客戶管理或其他合於營業登記項目或章程所定業務之目的，英屬蓋曼群島商家庭傳媒（股）公司城邦分公司，於本集團之營運期間及地區內，將以電郵、傳真、電話、簡訊、郵寄或其他公告方式利用您提供之資料（資料類別：C001、C002、C003、C011等）。利用對象除本集團外，亦可能包括相關服務的協力機構。如您有依個資法第三條或其他需服務之處，得致電本公司客服中心電話 (02)25007718請求協助。相關資料如為非必要項目，不提供亦不影響您的權益。

1. C001辨識個人者：如消費者之姓名、地址、電話、電子郵件等資訊。
2. C002辨識財務者：如信用卡或轉帳帳戶資訊。
3. C003政府資料中之辨識者：如身分證字號或護照號碼（外國人）。
4. C011個人描述：如性別、國籍、出生年月日。

請於此處用膠水黏貼